»Der Tod von sechs Millionen Menschen wirft eine Frage auf, die niemals eine Antwort finden kann … und dennoch müssen wir es versuchen.«

Elie Wiesel

W0322094

Achim Bühl

Die Shoah

ACHIM BÜHL

DIE SHOAH

VERFOLGUNG UND ERMORDUNG DER EUROPÄISCHEN JUDEN

S. Marix Verlag

INHALT

EINLEITUNG

Die Geschichte der Shoah ist untrennbar mit der Frage verbunden »Warum die Deutschen?«. Die Erforschung der Ermordung von sechs Millionen europäischen Juden ist nicht zuletzt eine Erforschung des Haupttäters, ja von Millionen deutscher Täter und Mittäter. Was unterscheidet, so ist zu fragen, die deutsche Geschichte von der west- und osteuropäischen, was differenziert den deutschen Antisemitismus von der Judenfeindschaft anderer Länder, zumal sich der Antisemitismus in der zweiten Hälfte des 19. Jahrhunderts, während des Ersten Weltkriegs sowie in den 1920er- und Anfang der 1930er-Jahre in zahlreichen Ländern qualitativ verstärkte. Eine erste Antwort liegt im Kampf relevanter deutscher Bevölkerungsteile gegen die rechtliche Gleichstellung der Juden, die in den Jahren 1811/1812 auf erbitterte Gegenwehr stieß, als der preußische Kanzler Hardenberg die »Judenemanzipation« auf den Weg brachte. Zwar blieb den Juden der Staatsdienst verwehrt, gleichwohl umfasste die Liste der Gegner der Judenemanzipation die Crème de la Crème der preußischen Gesellschaft. Gewiss war die Gegnerschaft gegen die rechtliche Gleichstellung der Juden auch in anderen Ländern erheblich, die deutsche Spezifik lag indes darin, dass bereits zu Beginn des 19. Jahrhunderts bedingt durch die späte deutsche Nationalstaatsbildung das Völkische einen hohen Stellenwert einnahm und in der zweiten Hälfte zum Rassischen mutierte. Im ideologischen Konstrukt der Judenhasser nahm »der Jude« die Rolle der »Gegenrasse« ein, des kulturellen Zerstörers wie biologischen Verunreinigers deutschen Blutes. Auf Basis einer biologistisch-völkisch orientierten Nationalstaatszugehörigkeit war der Jude der »Nicht-Deutsche«, ein »fremdes Element«, das im historischen Kontext des Imperialismus den Volkskörper im »Kampf ums Dasein« schwäche.

Der Kampf gegen die »Judenemanzipation« blieb in der jüngeren deutschen Geschichte ein Kontinuum. Gegnerische Stimmen einer rechtlichen Gleichstellung der Juden ebbten nicht ab, als das Deutsche Kaiserreich im Jahr 1871 den Juden die volle Gleichberechtigung gewährte und diese nunmehr auch zum Staatsdienst zuließ. Nichtakzeptanz der Juden als Deutsche mischte sich von nun an hochgradig mit Sozialneid sowie der Bereitschaft, den Juden Akzeptanz wie gesellschaftliche Anerkennung schuldig zu bleiben. Die im Unterschied etwa zu Frankreich verspätete wie von oben erfolgte Gründung des Deutschen Reichs etablierte einen kapitalistischen Nationalstaat, der im Zeitalter des Imperialismus seinen »Platz an der Sonne« auch mit kriegerischen Mitteln wie dem Ersten Weltkrieg zu erringen gedachte und dessen Aggressivität im Vorfeld des Kriegsgeschehens im kolonialen Völkermord an den Herero und Nama zum Ausdruck kam. Im wilhelminischen Kaiserreich mischten sich Rassenlehre, Sozialdarwinismus, Eugenik, Kolonialrassismus, Antislawismus und Antisemitismus zu einem integralen, sich wechselseitig verstärkenden Gemisch. Die Gewaltförmigkeit dieses »ideologischen Gebräus« richtete sich gegen den imaginierten »Fremden« und suggerierte die Unausweichlichkeit eines »Rassenkampfs«, die Notwendigkeit einer »Ausmerzung rassisch Minderwertiger«, die Unverzichtbarkeit von »Zwangssterilisierung«, »Euthanasie« und »Aufnordung« sowie das Gebot der Führung eines »Kampfs um Lebensraum«, damit die höherwertige »arische Rasse« vor dem Untergang bewahrt werde.

Der deutsche Antisemitismus unterschied sich von der Judenfeindschaft anderer Länder dadurch, dass er zur Zeit der Romantik und erst recht ab der zweiten Hälfte des 19. Jahrhunderts in entscheidendem Maß eliminatorischer Antisemitismus war, wenngleich zu diesem Zeitpunkt noch maßgeblich Judenhass des Wortes. Für völkische Autoren wie Ernst Moritz Arndt (1769–1860) waren Juden »Ungeziefer« und »Pest«, für Hartwig Hundt-Radowsky (1780–1835) ein »physisches und moralisches Gift« sowie »beschnittene Vampyre«, die »zusammen getrieben, und wie Raubthiere todt geschossen« werden sollten, für den Philosophen Jakob Friedrich Fries (1773–1843) war »das wichtigste Moment in dieser Sache, dass diese Kaste mit Stumpf und Stiel ausgerottet werde«. Richard Wagner (1813–1883) sprach von »gewaltsamer Auswerfung des zersetzenden fremden Elementes« und faselte von einer »großen Lösung« der »Judenfrage«, der Philosoph Eugen Dühring (1833–1921) sah die »völkerrechtliche Internierung« der Juden vor und präferierte eine »Lösung der Judenfrage«, die in »Einschränkungen von Ausnahmenatur bestehen« müsse, der Theologe und Orientalist Paul de Lagarde (1827–1891) vertrat die Ansicht, dieses »wuchernde Ungeziefer« sei »zu zertreten« und brachte mit folgendem Satz das Wesen des eliminatorischen Antisemitismus auf den Punkt: »Mit Trichinen und Bazillen wird nicht verhandelt. Trichinen und Bazillen werden auch nicht erzogen, sie werden so rasch und so gründlich wie möglich vernichtet.« Der junge Adolf Hitler stand in dieser Traditionslinie des Vernichtungsantisemitismus als er am 16. September 1919 in einem Brief schrieb: »Der Antisemitismus muss führen zur planmäßigen gesetzlichen Bekämpfung und Beseitigung der Vorrechte des Juden (…). Sein letztes Ziel aber muss unverrückbar die Entfernung des Juden überhaupt sein.« Der Vorsatz die Juden zu vernichten, der in Hitlers Denken das Zentrum bildet, war keineswegs singulär, sondern spiegelte die Spezifik des deutschen eliminatorischen Antisemitismus, der nach dem Ersten Weltkrieg das Vakuum politischer wie ideologischer Desorientierung relevanter Bevölkerungsschichten füllte.

Radikale Antisemiten gab es unstrittig auch in anderen Ländern wie etwa ein Édouard Drumont (1844–1917) in Frankreich. Im Unterschied zu Westeuropa verankerte sich der eliminatorische Antisemitismus indes in Deutschland in weiten Teilen der Gesellschaft und verfügte in Gestalt namhafter Publizisten, Wissenschaftler und Schriftsteller über eine umfangreiche Trägerschaft. Nahezu endlos ist die Liste der Zitate, die angeführt werden könnten, um den Sachverhalt zu belegen, dass am Ende des 19. Jahrhunderts große Teile der deutschen Zivilgesellschaft vom Vernichtungsantisemitismus erfasst waren und um den Nachweis zu führen, dass dieser gerade in ihrer politischen, wirtschaftlichen und kulturellen Elite weite Verbreitung fand. Gewiss gab es auch in Frankreich einen Kreis entschiedener Judenfeinde, die sich nicht zuletzt bei der Dreyfus-Affäre Gehör verschafften, doch es ist kein Zufall, dass am Ende des Hergangs der jüdische Offizier rehabilitiert wurde, während am Beginn der Weimarer Republik die Ermordung von Rosa Luxemburg und ihre Beschimpfung als »Judenhure« stand. Einwenden ließe sich, dass in Russland zu Beginn des 20. Jahrhunderts der Antisemitismus in Gestalt zahlreicher Pogrome mit Abstand gewalttätiger war als in Deutschland, sodass die Wahrscheinlichkeit eines antijüdischen Genozids hier viel größer war. Im russischen Zarenreich existierte indes keine starke, etablierte Zivilgesellschaft, während die Judenfeindschaft im wilhelminischen Deutschland in Vereinen, Verbänden, in akademischen Zirkeln sowie in der Mitte der Gesellschaft sowohl in der Breite wie in der Tiefe präsent war.

Gleichwohl der »Weg nach Auschwitz« nicht zwangsläufig war, existierte in Deutschland eine lange, antisemitische Welle, deren Judenfeindschaft sich in ihrer eliminatorischen Radikalität wie in ihrer gesellschaftlichen Verankerung von allen anderen Ländern abhob. Ihre Schärfe setzte bereits mit Martin Luther (1483–1546) und seinem antisemitischen Maßnahmenkatalog ein, der vom Verbrennen jüdischer Synagogen, Gebetsbücher und Talmudschriften über die systematische Beraubung bis hin zum Hinausjagen aus dem Lande reichte; ein bis dato einmaliges, existenzielles Vernichtungsprogramm jüdischen Lebens, das in programmatischer Hinsicht dem Juden einzig und allein noch seine nackte Existenz zu lassen gedachte und den deutschen Protestantismus hochgradig antisemitisch formte. Die Millionen deutschen Täter und Mittäter kamen nicht aus dem Nichts, sondern standen bedingt durch das antijüdische Ressentiment, das seit Beginn des 19. Jahrhunderts immer größere Teile der deutschen Bevölkerung erfasste, gewissermaßen schon Gewehr bei Fuß als der deutsche Nationalsozialismus im Januar 1933 die Macht übernahm und auch die heranwachsenden, jüngeren Generationen durch den diktatorischen Zugriff auf das staatliche Schul- und Bildungssystem judenfeindlich konditionierte. Wenn auch die Shoah keineswegs unabwendbar war, so war sie gleichwohl in der langen Welle des Antisemitismus angelegt, die in Deutschland über spezifische Charakteristika verfügte. Die eliminatorische Rigorosität sowie die Breitenverankerung des Antisemitismus in der Elite eines Landes, dessen hochimperialistischer, gewaltbereiter Staat nach einer kurzen Phase der Demokratie zur Diktatur mutierte, liefern eine Antwort auf die Frage »Warum die Deutschen?«. Die Radikalisierung des Sozialdarwinismus in Gestalt der deutschen Rassenhygiene, ihre praktische Umsetzung in Form von Patientenmord und Zwangssterilisierung seitens des Nazi-Regimes sowie die Führung des Zweiten Weltkriegs als Vernichtungskrieg trugen im weiteren historischen Verlauf maßgeblich dazu bei, die Judenfeindschaft zum eliminatorischen Antisemitismus der Tat in Gestalt eines systematischen Völkermords zu transformieren.

Die Ermordung von sechs Millionen europäischen Juden sowie die Verfolgung der Opfer in über 20 Ländern sowie an zahllosen Orten des Geschehens wären indes auch mit Hilfe von Millionen deutscher Täter und Mittäter allein nicht durchzuführen gewesen. Zwar darf die Verantwortung der Deutschen für die Shoah nicht relativiert werden, doch es bleibt Fakt, dass die Singularität des Genozids auch dem Sachverhalt geschuldet bleibt, dass der Völkermord des Haupttäters in seinem ganzen Ausmaß nur möglich war durch ein Heer europäischer Mittäter, die bereitwillig in deutscher Verantwortung oder gar eigenständig mordeten, Konzentrations- und Vernichtungslager bewachten, Deportationszüge bereitstellten, Grenzen schlossen, Flüchtlinge zurückwiesen oder aber ihre eigenen jüdischen Staatsbürger nicht vor der Deportation bewahrten. Dergestalt betrachtet war und ist die Shoah ein deutscher, ein europäischer sowie ein weltweiter Tatbestand.

Der vorliegende Band beabsichtigt in Form von Länderdarstellungen das Zusammenwirken des deutschen Haupttäters und seiner europäischen Mittäter zu schildern, wie zu analysieren sowie einen länderbezogenen Überblick über das ganze Ausmaß und die menschliche Tragödie der Shoah zu vermitteln.

1. DIE SHOAH IM »ALTREICH«

Bereits wenige Wochen nach der Machtübernahme im Januar 1933 ließen die Nazis keinen Zweifel daran aufkommen, dass der Antisemitismus ein Kernstück ihres staatlichen Handelns bildete. In den Jahren zwischen 1933 und 1938 nahmen die soziale Ausgrenzung und die Diskriminierung der Juden in Form zahlreicher Gesetze und Verordnungen des Staates Gestalt an. Einen ersten Scheitelpunkt auf dem Weg zum Genozid stellte die Polenaktion dar, insofern die erzwungene Auswanderung durch eine Massendeportation begleitet wurde. Die Novemberpogrome des Jahres 1938 stellen bereits den Beginn der zweiten Phase des nationalsozialistischen Staatsantisemitismus dar, weil sie die Vertreibung durch Massenterror forcierten. Der Überfall der deutschen Wehrmacht auf das Nachbarland Polen und damit der Beginn des Zweiten Weltkriegs war unmittelbar von antisemitischen Ausschreitungen begleitet, an denen Einsatzgruppen, deutsche Wehrmachtssoldaten, »Volksdeutsche« wie nichtjüdische Polen beteiligt waren. Die Besetzung großer Teile des polnischen Territoriums sowie die Angliederung westlicher Teile an das Deutsche Reich ermöglichten dem Nazi-Regime erstmals die Planung eines »bevölkerungspolitischen Austauschs« größten Ausmaßes. Der deutsche Überfall auf die Sowjetunion vom 22. Juni 1941 leitete die dritte Phase der Verfolgung ein.

1.1 Die Ausgrenzung der Juden Deutschlands 1933–1938

Wenige Wochen nach der Machtübernahme verdeutlichte die Gesetzgebung des Regimes, dass der Antisemitismus das Zentrum der nationalsozialistischen Ideologie darstellte und zur Tat drängte. Bereits in den ersten Tagen kam es zwar zu Gewalttätigkeiten gegen Juden, noch stand jedoch zumeist deren Mitgliedschaft in einer politischen Partei im Vordergrund der Übergriffe. Nach dem deutschlandweit durchgeführten Boykott jüdischer Geschäfte am 1. April 1933 wurde am 7. April 1933 das *Gesetz zur Wiederherstellung des Berufsbeamtentums* erlassen. Das erste rassistische Gesetz des Nazi-Regimes führte den sogenannten »Arierparagraphen« ein, der sogleich ohne Zwang von Vereinen und Verbänden sowie in der Privatwirtschaft übernommen wurde. Beamte, die »nicht arischer Abstammung sind«, so heißt es im Gesetzestext, seien in den Ruhestand zu versetzen. Da die Begrifflichkeit des Ariers ohne definitorischen Rückgriff auf den Terminus des Juden nicht zu spezifizieren war, bestimmte die *Erste Verordnung zur Durchführung des Gesetzes zur Wiederherstellung des Berufsbeamtentums*, dass als nichtarisch zu gelten habe, wer über einen oder mehrere jüdische Großelternteile verfüge. Ebenfalls am 7. April 1933 wurde das *Gesetz über die Zulassung zur Rechtsanwaltschaft* erlassen, das es gestattete, Rechtsanwälten mit einem oder mehreren jüdischen Großelternteilen die Zulassung zu entziehen. Am 22. April 1933 folgte die *Verordnung über die Zulassung von Ärzten zur Tätigkeit bei den Krankenkassen,* die den »nichtarischen« Ärzten die kassenärztliche Zulassung entzog. Drei Tage darauf erfolgte am 25. April 1933 das *Gesetz gegen die Überfüllung der deutschen Schulen und Hochschulen*, das die Definition des »Nichtariers« aus dem »Berufsbeamtengesetz« übernahm und festlegte, dass der prozentuale Anteil der »Nichtarier« im Schul- sowie im Hochschulbereich den Anteil der »Nichtarier« an der reichsdeutschen Bevölkerung nicht übersteigen dürfe.

Eine Verschärfung der sozialen Ausgrenzung und Diskriminierung leiteten die »Nürnberger Rassengesetze« ein, darunter das am 15. September 1935 verabschiedete *Gesetz zum Schutze des deutschen Blutes und der deutschen Ehre* (»Blutschutzgesetz«). Das »Blutschutzgesetz« verbot die Eheschließung sowie den außerehelichen Sexualverkehr zwischen »Juden« und »Nichtjuden«. Die dadurch erfolgte Einführung des juristischen Tatbestands der »Rassenschande« führte im Zeitraum zwischen 1935 und 1943 zu über 2000 Verurteilungen. Das ebenfalls auf dem »Nürnberger Reichsparteitag der NSDAP« verabschiedete »Reichsbürgergesetz« machte die Juden zu Bürgern zweiter Klasse indem es zwischen Reichsbürgern (»Staatsangehörige deutschen oder artverwandten Blutes«) und Reichsangehörigen (»Angehörige rassefremden Volkstums«) mit geringeren Rechten unterschied. Da zu diesem Zeitpunkt keine juristische Definition vorlag, wer als Jude gelten sollte, und auch das Reichsbürgergesetz dies noch offen ließ, erfolgte am 14. November 1935 eine *Erste Verordnung zum Reichsbürgergesetz*. Als Jude galt im Deutschen Reich künftig, wer von mindestens drei der Rasse nach volljüdischen Großelternteilen abstammte (sogenannter »Volljude«). Als Jude zählte ebenso, wer von zwei jüdischen Großeltern abstammte und der jüdischen Religionsgemeinschaft angehörte oder mit einem jüdischen Ehepartner verheiratet war (sogenannter »Geltungsjude«). Als »jüdischer Mischling« galt fortan eine Person, die von zwei (»jüdischer Mischling ersten Grades«) oder von einem Großelternteil (»jüdischer Mischling zweiten Grades«) abstammte und über keinerlei Bindungen zum Judentum verfügte. Die Einstufungen entschieden im weiteren Verlauf über Leben und Tod und wurden in Deutschland, in den besetzten Gebieten sowie von den verbündeten Ländern in definitorischer wie in praktischer Hinsicht höchst unterschiedlich gehandhabt.

Das Bestreben des Nazi-Regimes, die Juden zu erfassen verdeutlichte mehrere Monate nach der Machtübernahme die Volkszählung vom 16. Juni 1933, die noch nicht die spätere »Juden-Definition« des deutschen Nationalsozialismus zugrunde legte, d. h. im Sprachgebrauch der Statistik »Glaubensjuden« auswies. Bei einer Anzahl von 499 682 Personen betrug der Anteil der »Glaubensjuden« an der Gesamtbevölkerung knapp 0,8 %, wobei sich die jüdische Bevölkerung vor allem in den Großstädten konzentrierte. Noch vor Berlin mit einem jüdischen Anteil von 3,8 % lag an erster Stelle Frankfurt mit 4,7 %. Aus der Sicht des deutschen Nationalsozialismus waren die Ergebnisse der Volkszählung höchst unbefriedigend, da die Nazis Entrechtung und Verfolgung der Juden nicht auf das Merkmal der »Andersgläubigkeit« bezogen, sondern auf das Konstrukt der »Andersrassigkeit«, welche biologische Minderwertigkeit postulierte. Das Ideologem vom Juden als »Gegenrasse« suggerierte eine »volkskörperzersetzende Gefahr«, behauptete den drohenden Untergang der »arischen Rasse« und beschwor einen endzeitlichen Kampf zwischen dem rassisch wertvollen »Arier« und dem »vorderasiatischen Rassengemisch« des Israeliten hinauf.

Im Unterschied zur Volkszählung vom Juni 1933, die konzeptionell noch von der Weimarer Republik geplant wurde, verfolgte Reinhard Heydrich (1904–1942) als Chef des Geheimen Staatspolizeiamtes (»Gestapo«) das Ziel einer »restlosen Erfassung« der Juden auf Basis der nationalsozialistischen »Rassentheorie«. Bereits vor den »Nürnberger Gesetzen« wies Heydrich die örtlichen Stellen der Gestapo an, »Judenkarteien« anzulegen, welche die Mitgliederlisten jüdischer Gemeinden, Vereine und Verbände nutzen sollten. Die für 1938 geplante Volkszählung, die wegen des »Anschlusses Österreichs« auf den 17. Mai 1939 verschoben wurde, legte im Unterschied zur Erhebung von 1933 erstmals die »Nürnberger Gesetze« zugrunde. Die Volkszählung von 1939 fragte folglich: »War oder ist einer der vier Großelternteile der Rasse nach Volljude? (Ja oder nein)« und erfasste die Angaben in einer »Ergänzungskartei« für Großvater und Großmutter väterlicher- wie mütterlicherseits. Bei einer Gesamtbevölkerung von 69 316 846 Personen im sogenannten »Altreich« wurden 233 846 Personen als »Volljuden« eingestuft, 213 930 als »Glaubensjuden«, 8500 als »Geltungsjuden«, 52 005 als »Mischlinge 1. Grades« sowie 32 669 als »Mischlinge 2. Grades«. Der Anteil der auf Grundlage der Nürnberger Gesetze als Juden geltenden Personen betrug 0,35 %. Die *Zweite Verordnung zur Durchführung des Gesetzes über die Änderung von Familiennamen und Vornamen* vom 17.8.1938, die am 1. Januar 1939 in Kraft trat, stellte einen ersten Versuch dar, Juden öffentlich zu markieren. Juden wurden zur zusätzlichen Annahme des Vornamens »Israel« gezwungen, Jüdinnen mussten als zweiten Vornamen »Sarah« tragen. Die Namensänderung war sowohl beim Standesamt als auch bei der Ortspolizeibehörde des Wohnsitzes anzuzeigen. Am 5. Oktober 1938 erfolgte die *Verordnung über Reisepässe von Juden*, welche die Pässe von Juden für ungültig erklärte und deren Einziehung vorsah. Die Reisepässe sollten mit Geltung für das Ausland erst wieder gültig werden, »wenn sie von der Passbehörde mit einem vom Reichsminister des Innern bestimmten Merkmal versehen werden, das den Inhaber als Juden kennzeichnet«. Als entsprechende Kennzeichnung wurde ein in roter Farbe gestempeltes »J« vorgesehen (sogenannter »Judenstempel«).

Die Ausgrenzung und Diskriminierung der Juden zwischen 1933 und 1938 verdeutlicht alleine die Vielzahl antisemitischer Gesetze, Verordnungen und Erlasse, die bereits vor 1939 in Kraft traten, von denen einige exemplarisch aufgelistet seien: »Juden werden aus dem großdeutschen Schachbund ausgeschlossen (9.7.1933)«, »Juden werden aus Gesangsvereinen ausgeschlossen (16.8.1933)«, »Badeverbot für Juden am Strandbad Wannsee (22.9.1933)«, »Berufsverbot für jüdische Musiker

(31.3.1935)«, »Die Taufe von Juden und der Übertritt zum Christentum hat keine Bedeutung für die Rassenfrage (4.10.1936)«, »Mit Jüdinnen verheiratete Postbeamte werden in den Ruhestand versetzt (8.6.1937)«, »Nur ehrbare Volksgenossen deutschen oder artverwandten Blutes können Kleingärtner werden (22.3.1938)«. Am 25. Juni 1938 wurde es Juden verboten als Ärzte zu praktizieren mit Ausnahme der Versorgung jüdischer Patienten, am 27. September untersagte eine Verfügung jüdischen Rechtsanwälten ihre Tätigkeit. Zur Beraubung der Juden trug das bereits am 18. Mai 1934 erlassene *Gesetz über Änderung der Vorschriften über die Reichsfluchtsteuer* bei, das sich in den kommenden Monaten zu einem Instrument entwickelte, um jüdische Emigranten teil zu enteignen. Um den Zugriff auf jüdische Vermögen weiter zu erhöhen, sah eine Verordnung vom 26. April 1938 eine Anmeldung des Besitzes vor.

Im Herbst 1938 wurden Tausende Juden polnischer Staatsangehörigkeit, die zumeist schon seit etlichen Jahren in Deutschland lebten, in einer Nacht-und-Nebel-Aktion ausgewiesen. Hintergrund der Aktion bildete die Ankündigung der Regierung Polens, im Ausland lebenden polnischen Bürgern, die bis zum 31. Oktober ihre Pässe nicht erneuerten, die Staatsbürgerschaft zu entziehen. Am 28. und 29. Oktober 1938 wurden daraufhin 17 000 polnische Juden aus verschiedenen deutschen Städten von der Polizei abgeholt und nach Polen abgeschoben, unter ihnen auch die Familie Grynszpan. Ihr 17-jähriger Sohn Herschel Grynszpan (1921–1942/45), der in Paris lebte, fasste daraufhin den Plan, seine Eltern durch die Ermordung des Legationssekretärs der deutschen Botschaft, Ernst Eduard vom Rath (1909–1938), zu rächen. Als vom Rath an den Folgen des Attentats starb, nutzte das Nazi-Regime den Vorfall, um die staatlicherseits inszenierten Novemberpogrome auszulösen. Über die sogenannte »Polenaktion« berichtet Marcel Reich-Ranicki (1920–2013), der 1938 in Berlin seine Abiturprüfung mit Erfolg bestand:

> »Am 28. Oktober 1938 wurde ich frühmorgens, noch vor 7 Uhr, von einem Schutzmann (…) energisch geweckt. Nachdem er meinen Pass genauestens geprüft hatte, händigte er mir ein Dokument aus. Ich würde, las ich, aus dem Deutschen Reich ausgewiesen. Ich solle mich, ordnete der Schutzmann an, gleich anziehen und mit ihm kommen. Aber vorerst wollte ich den Ausweisungsbescheid noch einmal lesen. Das wurde genehmigt. Dann erlaubte

> ich mir, etwas ängstlich einzuwenden, in dem Bescheid sei doch gesagt, ich hätte das Reich innerhalb von vierzehn Tagen zu verlassen – und überdies könne ich auch Einspruch einlegen. Für solche Spitzfindigkeiten war der auffallend gleichgültige Schutzmann nicht zu haben. Er wiederholte streng: ›Nein, sofort mitkommen!‹ Dass ich alles, was ich in dem kleinen Zimmer besaß, zurücklassen musste, versteht sich von selbst.« (Reich-Ranicki 1999: 157)

Polen schloss daraufhin seine Grenzen, sodass die Deportierten sich unter elenden Bedingungen im Niemandsland wiederfanden. Die »Polenaktion« war ein »Scheitelpunkt«, der zu einer neuen Phase der Judenverfolgung überleitete. Die Radikalisierung im Laufe des Jahres 1938 ist nicht zuletzt daran ersichtlich, dass es bereits vor den Novemberpogromen zur Schändung sowie zur Zerstörung von Synagogen kam, so beispielsweise am 9. Juni 1938 in München und am 10. August 1938 in Nürnberg. Die Münchner Hauptsynagoge wurde bereits kurze Zeit später abgerissen. Wenig bekannt ist die sogenannte »Juni-Aktion«, die bereits vor den Novemberpogromen am 15. Juni 1938 zur Verhaftung von 1500 Juden und ihrer Einlieferung in deutsche Konzentrationslager führte.

1.2 Die Entrechtung der Juden Deutschlands 1938-1941

Die Novemberpogrome in der Nacht vom 9. auf den 10. November 1938 sowie die in den Tagen darauf einsetzende Verhaftungswelle von über 30 000 Juden, die in Konzentrationslager wie Dachau, Buchenwald und Sachsenhausen verschleppt wurden, markieren einen deutlichen Einschnitt und den Beginn der zweiten Phase des nationalsozialistischen Staatsantisemitismus. Im Zeitraum zwischen November 1938 und dem Überfall auf die Sowjetunion im Juni 1941 sahen sich die deutschen Juden neben der Beraubung ihrer Rechte einer unmittelbaren physischen Gefährdung ausgesetzt, die zwar noch nicht den Charakter eines geplanten Genozids besaß, gleichwohl diesen bereits erahnen ließ. Die verschärfte Gefahrenlage erkannten viele Juden, sodass die Flüchtlingszahlen in den Wochen und Monaten nach den Pogromen sprunghaft anstiegen. Viele versuchten jetzt nur noch, Deutschland so schnell wie möglich zu verlassen. Angesichts der restriktiven Aufnahmepolitik vieler Länder erwies sich das Unterfangen indes als äußerst schwierig. Es begann das Ringen um Visa, Affidavits und Schiffspassagen, um die Aktivierung von Bekannten oder Verwandten im Ausland, die bereit waren zu bürgen, sowie um das Auftreiben benötigter Gelder angesichts der wachsenden finanziellen Verelendung der deutschen Juden. In den Jahren zwischen 1933 und 1939 verließen über 250 000 Juden das Deutsche Reich. Nach den Novemberpogromen erreichte die Massenflucht mit ca. 80 000 Juden ihren Höhepunkt.

Die Novemberpogrome offenbarten, dass sich die nationalsozialistische Judenpolitik in Richtung einer Existenzbedrohung genozidalen Ausmaßes wandelte. In der Reichspogromnacht sowie in den Tagen darauf wurden bis zu 1500 Juden ermordet oder starben an den Folgen der Übergriffe sowie der KZ-Haft. Im November verschärften die Nazis gleichfalls ihre Maßnahmen zur Beraubung der Juden. Am 12. November 1938 unterzeichnete Hermann Göring die *Verordnung über eine Sühneleistung der Juden deutscher Staatsangehörigkeit*, die den Juden eine Kontributionszahlung von einer Milliarde Reichsmark (»Judenvermögensabgabe«) auferlegte. Der groß angelegte staatliche Diebstahl jüdischer Vermögen wurde begleitet von einer Beschlagnahmung der Versicherungsansprüche der Schäden, die jüdische Geschäfte wie Privatwohnungen durch die Novemberpogrome erlitten. Als weitere Maßnahme wurde am 12. November 1938 die *Verordnung zur Ausschaltung der Juden aus dem deutschen Wirtschaftsleben* verabschiedet, die Juden u. a. das Führen von Einzelhandelsgeschäften sowie von Handwerksbetrieben ab dem 1. Januar 1939 untersagte. Diverse weitere Verordnungen, wie die vom 21. Februar 1939, welche den Juden die Ablieferung von Schmuck, Gegenständen aus Gold, Silber, Platin und Perlen auferlegte, erschwerten die ökonomische Lage der Juden zusehends, zumal angesichts des Tatbestands, dass eine berufliche Existenz für Juden ohnehin immer schwieriger geworden war.

Die soziale Isolation der Juden wurde vor Kriegsbeginn durch weitere Anordnungen verschärft, wie u. a. durch die Verordnung, dass jüdische Kinder keine öffentlichen Schulen mehr besuchen durften (15.11.1938) oder im April 1939 durch das *Gesetz über Mietverhältnisse mit Juden*, das den Kündigungsschutz für Juden aushebelte, die nunmehr auch in wohnungspolitischer Hinsicht von der nichtjüdischen Bevölkerung getrennt wurden.

Der deutsche Überfall auf Polen am 1. September 1939 war der Beginn des Zweiten Weltkriegs. Die Verordnung »Juden dürfen nach 8 Uhr abends (im Sommer 9 Uhr) ihre Wohnungen nicht mehr verlassen« vom selben Tag spiegelt bereits den »Polenfeldzug«. Den Überfall auf Polen nutzten die Nazis dazu, Juden überlebenswichtige Informationen vorzuenthalten sowie Kommunikationswege mit der nichtjüdischen Bevölkerung einzuschränken. Per Verordnung vom 23. September 1939 mussten Juden ihre Rundfunkgeräte abliefern. Einige Monate später kündigte die deutsche Post per Erlass vom 29. Juli 1940 den Juden ihre Telefonanschlüsse.

Der deutsche Überfall auf die Sowjetunion vom 22. Juni 1941 ging mit der völligen Entrechtung der deutschen Juden einher. Es war folglich kein Zufall, dass nur wenige Wochen nach dem Überfall auf die Sowjetunion die *Polizeiverordnung über die Kennzeichnung der Juden* festlegte, dass ab September 1941 alle Juden, die nach den »Nürnberger Gesetzen« als solche galten, vom vollendeten sechsten Lebensjahr an, einen »Judenstern« sichtbar auf der linken Brustseite des Kleidungsstücks in Nähe des Herzens fest aufgenäht zu tragen hatten. Inge Deutschkron berichtet:

> »Es war der 19. September 1941, der erste Tag, an dem wir dazu gezwungen waren. Am Abend zuvor hatte ich diesen gelben Lappen wie vorgeschrieben an der linken Brust in Herzhöhe fest an den Mantel genäht. Die jüdischen Wohlfahrtsämter hatten jedem Juden vier solcher Sterne gegen ein Entgelt abgeben müssen. (...) Wie auch andere Juden hatte ich gelegentlich sehr erfreuliche Erlebnisse. Ich erinnere mich, wie Unbekannte in der Untergrundbahn oder auf der Straße, meist im dichten Gewühl der Großstadt, ganz nahe an mich herantraten und mir etwas in die Manteltasche steckten, während sie in eine andere Richtung schauten. Manchmal war es ein Apfel, ein anderes Mal Fleischmarken, Dinge, die Juden offiziell nicht erhielten. Dennoch, der ›Judenstern‹ schuf eine diskriminierende Isolation. Ich hatte das Gefühl, eine Maske vor dem Gesicht zu tragen. Es gab Menschen, die mich mit Hass ansahen; es gab andere, deren Blicke Sympathie verrieten, und wieder andere schauten spontan weg.« (Deutschkron: o.J.: 85/87)

Am 18. Oktober untersagte ein Erlass Heinrich Himmlers (1900–1945) den Juden die Auswanderung mit Wirkung vom 23. Oktober. Zum Zeitpunkt des »Himmler-Erlasses« lebten noch ca. 150 000 Juden im sogenannten »Altreich«. Der Krieg mit der Sowjetunion führte zu einer neuerlichen Welle antijüdischer Verordnungen, die nahezu alle Lebensbereiche umfassten. Exemplarisch seien an dieser Stelle aufgeführt: »Juden sollen keine Seife und Rasierseife mehr erhalten (26.6.1941)«, »Juden dürfen allgemeine Leihbüchereien nicht benutzen (2.8.1941)«, »Juden dürfen keine Zeitungen und Zeitschriften mehr kaufen (17.2.1942)«, »Kennzeichnungszwang für Wohnungen jüdischer Familien durch den Judenstern (26.3.1942)«, »Juden erhalten keine Zigaretten oder Zigarren mehr (11.6.1942)«, »Juden müssen ihre elektrischen und optischen Geräte, Fahrräder, Schreibmaschinen und Schallplatten abliefern (12.6.1942)«, »Juden dürfen keine Bücher mehr kaufen (9.10.1942)«. Am 26. Juni 1942 schreibt Victor Klemperer (1881–1960) in sein Tagebuch:

> »Bisher durften Juden im Arbeitseinsatz [gemeint sind die zur Zwangsarbeit verpflichteten Juden, d. Verf.] ihre Fahrräder behalten. Neueste Verordnung: Fahrräder sind nur zu behalten, wenn der Arbeiter einen längeren Weg als 7 km hat. Gleichzeitig: Wer noch die Tram benutzen darf (Arbeiter jenseits der 7 km-Grenze), darf nicht mehr Zwölferkarten oder Umsteigehefte lösen, sondern nur noch die teuren Einzelbillette.« (Klemperer 1995: 145)

Insgesamt erließ das Nazi-Regime ca. 2000 antijüdische Gesetze und Ergänzungsverordnungen. Die Flut der Erlasse endete mit der *13. Verordnung zum Reichsbürgergesetz* vom Juli 1943, welche die Juden als Rechtlose dem direkten Zugriff der SS unterstellte.

1.3 Die Ermordung der Juden Deutschlands 1941–1945

Ende September 1941 stimmten sich die Nazis über die systematische Deportation der deutschen Juden ab, die im Oktober begann. Für viele Züge aus Deutschland war das Ghetto von Łódź anfänglich der Ort ihrer Ankunft, so auch für den ersten Deportationszug aus der deutschen Hauptstadt, der Berlin am 18. Oktober 1941 vom Bahnhof Grunewald verließ. Aus Berlin wurden über 50 000 deutsche Juden deportiert. Züge in Richtung Osten verließen die Hauptstadt auch vom Güterbahnhof Moabit sowie vom Anhalter Bahnhof. Zielorte waren anfangs u. a. die Ghettos von Riga, Kowno und Minsk im militärisch eroberten Teil der Sowjetunion. Anfang Dezember 1941 fanden in der litauischen Stadt Kowno (»Kaunas«), die am 24. Juni 1941 besetzt worden war, sowie in Riga, der am 1. Juli 1941 besetzten lettischen Hauptstadt, die ersten Massenmorde an deutschen Juden statt. In den Jahren 1942 und 1943 war der hauptsächliche Bestimmungsort für deutsche Juden das Konzentrations- und Vernichtungslager Auschwitz. Von den im »Altreich« lebenden deutschen Juden wurden 131 154 deportiert.

Im »Altreich« existierten im Unterschied zu den meisten anderen besetzten europäischen Ländern keine Ghettos. Der Krieg mit der Sowjetunion verschärfte die Lage der Juden indes auch bezüglich ihrer Wohnungssituation. Juden wurden gezwungen, ihre Wohnungen aufzugeben und unter beengten Verhältnissen in sogenannte »Judenhäuser« zu ziehen. Eine Maßnahme, welche die »Volksgemeinschaft« mit neuerlichem »Beutegut« versorgen sowie die Deportation unterstützen sollte. Der Kreis derjenigen Juden, die Zwangsarbeit leisten mussten, wurde ausgeweitet und führte zu Rückstellungen der fast ausnahmslos in Rüstungsbetrieben beschäftigten Juden, deren Hoffnung von der Deportation verschont zu bleiben sich als trügerisch erwies. Im Februar/März 1943 lebten noch 75 816 Juden im »Altreich«. Am 27. Februar 1943 umstellten Gestapo und SS-Einheiten über 100 kriegswichtige Betriebe, verhafteten die jüdischen Zwangsarbeiter und brachten sie zu Sammelstellen, von denen sie Anfang März 1943 in fünf Transporten nach Auschwitz deportiert wurden.

Von den ca. 500 000 deutschen Juden des Jahres 1933 wurden mindestens 165 000 Opfer des Vernichtungswahns des deutschen Nationalsozialismus, was einer Prozentzahl von 33 % entspricht, wobei es sich um eine statistische Untergrenze handelt. Wie auch bei anderen Ländern ist die Zahl nur annähernd zu bestimmen, da insbesondere viele deutsche Juden nicht von Deutschland aus deportiert wurden, sondern von denjenigen Ländern aus, in die sie 1933 geflohen waren, die aber im weiteren historischen Verlauf in den Machtbereich des deutschen Nationalsozialismus gerieten. Die nach Holland geflohene Familie Frank verdeutlicht die Problematik der Opferzählung. Zu den unmittelbaren Opfern zählen nicht nur die in Vernichtungslager Deportierten, sondern ebenso diejenigen, die während der Novemberpogrome ermordet wurden, in deutschen Konzentrationslagern auf deutschem Boden den Tod fanden oder wie Martha Liebermann (1857–1943), die Witwe des Malers Max Liebermann (1847–1935), Suizid begingen als sie ihren Aufruf zur Deportation erhielten. Zu den unmittelbaren Opfern zählen auch diejenigen Juden, die im Rahmen des sogenannten »Euthanasie-Programms« ermordet wurden. Präziser zu differenzieren wäre schließlich zwischen den deutschen Juden und den Juden Deutschlands, insofern sich zum Zeitpunkt der Deportationen auch fremdstaatliche Juden in Deutschland befanden. Die Dimension der Shoah stellt auch die Opferstatistik vor kaum zu bewältigende Aufgaben, sodass abweichend von der zuvor genannten Angabe auch Opferzahlen von knapp 200 000 Personen genannt werden. Im Rahmen einer Überblicksstudie wie hier kann darauf nicht näher eingegangen werden. Von den in Deutschland verbliebenen Juden überlebten 15 000 Juden in »Mischehen«, als sogenannte »U-Boote« im Untergrund wie der Berliner Fernsehmoderator Hans Rosenthal (1925–1987) oder weil sie von nicht immer uneigennützigen nichtjüdischen Deutschen versteckt wurden.

1.4 Die Ermordung der Juden Österreichs

Die Zerschlagung der Doppelmonarchie Österreich-Ungarn führte im Jahr 1918 zur Bildung der eigenständigen Republik Österreich. Im Jahr 1937 belief sich die Bevölkerung auf 6 725 000 Einwohner. Zum Zeitpunkt des Einmarsches der deutschen Truppen im März 1938 lebten 206 000 Personen in Österreich, die auf Basis der »Nürnberger Gesetze« als Juden galten. Rechtlich gleichgestellt waren die Juden seit 1867. Das Zentrum der jüdischen Kultur bildete die Hauptstadt Wien, die nach 1918 hohe Zuwachsraten jüdischer Migranten zu verzeichnen hatte, die sich zumeist der deutschsprachigen Kultur verbunden fühlten und aus vormaligen Gebieten der Doppelmonarchie zuwanderten. Aufgrund blutiger Pogrome kamen bereits während des Ersten Weltkriegs zahlreiche galizische Flüchtlinge nach Wien. Der Antisemitismus war in Österreich spätestens seit der zweiten Hälfte des 19. Jahrhunderts nahezu allgegenwärtig und fand seine Resonanz in den Wahlerfolgen der antisemitischen Christlichsozialen Partei, deren Führer Karl Lueger (1844–1910) Karriere als Bürgermeister Wiens machte. In den 1920ern gewannen in Österreich klerikal-faschistoide sowie nationalsozialistische Kräfte an Boden, für die Hitler bereits vor 1933 zum Idol avancierte. Am 13. März 1938 wurde der Anschluss Österreichs an das Deutsche Reich verkündet. Unmittelbar danach kam es zu antisemitischen Übergriffen österreichischer Nationalsozialisten, die Juden demütigten und diese zwangen öffentliche Gehwege und Plätze zu reinigen. In den ersten Wochen nach dem Anschluss Österreichs flohen Tausende Juden in die Schweiz sowie nach Italien.

Bereits wenige Tage nach der Proklamation des Anschlusses verschärfte sich der Terror. Büros der jüdischen Gemeinde sowie jüdischer Organisationen mussten schließen, zahlreiche jüdische Persönlichkeiten, Gemeindeführer und Aktivisten wurden verhaftet und in den Monaten April und Mai nach Dachau verschleppt. Die Gestapo plünderte jüdische Wohnungen und beschlagnahmte Kunst- und Wertgegenstände. Am 26. März 1938 folgte die Entlassung jüdischer Professoren und Lehrer. Noch im selben Monat wurden alle Juden aus der Armee entlassen. Die kollektive Beraubung der Juden erreichte einen ersten Höhepunkt durch die Auferlegung einer Kontribution in Höhe von 500 000 Reichsmark. In nur wenigen Wochen nach dem Anschluss sahen sich die österreichischen Juden mit antisemitischen Maßnahmen und Aktionen konfrontiert, die in Deutschland zwischen 1933 und dem Frühjahr 1938 erfolgten. Noch im März 1938 wurden die »wilden Plünderungen« von einer staatlicherseits organisierten »Arisierungswelle« abgelöst. Da sich Juden auch im privatwirtschaftlichen Sektor Entlassungen größeren Ausmaßes ausgesetzt sahen, standen sie innerhalb kürzester Zeit unter hohem ökonomischen Druck.

Über das auch in Österreich eingeführte Kinoverbot für Juden berichtet die im Jahr 1931 in Wien geborene Ruth Klüger (1931–2020), die als Kind nach Theresienstadt sowie nach Auschwitz verschleppt wurde, und als Achtjährige so gerne »Schneewittchen« von Walt Disney sehen wollte:

> »Als es im Saal hell wurde, wollte ich die anderen vorgehen lassen, aber meine Feindin stand und wartete. Ihre kleinen Geschwister wurden ungeduldig, die Große sagte ›Nein, seid's stad‹, und

> sah mich streng an. Die Falle war, wie gefürchtet, zugeschnappt. Es war der reine Terror. Die Bäckerstochter zog noch ihre Handschuhe an, pflanzte sich endlich vor mir auf, und das Ungewitter entlud sich. Sie redete fest und selbstgerecht, im Vollgefühl ihrer arischen Herkunft, wie es sich für ein BDM-Mädel schickte, und noch dazu in ihrem feinsten Hochdeutsch: ›Weißt du, dass deinesgleichen hier nichts zu suchen hat? Juden ist der Eintritt ins Kino gesetzlich untersagt. Draußen steht's beim Eingang an der Kasse. Hast du das gesehen?‹« (Klüger 1992: 57)

In Wien und anderswo kam die Aneignung jüdischer Vermögen einem »Beutezug« großer Teile der nichtjüdischen Bevölkerung gleich, deren aufgestauter Neid und Hass sich nunmehr entluden. Neben der Verteilung der Beute an die neuen »Volksgenossen« sollte die gezielte Beraubung gleichfalls den Zwang auf Juden zur Auswanderung erhöhen, die organisatorisch unter der Kontrolle von Adolf Eichmann (1906–1962) stand. Die *Zentralstelle für Jüdische Auswanderung* in Wien wurde im August 1938 eröffnet. Während deutsche Juden, die unmittelbar nach 1933 auswanderten, noch einen Teil ihrer Habe retten konnten, wurden die österreichischen Juden im Jahr 1938 bereits vollständig um ihr Vermögen gebracht. Wenige Monate nach dem Anschluss führten die Novemberpogrome auch in Österreich zur Zerstörung von Synagogen sowie zur Verhaftung zahlreicher Juden und ihrer Internierung in Konzentrationslagern. In Wien blieb von den größeren Synagogen lediglich die Hauptsynagoge in der Seitenstettengasse wegen der Brandgefahr der umliegenden Gebäude erhalten. Die Konzentrationslagerhaft diente häufig einer neuerlichen Beraubung sowie einer Verstärkung des Drucks auf die Auswanderung. Zahlreiche jüdische Gemeinden lösten sich bereits Ende des Jahres 1938 aus finanziellen Gründen auf.

Von den 206 000 Juden im März 1938 wanderten 126 445 Juden noch vor Kriegsbeginn aus. Bevor den Juden die Auswanderung am 10. November 1941 vollständig verboten wurde, kamen noch weitere 2000 hinzu. Nicht allen Ausgewanderten boten ihre neuen Länder eine sichere Zuflucht, so gelangten im Verlauf des Krieges 15 000 Juden Österreichs erneut unter die deutsche Herrschaft. Bereits Anfang 1939 wurden 1048 staatenlose Juden, polnische Juden sowie kranke oder behinderte Juden nach Buchenwald verschleppt und dort umgebracht.

Im Oktober 1939 wurden im Rahmen des sogenannten Nisko-Plans 1584 jüdische Männer nach Polen deportiert. Im Frühjahr 1941 verschleppten Massentransporte österreichische Juden nach Lublin. Der systematische Massenmord an den österreichischen Juden begann als im Oktober 1941 ca. 5000 Juden in das Ghetto Litzmannstadt (Łódź) des Generalgouvernements deportiert wurden. Von den Verschleppten waren bereits ein Jahr später nur noch 600 Menschen am Leben. Es folgten Deportationen nach Riga und Minsk, wo die Einsatzgruppen der Sicherheitspolizei und des SD mordeten. Bis Oktober 1942 fanden weitere Deportationen in die Vernichtungslager des Generalgouvernements statt. Ende 1942 lebten von den 206 000 Juden des Jahres 1938 nur noch 8102 Juden in Österreich, darunter zumeist Personen in sogenannten »Mischehen«. Von den ehemals 206 000 österreichischen Juden wurden ca. 65 000 ermordet, was einer Prozentzahl von über 30 % entspricht. Im April 1945 lebten 1000 bis 2000 Juden in Wien, im Jahr 1934 waren es einst 176 000.

1.5 Die nationalsozialistische Planung der »Endlösung«

Die nationalsozialistische Judenfeindlichkeit war ihrem Wesen nach ein eliminatorischer Antisemitismus. Die Eliminatorik umfasste die *soziale Elimination* der Juden, d. h. die systematische Ausgrenzung sowie Markierung der Juden als »nichtzugehörige Fremde«, die *räumliche Elimination* durch erzwungene Auswanderung, Abschiebung oder Deportation, die *physische Elimination* in Form von körperlicher Gewalt, Inhaftierung, Folterung und Mord sowie die *genozidale Elimination* als kollektive Vernichtung der Juden im Sinne eines Völkermords. Zwar war das genozidale Element von Anfang an im Wesen des nationalsozialistischen Antisemitismus als Option angelegt und spiegelte sich beispielsweise in der ideologischen Konstruktion eines weltumspannenden, endzeitlichen Kampfes zwischen dem »Arier« und dem »Semiten«, gleichwohl war der »Weg nach Auschwitz« nicht vorprogrammiert, sodass unterschiedliche Planungen und Konzepte bezüglich der Frage existierten, wie denn die sogenannte »Endlösung der Judenfrage« auszusehen habe und was darunter zu verstehen sei. Als verbindendes Element dieser Entwürfe erwies sich die Vorstellung von einem »Deutschland ohne Juden«, welche anfangs die räumliche Elimination zum Dreh- und Angelpunkt nationalsozialistischer Politik machte, indes bereits die Entscheidung zugunsten eines Genozids einschloss, falls sich ein »judenfreies Deutsches Reich« sowie ein »nationalsozialistisches Europa« nicht durch Auswanderung oder Deportation erreichen ließen.

Die vom Nazi-Regime unmittelbar nach 1933 eingeleiteten Schritte sollten die rechtliche Gleichstellung der Juden rückgängig machen, dem eigenen Wählerklientel in Form von Berufsverboten und »Judenboykott« unliebsame Konkurrenten vom Halse schaffen sowie erste Schritte einleiten, um den Druck in Richtung Auswanderung beziehungsweise Austreibung aufzubauen. Nach dem Anschluss Österreichs diente ursprünglich diesem Zweck die *Reichszentrale für jüdische Auswanderung*. Die »Polenaktion« im Herbst 1938 stellte einen ersten konzeptionellen Wendepunkt dar. »Es handelte sich um die erste von den Behörden organisierte Massendeportation von Juden«, schreibt Reich-Ranicki und sodann: »Verglichen mit späteren Transporten waren es noch menschliche, ja nahezu luxuriöse Bedingungen.« Zwar ist der Aussage zuzustimmen, dass eine Parallele zu späteren Vernichtungsdeportationen noch nicht vorlag – wenngleich die humanitäre Situation der Ausgewiesenen auch nicht verharmlost werden darf –, die neue Qualität der »Polenaktion« war indes dem Sachverhalt geschuldet, dass die nationalsozialistische Judenpolitik erstmals den Weg von der (erzwungenen) Auswanderung zur staatlich organisierten Vertreibung beschritt. Die sich mit der »Polenaktion« ankündigende Ablösung der forcierten Auswanderung durch Deportation warf dergestalt betrachtet ihre Schatten voraus. Die »Polenaktion« wies zugleich darauf hin, dass umfangreichere, effektive wie administrativ problemlose Abschiebungen beziehungsweise Vertreibungen die Verfügungsgewalt des Deutschen Reichs über das jeweils anvisierte Territorium der Abschiebung erforderlich machten.

Der Überfall der deutschen Wehrmacht auf Polen am 1. September 1939 ging mit einer qualitativen Verschärfung des Antisemitismus einher. Die Einsatzgruppen, die zum Zeitpunkt des Polenfeldzugs bereits existierten, ermordeten systematisch Tausende Polen, darunter auch viele Juden. Die Radikalisierung der Judenfeindschaft war in dieser Phase dem Sachverhalt geschuldet, dass durch das militärische Geschehen eines brutalen Eroberungskriegs nicht nur die Tötungshemmnis sank, sondern zugleich der »außenpolitische Kampf« zunehmend mit dem »Kampf gegen Rassenschädlinge« verschmolz. Der Konnex zwischen Patientenmord und Shoah bildete sich mit dem »Polenfeldzug« heraus und zeigte sich daran, dass unmittelbar nach dem Überfall Erschießungskommandos Insassen polnischer Heil- und Pflegeanstalten ermordeten und insbesondere jüdische Patienten keinerlei Überlebenschance besaßen. »Jüdischsein« wurde in der Vorstellungswelt der Mörder zur unheilbaren Krankheit, deren Ausbreitung nur durch die Ermordung der »Patienten« beizukommen sei, da sich der »Virus« ansonsten immer mehr ausbreite. Die Verschmelzung des militärischen Kriegs mit dem »Rassenkampf« zu einem bipolaren Vernichtungskrieg zeigte sich daran, dass Hitler im Oktober den geheimen Führererlass, der Karl Brandt (1904–1948), den Leiter seines persönlichen Ärztestabes, sowie Philipp Bouhler (1899–1945), den Chef seiner Privatkanzlei, dazu ermächtigte, die Ermordung von Psychiatriepatienten sowie von pflegebedürftigen Kranken im deutschen Reichsgebiet durch ausgewählte Ärzte durchführen zu lassen, auf den 1. September 1939 rückdatierte. Die sogenannte »T4-Aktion«, benannt nach der Berliner Tiergartenstr. 4, kostete ca. 275 000 Menschen das Leben, die zumeist durch den Einsatz von Giftgas ermordet wurden. Die Verknüpfung von Patientenmord und Shoah verdeutlicht der Tatbestand, dass sowohl das Personal der »T4-Aktion« als auch die im Rahmen dieser Aktion entwickelte Tötungstechnologie bei der »Aktion Reinhardt« – der Ermordung der Juden im Generalgouvernement – übernommen wurden. Die Existenz eines »T4-Reinhardt-Netzwerks« belegt der Sachverhalt, dass die Kommandanten des Vernichtungslagers Belzec, Christian Wirth (1885–1944) und Gottlieb Hering (1887–1945), der Lagerkommandant von Sobibor, Franz Stangl (1908–1971), sowie der Lagerkommandant von Treblinka, Irmfried Eberl (1910–1948), allesamt maßgebliche Akteure der »T4-Aktion« waren. Die »T4-Aktion« bildete eine der entscheidenden Wegmarken in Richtung der genozidalen Elimination. Die unmittelbare Verbindung verdeutlicht auch der Sachverhalt, dass sich Himmler Anfang 1941 an Bouhler wegen Unterstützung bei der Ermordung von gebrechlichen und kranken KZ-Häftlingen wandte. Im Rahmen der »Aktion«, die den Codenamen »14f13« erhielt, wurden ca. 20 000 Menschen ermordet.

Nach der Eroberung Polens im September 1939 änderten sich die Rahmenbedingungen für die nationalsozialistische Planung der »Endlösung«, insofern aus Sicht des Nazi-Regimes nunmehr Teile des besetzten Polens zur Verfügung standen, um Juden aus den angegliederten

Gebieten Polens sowie Juden aus dem »Altreich« aufnehmen zu können. Der am 28. September 1939 geschlossene *Freundschafts- und Grenzvertrag zwischen Deutschland und der Sowjetunion* brachte auch das Gebiet zwischen Bug und Weichsel und damit den Distrikt Lublin unter deutsche Kontrolle. Die Sichtweise, dass Teile Ostpolens nunmehr als »Abschiebebahnhof« zur Verfügung stünden, machten sich regionale Nazigrößen zu eigen. Am 13. Februar 1940 wurden 1107 Juden aus Stettin und Umgebung von SA und SS in die ostpolnische Stadt Lublin des Generalgouvernements abgeschoben. Das Konzept einer umfassenden bevölkerungspolitischen Neugestaltung Polens (»Generalplan Ost«), das die Umsiedelung sogenannter Volksdeutscher aus den im Rahmen des »Hitler-Stalin-Pakts« von der Sowjetunion besetzten Gebieten und die Vertreibung als »rassisch minderwertig« eingestufter Bevölkerungsteile wie Juden, Sinti und Roma sowie »nicht germanisierungsfähiger Polen« in das Generalgouvernement vorsah, stieß aufgrund seines Umfangs – in den »angegliederten« beziehungsweise annektierten Gebieten Polens lebten alleine über 500 000 Juden –, wegen des Widerstands führender Nationalsozialisten des Generalgouvernements sowie der zur Verfügung stehenden Fläche rasch an seine Grenzen.

Symptomatisch für das Misslingen der nationalsozialistischen »Raumordnungspolitik« erwies sich das Scheitern des »Nisko-Plans«. Der Nisko-Plan beabsichtigte, den ostpolnischen Raum des Distrikts Lublin zu einem sogenannten »Judenreservat« unter deutscher Verwaltung umzugestalten, das Juden aus annektierten Gebieten wie dem »Warthegau«, dem »Protektorat Böhmen und Mähren« sowie aus dem »Altreich« aufnehmen sollte. Die anvisierte Größenordnung der Zahl der umzusiedelnden Menschen belegt die Radikalisierung der Judenpolitik in Richtung eines genozidalen Vernichtungsantisemitismus, insofern die Größe des geographischen Raums nicht dafür geeignet war, derartige Menschenmassen aufzunehmen, geschweige denn sie auch nur annähernd versorgen zu können. Der Nisko-Plan nahm konzeptionell das Sterben der Verschleppten billigend in Kauf, denen als auszubeutende »Arbeitssklaven« Tod durch Unterernährung, Seuchen oder unmenschliche Arbeitsbedingungen drohte.

Die Relevanz des Projekts einer »Neuordnung Europas« auf »rassenpolitischer Grundlage« aus Sicht des Nazi-Regimes kommt darin zum Ausdruck, dass am 7. Oktober 1939 Heinrich Himmler zum *Reichskom-*

missar für die Festigung des deutschen Volkstums ernannt wurde und für die Zielsetzung der »Germanisierung« des geplanten Siedlungsraums im Osten sowie für die damit verbundenen großangelegten demographischen Vertreibungen die Verantwortung erhielt. Im Rahmen der anvisierten »Umsiedelungen« wurde im Distrikt Lublin in der Nähe des Städtchens Nisko ein »Arbeitslager« errichtet, das als »Durchgangslager« für Deportierte dienen sollte und dessen Insassen »Behausungen« für die geplante Deportation auch von »Reichsjuden« bauen sollten. Im Oktober 1939 brachten Transporte aus Mährisch-Ostrau, aus Katowice sowie aus Wien ca. 4800 Juden nach Nisko, um mit dem Bau des »Judenreservats« zu beginnen. Spätestens im April 1940 wurde der Nisko-Plan, der sich als undurchführbar erwies, fallengelassen.

Die militärischen Siege der deutschen Wehrmacht führten zwar dazu, dass im Sinne des nationalsozialistischen »Kampfs um Lebensraum« immer mehr Fläche zur Verfügung stand, gleichzeitig indes auch immer mehr »unerwünschte Bevölkerungsgruppen« in den Machtbereich des NS-Regimes gerieten. In dem von der deutschen Wehrmacht eroberten Teil Polens waren dies alleine knapp zwei Millionen Juden, wovon eine halbe Million in westpolnischen Gebieten lebte, die »einverleibt« werden sollten. Da es sich bei relevanten Teilen der jüdischen Bevölkerung um ärmere Schichten handelte, wurden durch deren Abschiebung in das Generalgouvernement weder Bauernhöfe noch Häuser und Gewerbebetriebe frei, sodass Baltendeutsche, deren Gebiete bedingt durch den »Hitler-Stalin-Pakt« an die Sowjetunion fielen, nicht wie seitens der NS-Propaganda verkündet ansehnliche Gehöfte erhielten, sondern häufig in Umsiedlungslagern untergebracht waren. Die Deportation nichtjüdischer Polen in das Generalgouvernement, die über entsprechenden Besitz verfügten, der als »Beute« an »Volksdeutsche« verteilt werden konnte, wurde daraufhin als vorrangig deklariert. Letztendlich erwies sich eine derart groß angelegte Bevölkerungsverschiebung, die Baltendeutsche, weitere »Volksdeutsche«, Polen, jüdische sowie nichtjüdische Deutsche aus dem »Altreich« umfasste, als nicht realisierbar.

Die nationalsozialistische Planung der »Endlösung« konzentrierte sich bedingt durch den Misserfolg sodann auf den Plan, europäische Juden innerhalb des deutschen Herrschaftsgebiets nach Übersee auszuweisen, wofür die südostafrikanische Insel Madagaskar – eine französische Kolonie – gewählt wurde. Der »Madagaskar-Plan« war keine genuine

Erfindung der Nazis, insofern bereits britische wie niederländische Antisemiten in der Zwischenkriegszeit das Konzept propagiert hatten und 1937 eine polnische Kommission die Insel vor Ort erkundete, um eine potentielle Emigration polnischer Juden auszuloten. Im Frühjahr 1940 wurde der »Madagaskar-Plan« von deutscher Seite erwogen als sich der Konflikt zwischen Nazigrößen, die eine »Umsiedelung« der Juden aus den annektierten westpolnischen Gebieten in das Generalgouvernement präferierten, und Generalgouverneur Hans Frank (1900–1946) zuspitzte, der keinerlei Interesse daran zeigte, sich zum Herrscher eines Gebiets »jüdischer Arbeitssklaven« degradieren zu lassen. Die Hoffnung auf den Sieg über Frankreich und Großbritannien sowie der Tatbestand, dass durch die Besetzung relevanter Teile Westeuropas weitere Hunderttausende Juden in den deutschen Machtbereich gelangten und sich die Umsiedelung derart großer Zahlen in ein östliches »Judenreservat« als unrealistisch erwies, führten dazu, dass im Juni 1940 der Referatsleiter für »Judenfragen« im Auswärtigen Amt, Franz Rademacher (1906–1973), mit der Umsetzung des »Madagaskar-Plans« beauftragt wurde. In diesbezüglichen Aufzeichnungen Rademachers heißt es:

> »Da Madagaskar nur Mandat wird, erwerben die dort ansässigen Juden nicht die deutsche Staatsangehörigkeit. Allen nach Madagaskar deportierten Juden wird dagegen vom Zeitpunkt der Deportation ab von den einzelnen europäischen Ländern die Staatsangehörigkeit dieser Länder aberkannt. Sie werden dafür Angehörige des Mandats Madagaskar.« (Schmid 1983: 29)

Der Sachverhalt, dass der »Madagaskar-Plan« vorübergehend zu einem Stopp der Ghettoisierung der Juden im Generalgouvernement führte, ist als Beleg dafür zu werten, dass die »Übersee-Unternehmung« von Seiten des Nazi-Regimes durchaus ernsthaft verfolgt wurde. In der Ausarbeitung des Reichssicherheitshauptamts zum Madagaskar-Projekt vom August 1940 wird die Zahl der Juden, die nach Madagaskar verschleppt werden sollten, mit vier Millionen angegeben. Wie im Wannsee-Protokoll so wird auch hier die Zahl länderspezifisch aufgelistet. Neben Deutschland, dem Generalgouvernement, dem Protektorat Böhmen und Mähren werden die Benelux-Länder sowie Dänemark, Norwegen, die Slowakei und Frankreich aufgeführt. Gegen die Ernsthaftigkeit des »Madagaskar-

Plans« spricht nicht, dass auch die südostafrikanische Insel weder auf Grund ihrer Fläche noch wegen ihrer Unwirtlichkeit dazu geeignet war, derart viele Juden aufzunehmen, und auf der Insel sporadisch gar die Pest ausbrach, insofern diese Tatbestände verdeutlichen, dass der »Madagaskar-Plan« eine weitere Wegmarke in Richtung des Übergangs von der räumlichen zur genozidalen Elimination der Juden darstellte. Im Papier heißt es: »Zur Vermeidung dauernder Beziehungen anderer Völker mit Juden ist eine Überseelösung insularen Charakters jeder anderen vorzuziehen.« Die deutsche Niederlage gegen Großbritannien und der dadurch versperrte Seeweg beendeten indes auch diesen in Erwägung gezogenen Plan der »Endlösung«.

Das Ende des »Madagaskar-Plans« führte zu neuerlichen Deportationen. Im Herbst 1940 wurden 70 000 Franzosen aus Elsaß-Lothringen, das dem Deutschen Reich angegliedert werden sollte, in das unbesetzte Frankreich deportiert, worunter sich auch viele französische Juden befanden. Am 22. und 23. Oktober 1940 wurden 6000 Juden aus Baden und der Saarpfalz gleichfalls nach Vichy-Frankreich deportiert, die im französischen Lager Gurs interniert wurden. Anfang des Jahres 1941 fanden weitere Deportationen in die polnischen Ostgebiete statt, unter den Betroffenen befanden sich 5000 Juden aus Wien sowie 4000 Juden aus den annektierten polnischen Gebieten. Die Planung des Überfalls auf die Sowjetunion stoppte vorerst die Deportationen aus logistischen wie militärischen Gründen.

Für die Forschung mag es unbefriedigend sein, dass es mit hoher Wahrscheinlichkeit nie einen schriftlichen Befehl Hitlers zur Ermordung der europäischen Juden gab oder aber dieser vernichtet wurde beziehungsweise in Archiven unauffindbar blieb. Die Geschichtswissenschaft muss die Existenz einer gewissen »Blaupause« hinnehmen, welche die Frage offenlässt, wann und wie genau der Beschluss gefasst wurde, die Ermordung von Millionen europäischer Juden als »finales Konzept« diverser Planungen zu beschreiten. Bis heute wird über den genauen Zeitpunkt eines mündlich erfolgten »Führerbefehls« unter Historikern gestritten. Gemäß klassischer Studien der Shoah-Forschung soll ein mündlicher »Führerbefehl« bereits im Frühjahr oder aber im Frühsommer 1941 unmittelbar nach dem Überfall auf die Sowjetunion erfolgt sein. Jüngere Studien verkoppeln die Beschlussfassung bezüglich der Ermordung der europäischen Juden nicht wie in älteren Studien mit der »Siegeseuphorie« (Juli 1941), sondern mit der Stagnation des Ostfeldzugs. Diesbezügliche Arbeiten gehen davon aus, dass ein »Sibirien-Plan« ähnlich wie der »Madagaskar-Plan« als territoriales Konzept ernsthaft verfolgt wurde (»Abschiebung in den Osten«), dieser jedoch scheiterte als deutlich wurde, dass der Vormarsch der deutschen Wehrmacht ins Stocken geriet und ein naher Sieg in weite Ferne rückte. Vertreter dieses Ansatzes benennen als Zeitpunkt einer Beschlussfassung über die Ermordung der europäischen Juden meist November 1941.

Als Ansatz existiert darüber hinaus die Position, dass der Entscheidungsprozess im engsten Kreis der Nazigrößen (Hitler, Göring, Himmler) ein zweiphasiger Vorgang war. Zunächst habe Einigkeit über die Ermordung der sowjetischen Juden bestanden. Der einsetzende Massenmord im Osten, der Siegesrausch in der Anfangsphase des »Unternehmens Barbarossa« wie die alsbald zur Verfügung stehende Technik in Gestalt des Zyklon B habe zu einer weiteren Radikalisierung des Mordplans geführt, der schließlich sämtliche europäische Juden innerhalb des deutschen Machtbereichs (»Endlösung«) umfasste. Eine zweistufige Entschlussfassung geht häufig mit der Ansicht einher, dass die Entscheidung für den Überfall auf die Sowjetunion das Votum für eine genozidale Elimination der sowjetischen Juden einschloss. Lege man eine entsprechende Planungsphase im Vorfeld des Überfalls auf die Sowjetunion zugrunde, so sei dieser »erste Genozid-Beschluss«, für den gleichfalls keine schriftlichen beziehungsweise eindeutigen Dokumente vorliegen, im Frühjahr 1941 erfolgt. Das Wirken der Einsatzgruppen im Osten als mobile Erschießungskommandos in den ersten Wochen des Kriegs, der von der deutschen Wehrmacht ausgegebene »Kommissarbefehl« vom 6. Juni 1941, der die Tötung von Politkommissaren der Roten Armee anordnete, sowie die zuvor getätigte Anweisung Hitlers an die Wehrmachtführung am 3. März 1941: »Die jüdisch-bolschewistische Intelligenz als bisheriger Unterdrücker muss beseitigt werden« verdeutlichten die Qualität des Eliminatorischen, die schon im Vorfeld des deutschen Überfalls auf die Sowjetunion als »Führerwunsch« erkennbar gewesen sei. Mit den Anweisungen Hitlers für den geplanten Ostfeldzug habe die Eliminatorik die Grenze vom Vernichtungsgedanken zum genozidalen Massenmord überschritten. Zwar sei den Aussagen der Leiter der Einsatzgruppen in den Nachkriegsprozessen nicht zu trauen, gleichwohl sei es auffallend, dass die Mehrheit ausgesagt habe, ihnen sei bereits vor dem Überfall auf die Sowjetunion bei einer Einweisung in Berlin am 17. Juni oder bei einem Treffen kurz darauf der geheime Befehl zur Erschießung aller (sowjetischen) Juden mündlich erteilt worden. In einer schriftlichen Mitteilung Heydrichs vom 2. Juli 1941 sei zwar »lediglich« von der Exekution aller »Juden in Partei- und Staatsstellungen« die Rede, Heydrich habe jedoch die Mitteilung bereits im Juni 1941 vor den Einsatzgruppen- und Einsatzkommandoführern durch die Bemerkung, »dass das Ostjudentum das Reservoir des Bolschewismus sei, und deshalb nach Ansicht des Führers vernichtet werden müsse« interpretativ gerahmt. Der Hinweis darauf, dass in der Anfangsphase ein unterschiedliches Agieren der Einsatzgruppen festzustellen sei, stelle kein schlüssiges Gegenargument bezüglich des Vorliegens des »ersten Genozid-Beschlusses« im Frühjahr 1941 dar, insofern angesichts der Tragweite des Mordprogramms davon auszugehen sei, dass die einen eher, die anderen später begriffen, was von ihnen erwartet wurde. Während die einen anfänglich »nur« die jüdischen Männer im wehrfähigen Alter exekutierten, hätten die anderen bereits bei ihren ersten »Aktionen« Männer, Frauen und Kinder jeglichen Alters erschossen. Insofern sei zwar von der Sache her eine Radikalisierung bezüglich der Ermordung der sowjetischen Juden in den ersten Wochen des Vernichtungskriegs erfolgt, diese sei jedoch nicht auf den Zeitpunkt der Beschlussfassung zurückzuführen, sondern vielmehr dem Kommunikations- und Verständnisprozess geschuldet, der sich angesichts der singulären Ungeheuerlichkeit des Vorgangs gleichwohl recht rasch mit der Intention des Befehlsgebers gedeckt habe. Der Massenmord an den sowjetischen Juden seitens der Einsatzgruppen bilde dergestalt betrachtet die erste Phase der systematischen Ermordung der europäischen Juden, welche die zweite Phase »getriggert« habe, insofern mit dem Angriff auf die Sowjetunion alle Dämme gebrochen seien. Zweistufige Modelle gehen im Unterschied zu klassischen Shoah-Studien davon aus, dass der »erste Genozid-Beschluss«, sich »lediglich« auf die sowjetischen Juden bezog, während erst der »zweite Genozid-Beschluss« die Ermordung sämtlicher europäischer Juden innerhalb des deutschen Machtbereichs vorsah. Je nach Autor ist dieser dann im Juli 1941 oder erst im September 1941 erfolgt. Für Juli 1941 wird häufig das Ermächtigungsschreiben Görings für Heydrich vom 31. Juli 1941 als Beleg angeführt:

> »In Ergänzung der Ihnen bereits mit Erlass vom 24.1.39 übertragenen Aufgabe, die Judenfrage in Form der Auswanderung oder Evakuierung einer den Zeitverhältnissen entsprechend möglichst günstigsten Lösung zuzuführen, beauftrage ich Sie hiermit, alle erforderlichen Vorbereitungen in organisatorischer, sachlicher und materieller Hinsicht zu treffen für eine Gesamtlösung der Judenfrage im deutschen Einflussgebiet in Europa. Sofern hierbei die Zuständigkeiten anderer Zentralinstanzen berührt werden, sind diese zu beteiligen. Ich beauftrage Sie weiter, mir in Bälde einen Gesamtentwurf über die organisatorischen, sachlichen und materiellen Vorausmaßnahmen zur Durchführung der angestrebten Endlösung der Judenfrage vorzulegen.« (Klein 2000: 28)

Für Sommer 1941 wird ebenso der Sachverhalt benannt, dass Rudolf Höß (1900–1947), der erste Lagerkommandant von Auschwitz, angegeben habe, der Beschluss für die Ermordung der europäischen Juden sei im Juli 1941 gefasst worden. Bereits Anfang August habe Goebbels eine Unterredung mit Hitler wie folgt kommentiert:

> »Wir reden auch über das Judenproblem. Der Führer ist der Überzeugung, dass seine damalige Prophezeiung im Reichstag, dass, wenn es dem Judentum gelänge, noch einmal einen Weltkrieg zu provozieren, er mit der Vernichtung der Juden enden würde, sich bestätigt. Sie bewahrheitet sich in diesen Wochen und Monaten mit einer fast unheimlich anmutenden Sicherheit.« (Goebbels, Bd. 4, 1992: 1658–1659)

Dokumente wiesen ferner darauf hin, dass bereits Ende Juli 1941 Victor Brack (1904–1948), der Organisator des Patientenmordes (»Euthanasie«) sowie der Mitverantwortliche für die Massenvergasung von Juden in den Vernichtungslagern, in die europaweite Mordabsicht eingeweiht gewesen sei. Kritische Auseinandersetzungen mit den Belegen, die bereits die klassische Shoah-Forschung aufführte, haben einige Historiker – unabhängig davon, ob sie ein Zweiphasenmodell vertreten oder nicht – zur Annahme bewogen, der Genozid-Beschluss bezüglich der europäischen Juden sei erst im September 1941 erfolgt. Hierfür wird u. a. der Sachverhalt benannt, dass Hitler noch im August 1941 trotz diverser lokaler Vorstöße die Deportation deutscher Juden blockierte und erst Mitte September erklärte, die deutschen Juden wie die Juden aus dem Protektorat seien unverzüglich abzuschieben. Angeführt wird ferner der Tatbestand, dass Massenerschießungen außerhalb der Sowjetunion wie in Serbien und Galizien erst im September einsetzten. Alle skizzierten Forschungsansätze stimmen indes dahingehend überein, dass die Monate zwischen März und November 1941 den entscheidenden Zeitraum bildeten und spätestens gegen Ende des Jahres 1941 im Kreis der engsten Führung Einigkeit über das europaweit dimensionierte Mordprogramm herrschte. Vor allem jüngere Studien zeichnen sich dadurch aus, dass sie den diesbezüglichen Zeitpunkt erst auf November/Dezember 1941 datieren.

Um einen Völkermord derartigen Ausmaßes wie die Shoah zu begehen, reichten Erschießungskommandos indes nicht aus, sodass bereits im September »Experimente« mit der Vergasung von Juden durchgeführt wurden. Anfang Oktober plante man im Todeslager Chełmno (Kulmhof) den Einsatz stationärer Einrichtungen, im November 1941 wurden bei der Ermordung von Juden im Warthegau mobile Gaswagen eingesetzt. Zwischen März und Juli 1942 wurden auf polnischem Territorium zahlreiche Vernichtungslager gebaut, wie u. a. Belzec, Treblinka, Sobibor, Majdanek und Auschwitz. Der systematische, nunmehr nahezu fordistisch-industriell betriebene Völkermord an den europäischen Juden hatte zur Konsequenz, dass die Deportationen nicht mehr das alleinige Ziel räumlicher Elimination verfolgten, sondern vielmehr die genozidale Elimination in den Vordergrund der Verschleppung rückte und das eigentliche Wesen der Deportationen ausmachte. Der Terminus Deportation bedeutete fortan eine Verschleppung in deutsche Vernichtungslager des Ostens zwecks Ermordung der verschleppten Juden. Die Koordination für die Vernichtungsdeportationen übernahm das Referat IV B4 des Reichssicherheitshauptamtes unter Adolf Eichmann. Zwar verfügte Eichmann nur über einen kleinen Mitarbeiterstab, er konnte indes auf vielfältige andere Dienststellen zugreifen, auf Einsatzgruppen und auf Kräfte der deutschen Wehrmacht sowie auf kollaborierende Polizisten und Beamte verbündeter oder besetzter Länder. Neben logistischer Unterstützung seitens der deutschen Reichsbahn erhielt Eichmann ebenfalls Unterstützung durch das Auswärtige Amt, das mit eigenen Judenreferenten unmittelbar in das Deportationsprogramm involviert war.

Die systematische Deportation der deutschen Juden begann im Oktober 1941. Die erste größere, europaweite Deportationswelle der Shoah lässt sich auf Frühjahr und Sommer 1942 datieren, eine zweite folgte nach einer durch den Kriegsverlauf bedingten Pause Anfang 1943. Eine dritte Welle erfolgte im Jahr 1944, als für jedermann offensichtlich war, dass der Krieg verloren war. Insbesondere die dritte Phase verdeutlicht, dass die militärische Seite des Kriegs für den deutschen Nationalsozialismus lediglich eine der beiden elementaren Seiten darstellte, der »Rassenkampf« und die Vernichtung des europäischen Judentums die zweite. Zwar mochten der Weltkrieg, der »Kampf um Lebensraum« sowie der Plan einer umfassenden bevölkerungspolitischen wie räumlichen Neuordnung Europas unter der Vorherrschaft des deutschen Nationalsozialismus bereits verloren sein, den »Rassenkampf« gegen den »jüdischen Weltverschwörer« wollte man indes allemal gewinnen und diesbezüglich für die Nachkriegsordnung irreversible Fakten schaffen.

1.6 Zusammenfassung

Der Antisemitismus des deutschen Nationalsozialismus lässt sich seinem Wesen nach als Vernichtungsantisemitismus begreifen. Der Terminus impliziert, dass die Potentialität der genozidalen Elimination und damit der Völkermord an sechs Millionen europäischen Juden dem NS-Regime von Anfang an inhärent war. Die Begrifflichkeit bedeutet nicht, dass die sogenannte »Endlösung« der »Judenfrage« bereits 1933 die Ermordung aller Juden Europas zwingend wie alternativlos vorsah. Die konzeptionelle wie praktische Radikalisierung der Judenpolitik des NS-Regimes erfolgte vielmehr über verschiedene Marksteine, die aus Sicht des NS-Regimes eine politische Reaktion auf gegebene Konstellationen erforderten und die wiederum von »Hardlinern« der physischen Vernichtung instrumentalisiert wurden, um eine weitere Verschärfung des judenpolitischen Kurses voranzutreiben. Die Jahre 1938, 1939 sowie das Jahr 1941 bilden dabei drei entscheidende Wendepunkte.

Das Jahr 1938 als erster der drei Wendepunkte offenbart mit den Novemberpogromen das dem deutschen Nationalsozialismus immanente antisemitische Gewaltpotential. Das Ausmaß der physischen Gewalt am 9. November und in den Tagen danach verdeutlichte die Bereitschaft des NS-Regimes, jederzeit den Weg der genozidalen Elimination zu beschreiten, falls dies aus Sicht des staatsterroristischen Systems der opportune Weg zwecks Realisierung der eigenen Interessenlage sein sollte. Es ist folglich kein Zufall, dass nur wenige Tage danach Göring am 12. November 1938 die Ansicht Hitlers vor NS-Führern mit den Worten wiedergab: »Wenn das Deutsche Reich in irgendeiner absehbaren Zeit in außenpolitischen Konflikt kommt, so ist es selbstverständlich, dass auch wir in Deutschland in allererster Linie daran denken werden, eine große Abrechnung an den Juden zu vollziehen.« Wenige Wochen darauf tagte am 30. Januar 1939 der Reichstag in der Berliner Krolloper. Hitler verkündete persönlich, das Ergebnis eines neuen Weltkriegs werde »die Vernichtung der jüdischen Rasse in Europa« sein. Die Vernichtungsmetapher Hitlers bezog sich erstmals in aller Klarheit und Eindeutigkeit auf die physische Austilgung der Juden, koppelte deren Realisierung an den Weltkrieg und dimensionierte sie europäisch. Die Konstruktion der vermeintlichen »Judenfrage« als »europäisches Problem« wird auch an anderer Stelle der Rede deutlich, wenn es heißt: »Europa kann nicht mehr zur Ruhe kommen, bevor nicht die jüdische Frage ausgeräumt ist.« Die öffentliche Präsentation der Entschlossenheit, die europäischen Juden im Falle eines Weltkriegs zu ermorden, ist zwar noch keineswegs identisch mit dem Beschluss dies auch zu tun, stellt indes gleichwohl eine qualitative Radikalisierung dar, insofern erstmals im Kontext einer Vernichtungsdrohung Hitlers der Terminus »jüdische Rasse« benutzt wurde und nicht mehr »die Juden«, sodass sich die Extermination nicht auf das Judentum als kulturell-religiöse Größe im Sinne eines Ethnozids bezog, sondern eindeutig auf die Körperlichkeit aller Juden Europas im Sinne eines Genozids.

Der Überfall der deutschen Wehrmacht auf Polen am 1. September 1939 bildete die zweite Grenzmarke auf dem »Weg nach Auschwitz«. Zwar war die »Endlösung« zu diesem Zeitpunkt trotz verbaler Drohungen noch nicht identisch mit dem Genozid, doch die gezielte Ermordung tausender Polen, die Führung eines brutalen Eroberungskriegs, die zunehmende Verschmelzung des militärischen Kampfs mit dem »Rassenkampf«, der Konnex zwischen Patientenmord und Judenmord in Gestalt der »T4-Aktion« sowie der Nachfolgeaktion mit dem Codenamen »14f13« und das Scheitern diverser Konzeptionen bezüglich der »Judenfrage« bildeten einen Meilenstein genozidaler Radikalisierung, der die Entscheidung zugunsten eines systematischen europaweiten Völkermords beschleunigte.

Der Überfall auf die Sowjetunion am 22. Juni 1941 stellte schließlich die dritte Wegmarke dar. Die Führung des militärischen Vernichtungskriegs gegen die Sowjetunion beschleunigte den Prozess der genozidalen Elimination der Juden. Allerspätestens gegen Ende 1941 war der nationalsozialistische Terminus der »Endlösung« – auch wenn es vermutlich nie einen expliziten schriftlichen Befehl Hitlers gab – identisch mit dem einheitlichen Programm die Juden Europas zu ermorden. Der Massenmord an den sowjetischen Juden seitens der Einsatzgruppen im Osten bildete die erste Phase bevor die Deportationen in die deutschen Vernichtungslager europaweit einsetzten. Gleichwohl wird es ein Streitpunkt unter Historikern bleiben, ob der mündliche Befehl Hitlers hinsichtlich der Ermordung der europäischen Juden bereits im Frühjahr, im Frühsommer, im September oder aber erst im November/Dezember 1941 erfolgte.

2. DIE SHOAH IN WEST- UND NORDEUROPA

Der Westfeldzug der deutschen Wehrmacht begann am 8. April 1940 in Skandinavien als deutsche Truppen in Dänemark eindrangen, das innerhalb von 24 Stunden kapitulierte und von deutschen Truppen besetzt wurde. Schon in der Nacht vom 8. zum 9. April erfolgte der Angriff auf Norwegen, das starken Widerstand leistete. Bereits am 9. Juni 1940 sah sich indes auch die norwegische Armee gezwungen zu kapitulieren. Mit der Besetzung Dänemarks und Norwegens gelangten die dortigen Juden in den Machtbereich des deutschen Nationalsozialismus. Gänzlich anders gestalteten sich die Verhältnisse in Finnland, das seit dem deutschen Überfall auf die Sowjetunion vom Juni 1941 seitens des Nazi-Regimes als »informeller Waffenpartner« betrachtet wurde, da es sich am Angriff auf seinen Nachbarn mit eigenen Truppen beteiligte. Obwohl Finnland kein unmittelbarer Bündnispartner Deutschlands war und nach der Rückeroberung Kareliens, das im Verlauf des sowjetisch-finnischen Winterkriegs (1939–1940) an die Sowjetunion fiel, an keinen weiteren Kriegshandlungen teilnahm, versuchten die Nazis zwecks Auslieferung der finnischen Juden auch die Regierung in Helsinki unter Druck zu setzen. Das unbesetzte, neutrale Schweden wiederum kollaborierte während des Zweiten Weltkriegs mit Deutschland, indem es Eisenerz für die Rüstungsproduktion lieferte, deutsche Truppentransporte sowie Kriegsmateriallieferungen zuließ und hierfür seine Häfen zur Verfügung stellte. Andererseits spielte Schweden bei der Rettung der dänischen Juden ebenso wie bei diplomatischen Versuchen, ungarische Juden vor der Deportation zu bewahren, eine bedeutende Rolle.

Nach dem Überfall Deutschlands auf Polen am 1. September 1939 erklärten Großbritannien und Frankreich Deutschland den Krieg, der sich im Westen zunächst zu einem »Sitzkrieg« (*Drôle de guerre*) entwickelte. Dies änderte sich erst als die deutsche Wehrmacht in der Nacht vom 9. zum 10. Mai 1940 die Niederlande überfiel, deren Armee wenige Tage später am 14. Mai kapitulierte. Am 10. Mai 1940 marschierten deutsche Truppen gleichfalls in Luxemburg ein, ohne dass es zu Kämpfen kam. Auf stärkeren Widerstand stieß die deutsche Wehrmacht nach ihrem Angriff auf Belgien, der gleichfalls am 10. Mai erfolgte und mit der Kapitulation der belgischen Streitkräfte am 28. Mai endete. Erbitterten Widerstand leisteten die französischen Soldaten, als am 13. Mai die deutsche »Ardennen-Offensive« begann. Nach der militärischen Niederlage Frankreichs im Juni 1940 wurde das Land in eine von Deutschen besetzte Zone (Paris, Bordeaux, Nordsee- und Atlantikküste, Nord- und Westfrankreich) sowie eine nichtbesetzte Zone (Vichy, Lyon, Gurs, Toulouse, Marseille) zweigeteilt. Sowohl die Vichy-Regierung im unbesetzten Teil als auch die französische Beamtenschaft und Polizei im besetzten Teil Frankreichs kollaborierten bei der Deportation der Juden hochgradig mit dem Nazi-Regime.

2.1 Die Niederlande – Warum so viele?

Zum Zeitpunkt des deutschen Überfalls lebten in den Niederlanden 140 000 Juden, darunter 25 000 jüdische Flüchtlinge, die überwiegend aus Deutschland stammten, was einem Bevölkerungsanteil von 1,5 % entsprach. Mehr als die Hälfte der niederländischen Juden wohnte bereits seit Generationen in Amsterdam. Im Hochmittelalter waren die Juden in den Niederlanden wie in ganz Europa Anschuldigungen wegen vermeintlichen Hostienfrevels ausgesetzt, die zu Pogromen führten. Bedingt durch die Vertreibungen aus Spanien sowie aus Portugal kam es im 16. Jahrhundert zu einem starken Zuzug sephardischer Juden, während die Massenmigration aus Osteuropa zwischen 1789 und 1914 zur Einwanderung überwiegend polnischer Juden führte. Die »Judenemanzipation« erfolgte in den Niederlanden im Jahr 1796 und war nicht dem Maß an Anfeindungen ausgesetzt wie dies in Deutschland der Fall war. Zwar lebten die Juden in den Niederlanden unbekümmerter als im Nachbarland, waren rechtlich gleichgestellt, weitgehend integriert und galten als akzeptiert, doch antisemitische Ressentiments existierten auch hier. Die Nichtexistenz von »Judenghettos« sowie das Fehlen einer kleidungsbezogenen Kennzeichnungspflicht in der Neuzeit weisen indes auf eine liberalere Gesinnung hin.

Parallel zum Aufstieg des deutschen Nationalsozialismus gründete sich im Dezember 1931 die *Nationaal-Socialistische Beweging* (NSB), die in ihrem Parteiprogramm Positionen der NSDAP übernahm. Die NSB ist Anfang der 1930er-Jahre jedoch eher als faschistische denn als nationalsozialistische Partei zu bezeichnen, insofern Antisemitismus und Rassenlehre nicht den zentralen Stellenwert wie im deutschen Nationalsozialismus besaßen. Im April 1935 votierten für die völkisch ausgerichtete Partei, die über 50 000 Mitglieder verfügte, 7,94 % der niederländischen Wähler. Unmittelbar nach dem Einmarsch der deutschen Truppen verdoppelte sich die Zahl auf 100 000 Mitglieder, die zur aktiven Kollaboration mit den Deutschen bereit waren. Dem Vorsitzenden der NSB, Anton Adriaan Mussert (1894–1946), verlieh Adolf Hitler den Titel »Führer des niederländischen Volkes«. Reale politische Funktionen waren mit der Ehrung jedoch nicht verbunden, da der deutsche Nationalsozialismus das geopolitische Konzept der Einverleibung der Niederlande in einen »großgermanischen Raum« verfolgte, während die niederländischen Nationalsozialisten auf den Status unabhängiger, auf Kosten Belgiens vergrößerter Niederlande unter eigener Führung hofften.

Für die Shoah ist die Entwicklung in den 1930er-Jahren bedeutsam, speziell die Entfaltung des niederländischen Antisemitismus nach der Machtübernahme der deutschen Nazis. Die Zahl derjenigen Menschen, die nach 1933 bis zum Einmarsch der deutschen Wehrmacht 1940 in die Niederlande flohen, betrug ca. 50 000 Exilanten, sodass die Niederlande zu einem wichtigen Asylland wurden. In Zeiten der Wirtschaftskrise und damit einhergehender Arbeitslosigkeit machten sich recht früh reservierte wie ablehnende Stimmen gegenüber den Migranten bemerkbar. Während Seehandelsstädte wie Amsterdam sich im 16. Jahrhundert von den Flüchtlingen aus Spanien und Portugal wirtschaftlichen Wohlstand versprachen, artikulierten sich in der zweiten Hälfte der 1930er-Jahre eher ablehnende Haltungen, die zu befürchtende negative ökonomische wie soziale Folgen geltend machten. Die *Nationaal-Socialistische Beweging* versuchte derlei Sorgen zu schüren, indem sie vor einem »grenzenlosen Strom von Flüchtlingen« warnte, der den Arbeitern ihre Arbeit koste und den Mittelstand existentiell gefährde. Bereits im April 1934 schränkte die niederländische Regierung den Zugang der Flüchtlinge zum Arbeitsmarkt ein. Während anfangs der Erhalt des Asyls in den Niederlanden verhältnismäßig einfach zu erlangen war, verlangte die niederländische Regierung zu Jahresbeginn 1938 den Nachweis, dass Leib und Leben des Asylsuchenden gefährdet seien. Einen derartigen Beleg konnte ein jüdischer Flüchtling aus Deutschland in der Regel kaum erbringen, sodass ihm nur noch der illegale Aufenthalt blieb, der vielfältige Gefahren in sich barg.

Nach 1933 stellten die Niederlande für die Hälfte der Flüchtlinge nur eine Durchgangsstation auf ihrem Weg in andere Exilländer wie Großbritannien, die USA oder Portugal dar. Wie reserviert die Stimmung gegenüber den Exilanten war, wird daran ersichtlich, dass bereits am 7. Mai 1938 der niederländische Justizminister verlautbaren ließ, dass künftig keine deutschen Flüchtlinge mehr aufgenommen würden. Auf der Konferenz von Évian (6. bis 15. Juli 1938) verfolgte die niederländische Regierung gleichfalls eine restriktive Migrationspolitik. Nach den Novemberpogromen ließ der niederländische Ministerpräsident Hendrikus Colijn (1869–1944) am 15. Dezember 1938 gar die Grenze zu Deutschland für jüdische Flüchtlinge schließen. Die niederländische Regierung erklärte Juden zu »unerwünschten Ausländern«, zu »Fremdlingen«, deren Integration in die niederländische Gesellschaft nicht beabsichtigt sei. Im Vergleich zur Regierung nahm das Parlament jedoch eine liberalere Haltung ein und setzte sich für eine Lockerung der Einwanderungsbestimmungen ein, sodass Tausende zusätzliche Asylsuchende nach den Novemberpogromen aufgenommen wurden. Angesichts der Gewaltexzesse in Deutschland sowie der wachsenden Anzahl der Juden, die fluchtartig das Nachbarland verließen, führte die restriktive Einwanderungspolitik zu einem Anstieg der illegal in den Niederlanden lebenden Exilanten, zumal diese, um offiziell anerkannt zu werden, den Nachweis erbringen mussten, finanziell für sich aufkommen zu können. Als die niederländische Regierung im Februar 1939 den Beschluss fasste, zentrale Auffanglager zu errichten, verschlechterte sich die Lage der jüdischen Flüchtlinge. Das »Zentrale Flüchtlingslager Westerbork«, das vor allem Juden aus Deutschland und Österreich aufnehmen sollte, wurde Ende August 1939 fertiggestellt. Die ersten 22 Juden gelangten am 9. Oktober 1939 nach Westerbork. Es handelte sich um Passagiere der St. Louis, die in Hamburg am 13. Mai 1939 zu einer Irrfahrt mit 937 deutschen Juden an Bord in See stach. Belgien erlaubte nach Rückkehr des Schiffs die

Landung in Antwerpen; von den Passagieren wurden 181 Personen von den Niederlanden aufgenommen.

Kurz vor dem Einmarsch der deutschen Truppen flüchteten Königin Wilhelmina sowie die niederländische Regierung an Bord eines britischen Zerstörers nach England. Im britischen Exil weilte ebenso der Prinzgemahl der späteren Königin Juliana, Bernhard zur Lippe-Biesterfeld (1911–2004), der in den 1930er-Jahren Mitglied der SA, der Reiter-SS und der NSDAP war. Zum Reichskommissar für die besetzten Niederlande ernannte Adolf Hitler am 19. Mai 1940 den österreichischen Juristen Arthur Seyß-Inquart (1892–1946), der als Leiter einer Zivilverwaltung die deutsche Militärverwaltung ablöste, die in den Tagen nach der niederländischen Kapitulation die Befehlsgewalt ausübte. Zum »Generalkommissar für das Sicherheitswesen« wurde am 23. Mai 1940 Hanns Rauter (1895–1949) ernannt, zum »Generalkommissar der Verwaltung und Justiz« der österreichische Verwaltungsjurist Friedrich Wimmer (1897–1965). Bereits am 1. Juli 1940 erfolgte ein Rundschreiben Rauters, in dem dieser die Ausschließung von »Juden, Kriegsgegnern und Holländern mit antideutschen Neigungen aus dem gemeinschaftlichen Luftschutzdienst« anordnete. Während die ersten Rundschreiben und Verordnungen den Terminus »Jude« unbestimmt ließen, erfolgte eine erste Definition mit der Weisung Wimmers vom 23. August 1940, Juden im öffentlichen Dienst nicht mehr einzustellen und nicht mehr zu befördern. In der Weisung an die niederländischen Generalsekretäre galt diejenige Person als ganz oder teilweise »jüdischen Blutes«, die auch nur von einem Großelternteil »jüdischen Blutes« abstammte. Wer der jüdischen Religionsgemeinschaft angehörte oder angehört hatte, wurde per se als Person »jüdischen Blutes« gezählt.

Am 6. September 1940 folgten die Generalsekretäre der Ministerien der Weisung Wimmers und stellten in Aussicht, keine Juden mehr in den Staatsdienst zu berufen. Am 22. Oktober 1940 ordnete der »Reichskommissar« einen weitgehenden Ausschluss der jüdischen Bevölkerung aus dem Wirtschaftsleben an und legte zugleich fest, wer fortan als Jude zu gelten habe. Die deutsche Zivilverwaltung übernahm dabei in § 4 VO 189/40 die Regelung der »Nürnberger Gesetze«. Spezifiziert wurde lediglich das Stichdatum, das sich am Einmarsch der deutschen Wehrmacht orientierte. Entsprechend der deutschen Gesetzgebung galt als Jude, wer von mindestens drei »der Rasse nach volljüdischen Großelternteilen« oder von »zwei volljüdischen Großelternteilen« abstammte und am 9. Mai 1940 der jüdischen Religionsgemeinschaft angehörte oder danach in sie aufgenommen wurde oder am 9. Mai 1940 mit einem Juden verheiratet war oder sich danach mit einem Juden verheiratete. Die Pseudowissenschaftlichkeit der nationalsozialistischen »Rassenlehre« zeigte sich daran, dass ein definitorischer Rückgriff auf die religiöse Zugehörigkeit von Nöten war, wenn es hieß: »Als volljüdisch gilt ein Großelternteil ohne weiteres, wenn er der jüdischen Religionsgemeinschaft angehört hat.« Die VO 189/40 beendete nicht die uneinheitliche und vom Deutschen Reich des Öfteren abweichende Anwendung des Terminus »Jude«. Gemäß der *Verordnung des Reichskommissars für die besetzten niederländischen Gebiete über die Meldepflicht von Personen, die ganz oder teilweise jüdischen Blutes sind* vom 10. Januar 1941 mussten sich etwa alle Personen bei den örtlichen Einwohnerämtern melden, die einen oder mehrere jüdische Großelternteile besaßen. Auch die gleichfalls im Jahr 1941 erfolgte Exmatrikulation der jüdischen Studierenden bemühte nicht die in § 4 VO 189/40 zugrunde gelegte Definition, insofern sie »Mischlinge ersten Grades« einbezog. Bereits am 5. Oktober 1940 mussten die öffentlichen Bediensteten eine »Ariererklärung« unterzeichnen. Unter Androhung ihrer Entlassung wurden sämtliche niederländische Staatsbedienstete gezwungen, Auskunft darüber zu geben, ob sie dem Judentum angehörten und ob ihre Eltern und Großeltern Juden waren. Nur wenige Wochen später wurden am 21. November 1940 die Juden aus dem Staatsdienst entlassen.

In den Niederlanden konnten sich die deutschen Besatzer bei der Erfassung der Juden auf ein bereits im Jahr 1936 erstelltes Bevölkerungsregister stützen, welches die Religionszugehörigkeit abfragte. Darüber hinaus standen Unterlagen einer Volkszählung von 1939 zur Verfügung, die alle Niederländer erfasste, die zur jüdischen Glaubensgemeinschaft gehörten. Am 10. Januar 1941 führte die deutsche Besatzungsmacht eine Registrierungspflicht für Juden ein. Das Ausmaß alltäglicher Kollaboration niederländischer Behörden und ihrer Staatsbediensteten verdeutlicht die praktische Umsetzung der Verordnung Nr. 6/41 bezüglich der *Meldepflicht von Personen, die ganz oder teilweise jüdischen Blutes sind und sich in den besetzten niederländischen Gebieten aufhalten*, insofern diese der niederländischen Reichsinspektion der Bevölkerungsregister oblag, d. h. der zentralen Meldebehörde der Niederlande mit Sitz in Den Haag.

Der Direktor der Meldebehörde, Jacobus Lambertus Lentz (1894–1963), nahm die ihm übertragene Aufgabe mit hoher Dienstwilligkeit und zur vollsten Zufriedenheit der Deutschen an. Bereits im Juli 1941 galt die Erfassung auf Basis der »Judenmeldeprotokolle« als beendet. Es lagen zu diesem Zeitpunkt 160 552 verwertbare Protokolle vor. Zum Stichtag des 27.8.1941 wurden 140 552 Einzeleintragungen zu Personen »jüdischen Blutes« erklärt sowie 20 268 Eintragungen zu Personen »gemischt jüdischen Blutes«, darunter 14 549 »Halbjuden« (»Mischlinge 1. Grades«) und 5719 »Vierteljuden« (»Mischlinge 2. Grades«). Mit der Registrierung der Juden stellte die zentrale Meldebehörde der Niederlande den deutschen Besatzern bereitwillig die Daten zur Verfügung, die sie benötigten, um Deportation und Ermordung der Juden zu bewerkstelligen. Nach dem Krieg wurde der Niederländer Lentz am 1. April 1947 wegen Kollaboration zu drei Jahren Gefängnis verurteilt.

Bereits Anfang 1941 häuften sich gewalttätige Übergriffe gegenüber Juden, versuchten niederländische Nationalsozialisten, die sich den Antisemitismus verstärkt zu eigen machten, mit gezielten Provokationen Schlägereien in der *Jodenbuurt*, dem Amsterdamer Judenviertel, auszulösen. Der Tod eines Nationalsozialisten am 14. Februar 1941 im Kontext der »Jodenbuurt-Krawalle« sowie eine Attacke auf eine deutsche Patrouille am 19. Februar boten der Besatzungsmacht einen willkommenen Anlass, um am 22. und 23. Februar 1941 Razzien durchzuführen und 425 jüdische Männer zu verhaften und nach Buchenwald sowie Mauthausen zu deportieren. Im nationalsozialistischen Wochenblatt *Volk en Vaderland* hieß es, das Mitglied des paramilitärischen Verbandes der NSB Hendrik Koot sei mit »sadistischer Wollust« von einem »Nomadenvolk« getötet worden, »welches nicht von unserem Blut ist«, sodass härteste Vergeltungsmaßnahmen gerechtfertigt seien.

Am 24. Februar wurde zum Streik gegen die Deportation der Verhafteten auf einer öffentlichen Versammlung in Amsterdam aufgerufen. Die Kommunistische Partei der Niederlande unterstützte den Streikaufruf und verteilte ihn vor den Toren zahlreicher Fabriken in den größeren Städten. Im Streikaufruf heißt es:

> »Dieser Streik richtet sich gegen die schändlichen Judenpogrome und gegen den politischen Terror gegen das arbeitende Volk. Auch die Genossen aus allen Betrieben und Arbeitsbeleg-

schaften, die noch nicht streiken, sollen mit den jüdischen Arbeitern solidarisch sein. Folgt dem Vorbild dieser mutigen Arbeiter, die gerade die Arbeit niedergelegt haben. *Streikt!* Dienstag und Mittwoch (25. und 26. Februar) die Arbeit total niederlegen. *Amsterdam soll stillstehen!* Demonstriert zu Tausenden in den Amsterdamer Straßen! *Weg mit den Judenpogromen!* Sofortige Freilassung von den hunderten Juden und anderen Gefangenen!« (Schmid 1983: 123/124)

Am 25. Februar wurde daraufhin u. a. in Amsterdam, Haarlem, Utrecht und Zaandam gestreikt. Fast zu 100 Prozent folgten die Straßenbahner dem Streikaufruf, etliche städtische Betriebe und Geschäfte solidarisierten sich, Hafenarbeiter legten ihre Arbeit nieder, in vielen Industriezweigen kam es zu Arbeitsunterbrechungen. Bereits am darauffolgenden Tag befahl Rauter die gewaltsame Niederschlagung des Generalstreiks. Am Abend des Tages waren neun Tote zu beklagen. Drei Anführer des Streiks wurden im März 1941 in einem Dünengebiet nördlich von Den Haag (*Waalsdorpervlakte*) hingerichtet. Während der deutschen Besatzungszeit wurden dort über 250 niederländische Widerstandskämpfer exekutiert.

Der Februarstreik des Jahres 1941 stellte einen Wendepunkt in der deutschen Besatzungspolitik dar. Während zu Beginn die Absicht im Vordergrund stand, die Niederlande zu »germanisieren«, die Niederländer auf »freiwilliger Basis« für die nationalsozialistische Politik zu gewinnen und folglich anfänglich nicht zu stark als Besatzer aufzutreten, ging die deutsche Zivilverwaltung nunmehr mit unmittelbarer Unterdrückung, Gewalt und Terror vor. Im weiteren Verlauf des Jahres 1941 sowie in der ersten Jahreshälfte 1942 folgte eine antisemitische Verordnung auf die andere. Im Februar 1941 hatten beispielsweise Ärzte anzugeben, ob sie Juden waren, untersagte man Juden generell den Besuch von Universitäten. Im März 1941 beschlagnahmten die Deutschen die Betriebe von Juden, mussten Juden ihre Radios abgeben. Im April 1941 wurde Juden der Besuch von Gaststätten verboten, im August wurden Geld, Spargutbaben sowie Wertpapiere konfisziert. Im September 1941 untersagte man jüdischen Kindern den Besuch öffentlicher Schulen, wurden für Juden zahlreiche öffentliche Orte wie Schwimmbäder, Parks, Bibliotheken, Theater und Zoos tabu, durften Juden nicht mehr auf Märkten einkaufen. Im Oktober 1941 war es Juden nicht länger gestattet, Mitglied in niederländischen Vereinen zu sein. Im Januar 1942 durften Juden kein »arisches« Hauspersonal mehr beschäftigen, wurde ihnen das Autofahren verboten. Im Mai 1942 hatten Juden Schmuck und Silbergegenstände abzuliefern, im Juni mussten sie den Deutschen ihre Fahrräder aushändigen. Wie hochgradig die Verordnungen auf die ökonomische Ausplünderung, auf die lückenlose Erfassung wie auf die vollständige soziale Isolation zielten, verdeutlicht der Sachverhalt, dass man im Juli 1942 Juden nicht nur das Telefonieren verbot, sondern generell den Besuch von Nichtjuden. Am 20. Juni 1942 schreibt Anne Frank in ihr Tagebuch:

> »Ein diktatorisches Gesetz folgte dem anderen, und speziell für die Juden wurde es besonders schlimm. Sie mussten den Stern tragen, sie mussten ihre Fahrräder abgeben, sie durften nicht mehr mit der Elektrischen fahren, von Autos gar nicht zu reden. Juden durften nur zwischen 3 und 5 Uhr – und dann nur in jüdischen Geschäften – einkaufen. Sie durften nach 8 Uhr abends nicht mehr auf die Straße und sich nach dieser Zeit auch nicht im Garten oder auf dem Balkon aufhalten. Juden durften weder ins Theater noch ins Kino gehen noch andere Vergnügungsstätten besuchen. Sie durften auch nicht mehr schwimmen, Tennis und Hockey spielen, überhaupt keinen Sport mehr treiben. Juden durften nicht mehr zu Christen zu Besuch gehen. Jüdische Kinder müssen jüdische Schulen besuchen. Und so häufen sich die Bestimmungen. Unter diesem Druck stand von nun an unser ganzes Leben.« (Frank 1957: 9)

Am 23. Januar 1942 verordnete die deutsche Besatzungsmacht eine Ausweispflicht. Der Personalausweis sah für Juden in der oberen rechten Ecke ein sichtbares, aufgestempeltes »J« vor. Die Kennzeichnung galt in den Niederlanden sowohl für »Volljuden« wie für »Halbjuden« und sollte dem Ablauf der Deportation dienen. Die Anordnung, einen »Judenstern« an der äußeren Kleidung sichtbar zu tragen, erfolgte am 29. April 1942. Am 8. Mai 1942 begrüßte der *Storm SS*, eine Wochenzeitung der niederländischen SS, die vom 11. April 1941 bis zum 4. Mai 1945 erschien, die Einführung des Judensterns. Die Juden könnten sich auf diese Weise zukünftig nicht mehr unbemerkt unters Volk mischen und »ihr Gift in arglose Seelen träufeln, ohne dass diese gewarnt würden«. Bisher seien Juden anonym aufgetreten und man habe sich oft gefragt: »Könnte das ein Jude sein?« Die Juden hätten sich so vorzüglich getarnt, dass die Frage nicht mit letzter Sicherheit zu beantworten gewesen sei. Der Judenstern stelle daher einen richtigen Schritt »im Interesse der niederländischen Volksgemeinschaft« dar. Da Juden jetzt erkennbar seien, könnten nicht nur die bestehenden Judenverordnungen besser durchgesetzt, sondern darüber hinaus auch weitere Maßnahmen angegangen werden. Es sei der Zeitpunkt gekommen, um den Juden die Benutzung öffentlicher Transportmittel wie Züge, Straßenbahnen, Busse und Boote ausnahmslos zu verbieten, »damit auch diese Einrichtungen wieder niederländisch werden«.

Die niederländische SS war vom Vorsitzenden der NSB, Anton Mussert, am 11. September 1940 als Untergliederung der Partei gegründet worden und entwickelte sich im Laufe der Zeit immer mehr zu einem Instrument Heinrich Himmlers, um die NSB antisemitisch zu radikalisieren und ihre Ideologie »rassenpolitisch« auszurichten. Williger Gehilfe Himmlers war dabei Hanns Rauter, der maßgeblich für die brutale Niederschlagung des Februarstreiks verantwortlich war. Im Jahr 1944 zählte die niederländische SS ca. 4000 aktive Mitglieder, die fanatisch auf den Antisemitismus eingeschworen waren. Die Zahl derjenigen Niederländer, die in der Waffen-SS sowie in weiteren militärischen Formationen kämpften, wird auf bis zu 25 000 Personen geschätzt. Von Rauter aufgestellt wurden der *Landstorm Nederland* als SS-Freiwilligen-Grenadier-Division sowie mit Friedrich Wimmer gemeinsam eine Todesschwadron der niederländischen Waffen-SS, die Widerstandskämpfer sowie Niederländer mit antideutscher Haltung ermorden sollte.

Ab dem 3. Mai 1942 musste der »Judenstern« im Unterschied zum Deutschen Reich von »Volljuden« wie von »Halbjuden« getragen werden. Eine kontroverse Debatte darüber, wie mit Juden in »Mischehen« zu verfahren sei, führte zur Regelung, dass der jüdische Partner in kinderlosen Ehen unabhängig ob Mann oder Frau einen »Judenstern« zu tragen hatte, der Jude in »Mischehen« mit Kindern hingegen nicht. Im Unterschied zum Deutschen Reich wurde das Konstrukt der sogenannten »privilegierten Mischehe« nicht auf die besetzten Niederlande übertragen, sodass abweichend von der deutschen Praxis auch jüdische Frauen in die Deportation einbezogen wurden, deren Mann nichtjüdisch war und die keine oder jüdisch erzogene Kinder besaßen. Wenige Wochen nach der Einführung des Judensterns schreibt Etty Hillesum (1914–1943), die am 30. November 1943 im KZ Auschwitz-Birkenau ermordet wurde, im Juli 1942 in ihr Tagebuch:

> »Man muss alles verarbeiten, was auf einen zukommt. Auch wenn ein sogenannter Mitmensch auf dich zugeht, wenn du gerade eine Apotheke verlässt, in der du Zahnpasta gekauft hast, dich mit dem Zeigefinger anstupst und mit dem Gesicht eines Inquisitors fragt: ›Dürfen Sie dort einkaufen?‹ Und ich erwiderte schüchtern, aber gefasst und mit meiner üblichen Freundlichkeit: ›Ja, Mijnheer, das ist nämlich eine Apotheke.‹ ›So‹, sagte er dann sehr kurz und misstrauisch, und ging weiter.« (Hillesum 2019: 131)

Im Februar 1942 wurden 14 000 Juden zum Arbeitsdienst in diversen Arbeitslagern gezwungen, im Mai 1942 erfolgten diverse Umsiedlungen, die den Zweck verfolgten, Juden in städtischen Ballungsgebieten zu zentrieren sowie um Hausrat und Wertgegenstände in den geräumten Wohnungen zu beschlagnahmen. Am 26. März 1942 wurde angeordnet, dass der Hausrat aus jüdischen Wohnungen nicht entfernt werden dürfe. Diverse Verordnungen schränkten die Mobilität der Juden weiter ein. Neben der Ausgangssperre zwischen 20.00 Uhr und 6.00 Uhr morgens wurde das in der *Storm SS* geforderte Verbot umgesetzt, das Juden in Amsterdam die Benutzung der Straßenbahn untersagte.

Das Ziel, die Niederlande »judenfrei« zu machen, gab Seyß-Inquart bereits am 19. Mai 1941 bei einer Besprechung mit der Sicherheitspolizei und den Generalkommissaren bekannt, sodass sich in den Niederlanden bereits gut ein Jahr vor Beginn der systematischen Massendeportationen sowie einen Monat vor dem deutschen Überfall auf die Sowjetunion die weitere Radikalisierung der Judenpolitik ankündigte. Das Büro des Leiters des »Judenreferats« IV B 4, Adolf Eichmann (1906–1962), der im Schriftverkehr die offizielle Adresse des Reichssicherheitshauptamtes (Berlin SW 11, Prinz-Albrecht-Straße 8) benutzte, befand sich ab Januar 1940 in der Kurfürstenstraße 115/116, wo zuvor die *Zentralstelle für jüdische Auswanderung Berlin* untergebracht war, welche für die Zwangsemigration der Berliner Juden verantwortlich war. Von hier aus organisierte Eichmann die Deportation der Juden in die Vernichtungslager. Am 11. Juni 1942 fand in der Kurfürstenstraße eine zentrale Besprechung Eichmanns mit den Judenreferenten der Länder des besetzten Westeuropa statt, welche die Modalitäten der Deportation klären sollte. Festgelegt wurde auf dieser Sitzung u. a., dass im Sommer 1942 aus den Niederlanden 15 000, aus Belgien 10 000 sowie aus Frankreich 100 000 Juden zu deportieren seien. Für die Deportation der niederländischen Juden errichtete man am 1. Juli 1942 das »polizeiliche Judendurchgangslager Westerbork«, das zuvor als zentrales Flüchtlingslager und nach der deutschen Besatzung als Internierungslager gedient hatte.

Die Deportationen in die deutschen Vernichtungslager des Ostens begannen in den Niederlanden ab Juli 1942 und wurden als »Arbeitseinsatz unter Polizeiaufsicht« zumeist mit der Behauptung getarnt, dieser finde in Deutschland statt. Am 4. Juli 1942 erhielten 4000 Juden per Einschreiben zugestellte Aufforderungen, sich in das Lager Westerbork zu begeben. Die Gestellungsbefehle verschickte die *Zentralstelle für jüdische Auswanderung* in Amsterdam, deren Aufgabenstellung nach dem Auswanderungsverbot für Juden im Herbst 1941 vorwiegend in der Erfassung der niederländischen Juden bestand. Die Zentralstelle war dem Befehlshaber der Sicherheitspolizei und des SD in den Niederlanden untergeordnet, dem deutschen Juristen Wilhelm Harster (1904–1991). Juden zwischen 15 und 40 Jahren sollten sich bis zu einer bestimmten Frist melden, um in das zentrale Durchgangslager transportiert zu werden. Der Aufruf erhielt eine Liste von erlaubten Gepäckstücken sowie einen Bahngutschein. Bereits im Juli 1942 verbreiteten sich Gerüchte, das wahre Ziel der Reise sei Polen, sodass viele der Anordnung nicht Folge leisteten. Die deutsche Besatzungsmacht verhaftete daraufhin 700 Juden und drohte damit, diese kämen in ein deutsches Konzentrationslager, falls die Aufgeforderten sich dem Gestellungsbefehl verweigerten und begann damit, in Amsterdam Razzien durchzuführen. Die von deutschen und niederländischen Polizisten Ergriffenen wurden in die *Joodse Schouwburg* gebracht, ein ehemaliges Theater, dessen Gebäude als Sammelplatz vor dem Weitertransport in das Durchgangslager Westerbork sowie in das Konzentrationslager Herzogenbosch diente. Razzia folgte auf Razzia, um Personen habhaft zu werden, die auf den namentlichen Deportationslisten standen. Anne Frank schreibt am 19. November 1942 in ihr Tagebuch:

> »Unzählige Freunde und Bekannte werden weggeholt in der grauenhaften Erwartung eines schrecklichen Loses. Abend für Abend rasen die grauen und grünen Militärautos durch die Straßen. Die ›Grünen‹ (das ist die deutsche SS) und die ›Schwarzen‹ (die holländische Nazi-Polizei) suchen nach Juden. Wo sie einen finden, nehmen sie die ganze Familie mit. (…) Manchmal sind sie auch mit namentlichen Listen unterwegs und holen dann systematisch die ›Gezeichneten‹. Niemand kann diesem Schicksal entrinnen, wenn er nicht rechtzeitig untertaucht.« (Frank 1957: 62)

Am 15. Juli 1942 verließ der erste Zug mit 1135 Juden Westerbork in Richtung Auschwitz. Es folgten 64 weitere Züge nach Auschwitz, 19 nach Sobibor, sechs nach Theresienstadt sowie acht Züge nach Bergen-Belsen. Am 13. September 1944 endete die Serie der zweimal wöchentlich abfahrenden Züge mit dem letzten Deportationszug, der mit 279 Juden nach Bergen-Belsen fuhr. Die Gesamtzahl der aus Westerbork zwischen dem 15. Juli 1942 und dem 13. September 1944 Deportierten beläuft sich auf ca. 101 000 Juden. Am 24. August 1943 beschreibt Philip Mechanicus (1889–1944) in seinem Tagebuch aus Westerbork einen der vielen Transporte:

> »Der Zug setzt sich in Bewegung. Vor den länglichen Lüftungsspalten hoch oben an den Waggons tauchen Köpfe von Juden und Jüdinnen auf, aufgereiht wie in einem Puppentheater. Sie ziehen vorüber, wie die Seiten eines Buches mit lebenden Bildern. Nackte, sich hin und her bewegende Arme, winkende Hände, ragen wie unabhängig vom Körper lebende Organe aus den Löchern hervor, wie eingegrabene Menschen, die ein letztes Lebenszeichen von sich geben.« (Mechanicus 1993: 170)

Philip Mechanicus wurde Ende September 1942 an einer Straßenbahnhaltestelle von einem niederländischen Polizeiagenten verhaftet, weil er keinen »Stern« trug, ins Polizeigefängnis von Amersfoort gebracht, dort schwer misshandelt und Anfang November 1942 in das Lager Westerbork verschleppt. Am 15. März 1944 wurde Mechanicus nach Bergen-Belsen deportiert, im Oktober 1944 von dort nach Auschwitz, wo er drei Tage nach seiner Ankunft erschossen wurde.

Zu einer der letzten jüdischen Gruppen, die aus Westerbork deportiert wurden, gehörten die »portugiesischen Juden«. Ihre Deportation war zurückgestellt worden, um »rassetheoretisch« zu klären, inwieweit diese gemäß der deutschen »Rasserichtlinien« zu den Juden zu zählen seien. Ein »Gutachten des Reichssippenamtes« konnte im August 1943 nichts »Arisches« an ihnen entdecken, sodass auch diese im Laufe des Jahres 1944 deportiert wurden. Im selben Jahr wurden ebenso die protestantisch getauften Juden deportiert. Am 3. Juli wurden schließlich auch die Juden des sogenannten »Phillipps-Kommandos« direkt nach Auschwitz verschleppt, die bislang wegen ihrer kriegswichtigen Arbeit zurückgestellt waren. Als sich die Invasion der Alliierten abzuzeichnen begann, war es das Ziel des deutschen Haupttäters, wenigstens den »Rassenkrieg« durch die Ermordung möglichst vieler Juden zu gewinnen, sodass »Ausnahmeregelungen« beziehungsweise »Rückstellungen« keinerlei Gültigkeit mehr besaßen.

Von den ca. 140 000 Juden, die im Jahr 1940 in den Niederlanden lebten, sind ca. 107 000 deportiert worden. Neben Westerbork existierte noch das kleinere Durchgangslager Amersfoort, das in der Provinz Utrecht ursprünglich als Kaserne für das niederländische Militär errichtet wurde. Von den Deportierten überlebten nur ca. 5000 Personen. Etwa 102 000 Juden wurden vorwiegend in den Gaskammern von Auschwitz ermordet. Annähernd 2000 weitere Opfer sind hinzuzurechnen, die sich der Deportation durch Suizid entzogen, sodass als statistische Untergrenze von einer Gesamtopferzahl von mindestens 104 000 Personen auszugehen ist. Am 3. September 1944 brachte ein Zug Anne Frank nach Auschwitz, deren Versteck in einem Amsterdamer Hinterhaus verraten oder das zufällig im Rahmen einer Razzia, die illegal untergetauchte Juden ergreifen sollte, entdeckt wurde. Wenige Wochen vor der Befreiung des Lagers durch britische Truppen starben Margot und Anne Frank vermutlich im Februar oder März 1945 im KZ Bergen-Belsen geschwächt an Hunger, Erschöpfung und grassierenden Seuchen.

Im Unterschied zum Deutschen Reich wurden in den Niederlanden auch die »Mischlinge ersten Grades«, d. h. die sogenannten »Halbjuden« in die Deportationen einbezogen, sodass ca. 14 000 Personen, die von dieser zwischen Eichmann und Seyß-Inquart im August 1941 getroffenen »Sonderregelung« betroffen waren, gleichfalls in Auschwitz ermordet wurden. Seyß-Inquart und Eichmann verfolgten diese Linie in den besetzten Niederlanden bewusst, obwohl die diesbezügliche Debatte innerhalb des Deutschen Reiches noch anhielt, mit dem Ziel, die deutschen Reichsbehörden dazu zu bewegen, auch die »Halbjuden« zu ermorden.

Seit dem Frühjahr 1942 waren Juden Eheschließung sowie außerehelicher Geschlechtsverkehr mit Nichtjuden verboten, sodass zu den bereits bestehenden keine weiteren »Mischehen« hinzukamen. Am 23. März 1942 gab Seyß-Inquart eine diesbezügliche Weisung bekannt. Die entsprechende Mitteilung erschien in dem von der deutschen Besatzungsmacht kontrollierten *Het Joodsche Weekblad* am 27. März 1942. Wilhelm Harster sah in einem als geheim bezeichneten Schreiben diesbezüglich vor:

> »a) Jüdinnen über 45 Jahre sollen (...) nach Amsterdam vorgeladen und vom Stern befreit werden, sodass auf diese Weise bekannt wird, dass jüdische Partner in Mischehen dann verbleiben können, wenn von ihnen keine Nachkommenschaft mehr zu erwarten ist.
>
> b) Juden in Mischehen ohne Kinder sollen ins Lager überführt werden.
>
> c) Für den Rest der Juden und Jüdinnen soll die freiwillige Sterilisierung angestrebt und in Amsterdam durchgeführt werden. Im Ablehnungsfall soll Zwangssterilisierung im Lager Hertogenbosch erfolgen.
>
> d) Beschleunigt sind Ermittlungen über wirtschaftliche Betätigung und Berufsgebundenheit der männlichen Juden in Mischehen anzustellen.
>
> e) Zum mindesten sind diejenigen Mischehen, in denen der Ehemann Jude ist, ungeachtet der Sterilisation, zu konzentrieren.« (Happe 2015: 368)

Die Sterilisation der in »Mischehe« lebenden Juden stieß in den Niederlanden auf Entrüstung. In einem Protestschreiben der *Allgemeinen Synode der niederländischen Kirchen* vom 19.5.1943 adressiert an den

Reichskommissar für das besetzte niederländische Gebiet heißt es, die Sterilisierung bedeute eine körperliche und seelische Verstümmelung und stehe unmittelbar im Widerspruch zum göttlichen Gebot, den nächsten nicht zu verwunden oder zu töten. Die Sterilisierung sei eine Schändung sowohl göttlicher Gebote wie menschlichen Rechts und stelle die letzte Konsequenz einer antichristlichen und volksverhetzenden Rassenlehre dar, die das menschliche Leben untergrabe und unmöglich mache.

In den Niederlanden existierten zu diesem Zeitpunkt 8610 »Mischehen«. In einem Bericht gaben die deutschen Behörden an, dass sich 2562 Männer und 1416 Frauen sterilisieren ließen oder aber altersbedingt als unfruchtbar zu gelten hätten. Als die Deportationen 1942 begannen, stritten sich diverse deutsche Dienststellen um die Frage, ob auch Juden beziehungsweise Jüdinnen aus »Mischehen« zu deportieren seien. Im August 1942 wurde schließlich festgelegt, jüdische Partner in Ehen mit Kindern seien nicht zu deportieren. Am 16. Oktober 1942 wurde diese Regelung zwar bekräftigt aber mit der Spezifikation »bis auf weiteres« versehen, während bei kinderlosen Ehen unabhängig vom Geschlecht des jüdischen Partners dieser in Deportationen einbezogen werden sollte. Der in »Mischehe« lebende Jude Fritz U. berichtet:

> »Und dann geschah etwas Entsetzliches. Im April 1943 kam Hauptsturmführer Aus der Fünten persönlich nach Westerbork, um die dort inhaftierten Juden, die mit einer nichtjüdischen Frau verheiratet waren, zu überreden, sich sterilisieren zu lassen. Selbstverständlich würde niemand gezwungen werden, hieß es, aber wer sich weigerte, der sollte die Reise nach Polen antreten … Diejenigen, die sich bereit erklärten, könnten direkt nach dem Eingriff als ›freie‹ Männer ohne Stern nach Hause gehen. Dieses Ansinnen hatte einen ungeheuren emotionalen Ausbruch vor allem bei den jüngeren der etwa 100 bis 120 Betroffenen zur Folge. Ich gehörte zu der Minderheit, die sich kategorisch weigerte, diesen Schritt zu tun. Obwohl ich ahnte, was im Osten geschah, stand meine Entscheidung fest: ›NEIN!‹« (Jakob 1988: 97–98)

Die Geschichte der Shoah in den Niederlanden verdeutlicht, dass nationalsozialistische Akteure hochgradig aus eigenem Impetus handelten, aus der Peripherie Entscheidungen in Berlin zu beeinflussen suchten, durch ihr eigenes noch radikaleres Vorgehen sich empfehlen wollten oder aber ihren Judenhass extensiv auszuleben gedachten und dabei mögliche Zurechtweisungen aus Berlin billigend in Kauf nahmen.

Niederländische Historiker weisen darauf hin, dass die Niederländer spätestens Ende 1942 über die Ermordung der Juden informiert waren, und kritisieren den Sachverhalt, dass der »Mythos des Nichtwissens« auch heutzutage noch immer hochgehalten werde, um das Selbstbild eines »Volkes von Widerstandskämpfern« aufrechtzuerhalten. Bereits am 9. Oktober 1942 schreibt Anne Frank in ihr Tagebuch:

> »Heute habe ich nur traurige und deprimierende Nachrichten. Unsere jüdischen Freunde und Bekannten werden in Mengen weggeholt. Die Gestapo geht nicht zart mit ihnen um. Sie werden in Viehwagen geladen und nach dem Lager Westerbork gebracht. Westerbork muss grauenhaft sein. Für die Tausende von Menschen sind viel zu wenig Waschgelegenheiten und WC's vorhanden. (…) Wenn es hier in Holland schon so schlimm ist, wie furchtbar wird es dort in der Ferne sein, wohin sie verschickt werden? Das englische Radio berichtet von Gaskammern, aber vielleicht ist das noch die schnellste Vernichtungsmethode.« (Frank 1957: 46)

Studien belegen darüber hinaus, dass Kollaboration nicht nur von niederländischen Nationalsozialisten, sondern ebenso von Verwaltungsbeamten und der Polizei verübt wurde, die autoritätshörig den Besatzern zur Hilfe eilte, sowie von einer Vielzahl von Menschen, denen der Erhalt eines Kopfgelds wichtiger war als das Leben jüdischer Menschen. So wird sich auch die niederländische Gesellschaft erst noch umfassend der Frage stellen müssen, warum kein anderes Land in Westeuropa prozentual betrachtet so hohe jüdische Verluste erlitt und die niederländische Exilregierung sowie die Königin Wilhelmina trotz vorliegender Informationen tatenlos schwiegen. Nach Auschwitz fuhren alle Züge wie der mit Anne Frank fahrplanmäßig, von Zugsabotagen wie etwa in Belgien wird nichts berichtet.

Von den 79 497 Amsterdamer Juden des Jahres 1941 überlebten knapp 15 000 in Verstecken oder kehrten aus Vernichtungslagern zurück. Während des Zweiten Weltkriegs wurden ca. 104 000 niederländische Juden, d. h. ca. 75 % ermordet. Prozentual wie absolut ist dies die höchste Opferzahl in den westeuropäischen Ländern. Die hohe Prozentzahl der ermordeten Juden ist etwa im Vergleich zu Belgien erklärungsbedürftig, zumal über 80 % der Juden der Niederlande bereits seit Generationen im Lande lebten und über umfangreiche Sozialkontakte zur nichtjüdischen Bevölkerung verfügten. Im Unterschied zu den Niederlanden kam in Belgien der Großteil der Juden erst als Flüchtlinge ins Land, gleichwohl war die Prozentzahl der ermordeten Juden Belgiens deutlich geringer.

In der wissenschaftlichen Literatur (Happe 2017 u. a.) werden für die hohe Opferzahl der Juden der Niederlande folgende Ursachen angeführt: *Erstens:* In den Niederlanden existierte unter der Leitung des Reichskommissars Seyß-Inquart eine Zivilverwaltung, die aus fanatischen Nationalsozialisten bestand, die durch die Einbeziehung der »Halbjuden« beim Tragen des Judensterns sowie bei den Deportationen ein Zeichen für die weitere Radikalisierung der nationalsozialistischen Judenpolitik von den besetzten Niederlanden aus setzen wollten. *Zweitens:* Die nach der Flucht der niederländischen Regierung intakt gebliebene Bürokratie sowie der Polizeiapparat kooperierten weitgehend mit den deutschen Besatzern und befolgten die Anweisungen des Reichskommissars für die Niederlande sowie seiner Generalkommissare. Niederländische Beamte beteiligten sich an der Konzipierung des »Judenmeldeprotokolls«, örtliche Einwohnermeldeämter bei der Verwaltung der entsprechenden Eingänge. Einer von vier Juden wurde von niederländischen Polizisten festgenommen und den Deutschen ausgeliefert. *Drittens:* Die existierende Bevölkerungsstatistik der Niederlande war der nationalsozialistischen Judenpolitik dienlich, da sie die Religionszugehörigkeit auf neuestem Stand bereits erfasst hatte. Eine »Judenkartei« im Sinne einer gesonderten Erfassung von Personen jüdischen Glaubens lag bereits zum Zeitpunkt des Einmarsches der deutschen Truppen vor. *Viertens:* Die mit dem Kabinett im Jahr 1940 nach England geflohene Königin Wilhelmina zeichnete sich bezüglich der Judenverfolgung durch weitgehendes Desinteresse aus. Obwohl Wilhelmina über die Shoah informiert war, erwähnte sie die Situation der Juden nur in einer einzigen Rede Mitte Oktober 1942 und sprach dabei vom »systematischen Ausrotten unserer jüdischen Landsleute«. Angesichts der existentiellen Bedrohung von Leib und Leben sowie der bereits wöchentlich von Westerbork nach Auschwitz, Sobibor, Bergen-Belsen und Theresienstadt rollenden Züge wirkt die »Handlungsempfehlung« der Königin »Wo Sie [gemeint sind die nichtjüdischen Niederländer, d. Verf.] Ihre Gefühle nicht äußern dürfen, tue ich es nun für Sie. Sobald es möglich ist, werden Wir versuchen, zumindest ein wenig dieses Leids zu mildern« geradezu als Zynismus, als ein Aufruf zur Ruhe statt zum diesbezüglichen Widerstand. Zwar werden in den Sendungen von Radio Oranje die Deportationen vereinzelt erwähnt, angesichts der Dimension des Geschehens sowie der damit einhergehenden existentiellen Bedrohung für jüdische Landsleute erweist sich dies indes als politisches wie moralisches Versagen, zumal Orientierungen oder gar konkrete Handlungsanweisungen, wie etwa Juden zu verstecken, unterblieben. Zu einem Generalstreik der Eisenbahn rief die niederländische Exilregierung erst am 17. September 1944 auf als der letzte Deportationszug am 13. September 1944 in Richtung Bergen-Belsen den Bahnhof Westerbork bereits seit Tagen verlassen hatte. *Fünftens:* Nach der Niederschlagung des Februarstreiks von 1941 war der niederländische Widerstand gelähmt und trat öffentlich erst wieder mit dem April-Mai-Streik 1943 in Erscheinung. Der sogenannte »Melkstreik« beziehungsweise »Zechenstreik« richtete sich indes nicht gegen die Deportation von Juden, sondern gegen die massenhafte Einberufung nichtjüdischer Niederländer zum Arbeitseinsatz im Deutschen Reich. Beim niederländischen Widerstand hatte – mit Ausnahme des Februarstreiks – die Ermordung der Juden nicht die Bedeutung, die ihr hätte zukommen müssen. *Sechstens:* Der Großteil der niederländischen Juden konzentrierte sich nur auf wenige Städte wie Amsterdam, Den Haag, Amersfoort und Utrecht, ein Landjudentum existierte nicht, was die Verfolgung seitens der Täter erleichterte. *Siebtens:* Der seitens der deutschen Besatzungsmacht eingerichtete »Judenrat Amsterdam« kooperierte mit dem Haupttäter und organisierte keinen Widerstand. Mittels gänzlich verfehlter Strategien hoffte der Judenrat bis zuletzt, Juden durch »Rückstellungen« vor der Deportation bewahren zu können bis schließlich auch die Mitglieder des Judenrats deportiert wurden. Die Politik des »Judenrats« trug mit dazu bei, dass in den Niederlanden nur jeder siebte Jude rechtzeitig untertauchte. *Achtens:* Neben politischen und sozialen Faktoren spielen auch geographische Gegebenheiten eine Rolle. Nach dem Einmarsch der deutschen Wehrmacht existierten für die niederländischen Juden kaum Fluchtmöglichkeiten. Eine Flucht über den

Kanal war lebensgefährlich, auch wenn es einige wenige wagten, die Emigration in Drittländer war weitgehend verschlossen. Die Niederlande waren zu einer Falle geworden, die keinerlei Fluchtoptionen außer dem Untertauchen mehr bot. Zwar treffen einige der genannten Faktoren auch auf andere Länder zu, das Zusammenspiel der Größen zeitigte jedoch äußerst negative Effekte.

Miep Gies, Joop Westerweel, Jan Zwartendijk, Willem Arondeus, Corrie ten Boom und Gerard Fleischeuer, das sind nur einige der vielen niederländischen Namen in der »Liste der Gerechten unter den Völkern«, deren aktives Engagement für die Rettung von Juden nicht vergessen werden darf. Doch zur ganzen Wahrheit gehört auch, dass die Anzahl der Kollaborateure in den Niederlanden um ein Vielfaches höher lag, ebenso derjenige Teil der Bevölkerung, der weder half noch kollaborierte, der wegsah oder schwieg. Schließlich gab es noch die Niederländer, die sich das von den Deutschen ausgesetzte »Kopfgeld« gern verdienten und dafür einen untergetauchten Juden verrieten.

2.2 Belgien - Ein Brüsseler Bürgermeister sagt »Nein!«

Die Kapitulation der belgischen Armee unterzeichnete am 28. Mai 1940 König Leopold III. (1901–1983). Ein völkerrechtswidriger »Führererlass« am 18. Mai sah bereits zuvor die Annexion Ostbelgiens vor, sodass die Gebiete von Eupen, Malmedy und Moresnet in den NSDAP-Gau Köln-Aachen eingegliedert wurden. Während der König mit seinen Soldaten in Kriegsgefangenschaft ging, floh die belgische Regierung zunächst nach Frankreich und sodann nach London ins Exil. Während des Zweiten Weltkriegs verblieb Leopold III. in Belgien, stand unter Hausarrest und verhielt sich gegenüber den deutschen Besatzern passiv. Am 17. Mai 1940 war es zu einem Zerwürfnis zwischen dem König und dem Premier Hubert Pierlot (1883–1963) gekommen als der König es ablehnte, gemeinsam mit der Regierung das Land zu verlassen. In Belgien etablierten die Deutschen eine Militärverwaltung unter General Ernst Alexander Alfred Herrmann Freiherr von Falkenhausen (1878–1966). Falkenhausen verrichtete die Funktion des Befehlshabers der Militärverwaltung in Belgien und Nordfrankreich vom 22. Mai 1940 bis 15. Juli 1944. Die Leitung der Ministerien übernahmen die belgischen

Generalsekretäre. Zu einer Reorganisation kam es als im Juli 1944 die Militärverwaltung durch eine Zivilverwaltung abgelöst und Belgien in die Reichsgaue Flandern und Wallonien aufgeteilt wurde. Zum Reichskommissar für das eingegliederte Belgien bestimmte die deutsche Regierung Josef Grohé (1902–1987).

10 000 bis 15 000 Juden überwiegend aus Deutschland und Österreich konnten sich nach dem Einmarsch der deutschen Wehrmacht noch rechtzeitig nach Frankreich absetzen. Unmittelbar nach dem deutschen Überfall forderte die belgische Verwaltung alle Bürger von Feindstaaten auf, sich örtlichen Polizeirevieren zu stellen und nahm deutsche Exilanten fest, darunter tausende Juden, die als »feindliche Ausländer« nach Frankreich deportiert und in südfranzösischen Lagern wie Saint-Cyprien interniert wurden. Zu den vom deutschen Überfall auf Belgien betroffenen und nach Frankreich fliehenden Juden gehörte der in Berlin geborene Fritz Teppich (1918–2012), der im Spanischen Bürgerkrieg kämpfte und nach der Niederlage der Spanischen Republik in das Exilland Belgien zurückgekehrt war, wo er dank der Verschwägerung seiner Mutter mit den Kempinskis im Jahr 1935 für das Palace Hotel in Brüssel eine Arbeitsgenehmigung erhalten hatte und ihm eine Aufenthaltserlaubnis erteilt worden war. Bevor die Deportationen einsetzten, gelang es Teppich noch rechtzeitig von Südfrankreich nach Portugal zu fliehen, wo er unter dem Salazar-Regime wegen illegaler Einreise zunächst vier Monate im Gefängnis verbrachte und sodann das 50 Kilometer nördlich von Lissabon am Atlantik gelegene Ericeira als Zwangsaufenthaltsort nicht verlassen durfte. Nach Berlin im Jahr 1946 zurückgekehrt erfuhr Teppich, dass seine Mutter und sein jüngerer Bruder Hans, welche die Niederlande als Exilland wählten, nach ihrer Deportation aus Westerbork in deutschen Vernichtungslagern ermordet wurden.

Im Raum des heutigen Belgien lebten Juden bereits seit dem Mittelalter. In der Zeit der Kreuzzüge sowie der Pest (1347–1351) sahen auch sie sich ähnlichen Verfolgungen ausgesetzt wie in ganz Europa. Im Jahr 1370 bezichtigte man die Brüsseler Juden am Karfreitag eine Hostienschändung in der Synagoge begangen zu haben. Etliche Juden verbrannte man auf dem Scheiterhaufen, die restliche Gemeinde wurde vertrieben. Die »Bluthostien« avancierten zu einer bedeutenden Reliquie der Kathedrale von St. Michel und St. Gudula. Der Kult um die »wundersamen Hostien« wurde noch bis zum Zweiten Vatikanischen Konzil begangen. Ein historisches Glasfenster der Brüsseler Kathedrale stellt Mitglieder der jüdischen Gemeinde dar, die mit Messern und spitzen Gegenständen in die »geraubten Hostien« stechen. Erst im 16. Jahrhundert ließen sich Juden wieder in Belgien nieder. Den sich in Antwerpen ansiedelnden sephardischen Juden, die man aus Spanien und Portugal vertrieben hatte, folgten im 18. Jahrhundert aschkenasische Juden aus Osteuropa. Etliche von ihnen nutzten Belgien auf ihrer Flucht vor Pogromen als Zwischenstation auf dem Weg nach Übersee. Im Kontext der Französischen Revolution erlangten die Juden Ende des 18. Jahrhunderts die Gleichberechtigung. Die belgische Revolution führte im Jahr 1830 zur Unabhängigkeit Belgiens von den Niederlanden. Das Judentum besaß fortan den Status einer offiziellen, staatlicherseits anerkannten Religion. Um die Jahrhundertwende verschob sich der Diamanthandel von Amsterdam nach Antwerpen, sodass etliche Juden, die sich in den Städten Brüssel, Antwerpen, Lüttich und Charleroi konzentrierten, in der Diamantindustrie sowie im Diamanthandel Betätigung fanden. Während in den 1920er-Jahren vor allem polnische Juden immigrierten, gelangten unmittelbar nach der Machtübernahme der Nazis viele deutsche Juden ins Land.

In den 1920er- und 1930er-Jahren blieben in Belgien faschistische Organisationen, die unter sich hochgradig zerstritten waren, relativ unbedeutend. Im Jahr 1933 schlossen sich diverse flämisch-nationalistische Gruppen zum *Vlaams Nationaal Verbond* zusammen. Die politischen Kontroversen blieben indes auch innerhalb des Flämischen Nationalverbands bestehen. Während der Großteil des VNV einen Anschluss Flanderns an die Niederlande favorisierte, begeisterte sich der kleinere Teil für eine Angliederung Flanderns an das Deutsche Reich. Im Unterschied zu den Niederlanden verfolgten die deutschen Besatzer in Belgien nicht das Ziel einer aktiven »Germanisierung«, wohlwissend, dass die »Heim-ins-Reich-Bewegung« in Belgien über keinen nennenswerten Anhang verfügte und der Rückhalt offen nationalistischer Kräfte in der Bevölkerung eher gering war. Im Sinne des »rassenpolitischen Denkens« sollten die »erbbiologisch wertvollen« Flamen zwar privilegiert werden, der belgische Staat jedoch »bis auf weiteres« bestehen bleiben. Erst im Juli 1944 änderten die Besatzer ihre Linie zugunsten einer Eingliederung Belgiens. Der deutschen Besatzungsmacht gelang es, 10 000 Belgier für die Waffen-SS sowie für die »Legion Flandern« zu gewinnen.

Vor dem Zweiten Weltkrieg verfügte Belgien über 8,3 Millionen Einwohner. Die Zahl der Juden, die zur großen Mehrzahl in Brüssel und Antwerpen lebten, betrug ca. 70 000, wovon indes nur jeder zehnte die belgische Staatsbürgerschaft besaß, was außer für die deutschen und österreichischen Flüchtlinge auch für den Großteil der eingewanderten polnischen und rumänischen Juden galt, die nach 1914 immigriert waren. Unter den 70 000 Juden Belgiens befanden sich ca. 22 000 deutsche Juden. Der Tatbestand, dass nur der kleinere Teil der Juden Belgiens über historisch gewachsene soziale Beziehungen verfügte, stellte eine denkbar ungünstige Voraussetzung dar, während sich der Sachverhalt, dass etliche Juden Kontakte zu sozialistischen Kräften und damit zur späteren Widerstandsbewegung besaßen als günstiger Umstand für das Überleben erweisen sollte. Die Militärverwaltung versuchte anfänglich wie in den Niederlanden den Eindruck zu vermitteln, es seien keine antijüdischen Maßnahmen geplant. Bereits im Oktober 1940 änderte sich die vorgetäuschte Linie indes schlagartig. In einem Protokoll der Ausschusssitzung der belgischen Generalsekretäre vom 11.10.1940 heißt es, dass General von Craushaar bekannt gegeben habe, dass die deutschen Behörden die Absicht hätten, die Juden aus dem Wirtschaftsgeschehen des Landes auszuschalten:

> »1. Jüdische Bürger müssten sich registrieren lassen und ihr Eigentum anmelden.
>
> 2. Alle von ihnen geführten Einrichtungen müssten auf ihrem Schaufenster eine Aufschrift haben, die besagt, dass der Inhaber Jude ist.
>
> 3. Alle Juden, die zu einem bestimmten Zeitpunkt nicht ins Land zurückgekehrt seien, würden des belgischen Territoriums verwiesen.
>
> Die deutsche Besatzungsbehörde hat die Absicht, die Generalsekretäre aufzufordern, selbst geeignete Maßnahmen zu ergreifen, um ihre Forderungen umzusetzen. (…) Nach einem kurzen Meinungsaustausch sind die Mitglieder einstimmig der Ansicht, dass die Generalsekretäre sich nicht dazu hergeben können, die Wün-

> sche oder die Anordnungen der deutschen Behörden auszuführen. Herr Vossen [Jean Francois Vossen, Generalsekretär im Innenministerium, d. Verf.] wird beauftragt, General von Craushaar in diesem Sinne zu antworten.« (Happe 2012: 440/41)

Da sich die Generalsekretäre nicht dazu bereit erklärten, diesbezüglich tätig zu werden, erließ die deutsche Militärverwaltung am 28. Oktober 1940 eine *Verordnung über Maßnahmen gegen Juden* (»Judenverordnung«) sowie die *Verordnung über das Ausscheiden von Juden aus Ämtern und Stellungen*. Die »Judenverordnung« übernahm die Judendefinition der deutschen Gesetzgebung und ordnete die Erfassung der Juden in Gestalt eines »Judenregisters« seitens der belgischen Behörden an. Jeder Jude, der das 15. Lebensjahr vollendet hatte, musste sich persönlich bei der Registerbehörde melden. Die »Judenverordnung« sah ferner die Anmeldung »jüdischer Unternehmen« vor, ein weitgehendes Verfügungsverbot über Unternehmen und Grundstücke sowie bis zum 30. November 1940 die Kennzeichnung von Gaststätten und Beherbergungsbetrieben mittels der dreisprachigen Aufschrift *Jüdisches Unternehmen – joodsche onderneming – entreprise juive*. Die zweite am 28. Oktober 1940 erlassene Verordnung untersagte Juden die Bekleidung öffentlicher Ämter sowie sonstiger Stellungen in öffentlichen Verwaltungen. Juden durften nicht länger »Rechtsanwälte, nicht Lehrer an Schulen und Hochschulen jeder Art und nicht Geschäftsführer, Direktoren und Schriftleiter in Presse und Rundfunkunternehmen sein«.

Da die belgische Verfassung eine Erhebung der Religionszugehörigkeit untersagte, konnten die Besatzer nicht auf entsprechende Bevölkerungsstatistiken zurückgreifen. Wie groß die jüdische Gemeinde Belgiens im Frühjahr 1940 war, lässt sich daher nur schätzen. Die zentrale Kartei des »Judenreferats« der deutschen Sicherheitspolizei in Brüssel weist vor Beginn der Deportation im Geiste der nationalsozialistischen Definition 56 186 Personen aus, darunter 3680 Belgier. Auszugehen ist davon, dass sich zu diesem Zeitpunkt von den ausländischen wie staatenlosen Juden Tausende aus Vorsicht nicht bei den Registerbehörden meldeten. Etliche belgische Stadtverwaltungen beteiligten sich aktiv bei der Erfassung der Juden und legten »Judenregister« an. Zwar lehnten die meisten belgischen Verwaltungsbeamten sowie die Generalsekretäre eine aktive Mitwirkung an antisemitischen Maßnahmen ab, wirkten indes bei der Umsetzung zahlreicher Verordnungen wie insbesondere bei der Erfassung der Juden mit. Belgische Kommunalverwaltungen waren ebenso bei der Entlassung der im öffentlichen Dienst beschäftigten Juden im Sinne einer zumindest passiven Kollaboration beteiligt.

Mit einer eindeutigen Stellungnahme protestierten am 19. November 1940 die Vertreter der obersten belgischen Gerichtshöfe beim Militärbefehlshaber gegen den Ausschluss jüdischer Juristen. Die Verordnungen und Maßnahmen, um Juden aus der Richterschaft zu entlassen, verstießen, so ließen sie verlautbaren, gegen die Grundlagen des belgischen Rechtes. Auf Lebenszeit ernannte Richter könnten nur durch ein Urteil ihres Amtes enthoben werden. Anwälte wiederum könnten nur im Disziplinarwege von der Liste der Anwälte gestrichen werden.

Am 17. Januar 1942 wurde es Juden verboten, das Land zu verlassen. Die zu diesem Zeitpunkt in Belgien noch verbliebenen Juden verpflichtete man zur Zwangsarbeit beim Bau des »Nordwest-Walls«, der die Invasion der Alliierten in Nordfrankreich abwehren sollte. Nachdem bereits die Kennzeichnung der Ausweise mit den Worten *Juif – Jood* erfolgt war, ordnete die deutsche Besatzungsmacht am 3. Juni 1942 das Tragen des »Judensterns« an. In einem Schreiben vom 4. Juni 1942 weigerten sich die Brüsseler Bürgermeister, die »Judensterne« auszugeben:

> »Die zur Durchführung der Verordnung, den Juden vorschreibend in der Öffentlichkeit einen Stern zu tragen, erlassene Verordnung, legt den belgischen Gemeindeverwaltungen die Verpflichtung auf, den Betreffenden das Erkennungszeichen auszuhändigen. Es steht uns nicht zu, die Zweckmäßigkeit der gegen die Israeliten getroffenen Maßnahmen zu diskutieren, wir haben aber die Pflicht Ihnen zur Kenntnis zu bringen, dass Sie unsere Mitarbeit zur Durchführung derselben nicht verlangen können. Eine große Anzahl Juden sind Belgier und wir können uns nicht entschließen, einer Vorschrift beizupflichten, die der Würde eines jeglichen Menschen, wer er auch sein mag, direkt Abbruch tut. Dieser Abbruch ist umso schlimmer zu ertragen, als er denjenigen, welche davon betroffen sind, untersagt, Ehrenzeichen unserer nationalen Orden zu tragen.« (Happe 2012: 510/511)

Die maßgeblich treibende Kraft hinter der Weigerung war der Brüsseler Vorort-Bürgermeister Jean Herinckx (1888–1961), der sich aktiv am Widerstand beteiligte und von Yad Vashem am 12. Juni 1980 als »Gerechter unter den Völkern« geehrt wurde.

Im Juli 1942 richtete die SS in der belgischen Stadt Mechelen in einer Militärkaserne ein Durchgangslager ein mit dem Ziel, Juden sowie »asoziale Elemente« – womit im SS-Sprachgebrauch vor allem Sinti und Roma gemeint waren – zu internieren. Als erstes wurden Juden mit fremder Staatsbürgerschaft kaserniert, sodann nach einer Übergangsfrist ebenso die in Belgien gebürtigen Juden. Das Lager bestand bis September 1944 und diente der Deportation nach Auschwitz-Birkenau. Von Anfang August 1942 bis Ende Juli 1944 fuhren 27 Deportationszüge fast ausschließlich nach Auschwitz. Die für die Anfangsphase vorgesehene Zahl von 10 000 zu deportierenden Juden aus Belgien erforderte die Unterstützung der belgischen Behörden. Der Brüsseler Bürgermeister Jules Coelst (1870–1946) lehnte eine Beteiligung an der Verhaftung der Juden, die sich der Deportation entzogen, seitens der örtlichen Polizei ab. Der deutsche SS-Obersturmführer und »Judenreferent« in Belgien, Kurt Heinrich Asche (1909–1998), befahl der *Vereinigung der Juden in Belgien* ein Namensregister der arbeitsfähigen Juden für einen »Arbeitseinsatz in Deutschland« zu erstellen. Insgesamt wurden 13 100 Personen aufgerufen, sich in die Dossin-Kaserne in Mechelen zu begeben. Dem Aufruf folgten ca. 4000 Personen. Die deutsche Sicherheitspolizei ging daraufhin dazu über, Massenverhaftungen mittels nächtlicher Razzien vorzunehmen. Während sich in Antwerpen belgische Polizisten an den Razzien beteiligten, blieb der Brüsseler Bürgermeister Coelst standhaft und verweigerte die Mitarbeit der ihm Unterstellten an den Razzien. Die belgische Verwaltung sowie die Polizei von Antwerpen hingegen beteiligten sich an der Deportation von Juden, die als Zwangsarbeiter nach Nordfrankreich verschleppt wurden.

Der 20. Zug, der am 19. April 1943 Mechelen nach Auschwitz verließ, deportierte 1631 Menschen, darunter auch Sinti und Roma. Es war der erste Deportationszug, der aus Güterwagen bestand, um zu verhindern, dass aus den Fenstern der Personenwagen die Flucht ergriffen wurde. Belgische Widerstandskämpfer, die indes in ihren eigenen Reihen dafür keine Rückendeckung besaßen, stoppten den Shoah-Zug. Es war das erste und einzige Mal, dass während des Zweiten Weltkriegs ein

Todeszug gestoppt wurde. Es gelang ihnen auf diese Weise 17 Juden zur Flucht zu verhelfen. Weitere 215 Personen konnten sich selbst befreien, da Mitglieder der belgischen Widerstandsorganisation *Comité de défense de Juifs,* die vom jüdischen Kommunisten Hertz Jospa und dessen Ehefrau Yvonne Jospa gegründet wurde, die Lokführer dazu überredeten an geeigneten Stellen langsamer zu fahren, um die Flucht beziehungsweise den äußerst gefährlichen Absprung zu ermöglichen. Mit Hilfe ihrer Organisation gelang es den aus Bessarabien stammenden Eheleuten Jospa ebenso 3000 jüdische Kinder vor Deportation und Tod zu retten.

Der Anteil jüdischer Immigranten unter den von Mechelen aus Deportierten wird auf über 80 % geschätzt. Unter den Opfern befand sich auch der deutsche Maler der Neuen Sachlichkeit Felix Nussbaum (1904–1944), dessen Gemälde *Selbstporträt mit jüdischem Reisepass* Bekanntheit erlangte. Seit 1940 hielt sich Nussbaum in Brüssel versteckt. Auf Grund einer Denunziation wurden er und seine Ehefrau nach Auschwitz deportiert, wo der Zug am 2. August 1944 eintraf. Die Befreiung des Lagers am 27. Januar 1945 erlebte der als zunächst »arbeitsfähig« eingestufte Maler nicht mehr. Im Unterschied zu Nussbaum überlebte der spätere Präsident des Zentralrats der Juden in Deutschland, Paul Spiegel (1937–2006), versteckt bei einer katholischen Bauernfamilie in Flandern, wohin die Familie Spiegel nach der Reichspogromnacht 1938 geflohen war. Spiegels Schwester Rosa, die bei einer Razzia in Brüssel verhaftet wurde, verschleppten und ermordeten die Nazis.

Am 3. September 1944 schreibt Leib (Leon) Gronowski, der in einem Versteck überlebte:

> »Am 3. September 1944 um 7 Uhr 20 abends sind die ersten Engländer und Amerikaner nach Brüssel gekommen. Die Befreiung ist da. Menschen drängen auf die Straßen, sind außer sich vor Freude. Man weint, lacht und singt. (…) Für mich ist die Befreiung noch nicht gekommen. Ich bin unglücklich und niedergeschlagen, mehr noch als vorher … Alle freuen sich, sind erleichtert. Ich nicht … Die Meinigen darben noch im Lager. Für mich beginnen schreckliche Tage und Nächte, mehr als zuvor. Ich habe die Freiheit zurückbekommen … Ich gehe umher, und ich irre durch die Straßen, ohne ein Ziel, mit einem grauenvollen Schmerz im Herzen. Für mich ist die Erlösung [noch] nicht gekommen.« (Happe 2015: 597)

Zu diesem Zeitpunkt waren Leibs Ehefrau Chana Gronowski und seine Tochter Ida Gronowski bereits in Auschwitz ermordet worden. Außer Leib, der bereits kurz nach Kriegsende stirbt, überlebte auch sein Sohn Simon. Zusammen mit seiner Mutter und seiner Schwester Ida wurde Simon im Februar 1943 von der Gestapo verhaftet und nach Mechelen in die Dossin-Kaserne gebracht. Am 19. April 1943 wurden Simon und seine Mutter mit dem 20. Zug deportiert. Es war der Zug, den drei belgische Widerstandskämpfer bewaffnet mit einer Pistole, rotem Signalpapier und einer Laterne bereits kurz hinter Mechelen zum Stoppen brachten. Die Flucht einiger Juden ermutigte andere zu weiteren Fluchtversuchen. Nachdem es einem Mann gelungen war die Waggontüre aufzubrechen, wagte es Chana Gronowski ihren Sohn Simon an den Schultern haltend zum Absprung zu bewegen als der Zug langsamer fuhr. Nachdem er die ganze Nacht durch Wälder und über Felder gerannt war, bat Simon eine Frau um Hilfe, die ihn jedoch zur örtlichen Polizei brachte, da sie ihn für einen der Geflohenen aus dem Deportationszug hielt und seiner Geschichte, er habe sich verlaufen, keinen Glauben schenkte. Der belgische Polizist Jan Aerts verweigerte Simon seine Hilfe nicht. Statt ihn wie Simon befürchtete zurück nach Mechelen zu bringen setzte er ihn, nachdem er zu essen und zu trinken bekommen hatte, in einen Zug nach Brüssel, wo er seinen Vater in der Nacht wiedersah. Später erfuhr Simon, dass seine Mutter in Auschwitz am 21. April 1943 ankam und noch am selben Tag in der Gaskammer ermordet wurde. Simons 16-jährige Schwester Ida kam mit dem 21. Deportationszug nach Auschwitz und wurde noch im selben Jahr ermordet.

Die Alliierten befreiten Belgien am 9. September 1944. Nach der Ardennenoffensive im Dezember 1944 gelangten indes noch einmal Teile im Südosten Belgiens unter deutsche Herrschaft, sodass erst im Januar 1945 ganz Belgien endgültig befreit war. Von den ca. 70 000 Juden, die im Jahr 1940 in Belgien lebten, wurden 34 801 deportiert, darunter etliche belgische Juden, die im Jahr 1940 nach Frankreich geflohen waren und aus dem Lager Drancy deportiert wurden. Von den Deportierten überlebten ca. 1200 Juden, womit ca. 44 % der Juden Belgiens ermordet wurden. Diejenigen Juden, die in Belgien überlebten, verdankten vor allem den Widerstandsaktivitäten ihr Überleben. Diverse Widerstandsgruppen bemühten sich darum im ganzen Land Verstecke für Juden zu finden, versuchten »Judenkarteien« zu erbeuten, was misslang, oder ermöglichten das Entkommen von Juden aus Deportationszügen, was partiell erfolgreich war. Der jüdische Widerstand war an derlei Aktionen, die nicht immer von nichtjüdischen Widerständlern gedeckt waren, hochgradig beteiligt.

2.3 Luxemburg – »Judenlisten« für die Deutschen

Im Jahr 2015 sorgte der *Artuso-Bericht* in Luxemburg für eine öffentliche Debatte über die Rolle Luxemburgs während der deutschen Besatzungszeit. Zwei Jahre zuvor hatte die Regierung unter Premier Jean-Claude Juncker einem Wissenschaftlerteam unter der Leitung des Historikers Vincent Artuso den Auftrag erteilt, Mitverantwortung sowie Kollaboration der luxemburgischen Verwaltungskommission bei der Ermordung der Juden zu untersuchen. Der im Februar 2015 vorgelegte Bericht gelangte zum Ergebnis, dass die Verwaltungskommission eine Mitschuld trage, da sie bei der Identifizierung als auch bei der listenmäßigen Erfassung der Luxemburger Juden kollaboriert und so zu ihrer Ermordung beigetragen habe. Der *Artuso-Bericht* spricht von einer systematischen Identifizierung und Auflistung aller Juden seitens der Luxemburger Verwaltung sowie von einer aktiven Rolle der Verwaltungskommission bei der Judenverfolgung sowie bei der Umsetzung der antisemitischen Maßnahmen und Verordnungen der Besatzer. Die Kommission stützte sich dabei auf Quellen, welche die Existenz von »Judenlisten« belegen, die von luxemburgischen Beamten erstellt und den Deutschen zur Verfügung gestellt wurden. Da in Luxemburg im Unterschied zu den Niederlanden die amtliche Bevölkerungsstatistik die Religionszugehörigkeit nicht erfasste, waren die Angaben für die deutschen Besatzer unverzichtbar. Bereits im Jahr 2013 hatte der Historiker Denis Scuto eine solche Liste mit den Namen von 280 jüdischen Schulkindern ausfindig machen können und sprach von aktiver Kollaboration der Verwaltungskommission. Auf der Liste stehen Namen wie Rosel Kaufmann, die am 26. August 1942 von Drancy nach Auschwitz deportiert wurde, Rachel Deutscher, die am 16. Oktober von Luxemburg nach Litzmannstadt verschleppt wurde, Julienne Kahn, die am 28. Juli 1942 von Cinqfontaines nach Theresienstadt deportiert wurde und Levy Marcel, der am 23. April 1942 nach Izbica verschleppt wurde. Der *Artuso-Bericht* löste in Luxemburg einen »Historikerstreit« aus. Die Gegner des Berichts wiesen den Vorwurf der aktiven Kollaboration der Verwaltungskommission zurück. Im Kontext der Auseinandersetzung gelang es im Herbst 2015 dem Historiker Scuto im Luxemburger Nationalarchiv das Original einer weiteren »Judenliste« zu finden. Es handelte sich um eine Liste von Juden polnischer Abstammung, welche die Kommission am 21. November 1940 dem Chef der Zivilverwaltung in Luxemburg, Gustav Simon (1900–1945), übergab. Die Gestapo nutzte diese Liste um ihre »Judenkartei Luxemburg« zu komplettieren.

Laut der Volkszählung von 1935 lebten im Großherzogtum Luxemburg 295 213 Einwohner, darunter 3144 Personen mosaischen Glaubens. Der Anteil der Juden an der Gesamtbevölkerung belief sich auf gut 1 %. Von den 3144 Personen, die als Konfession »jüdisch« beziehungsweise »mosaisch« angegeben hatten, besaßen nur 870 die luxemburgische Staatsbürgerschaft, 2274 eine ausländische Nationalität. Der Anteil der deutschen Flüchtlinge unter ihnen war hoch. Während ein Teil von ihnen bereits nach der Machtübernahme der Nazis in das Nachbarland geflohen war, suchte der andere Teil nach dem Anschluss des Saarlands an das Deutsche Reich am 1. März 1935 Zuflucht in Luxemburg, das zu einem wichtigen Asylland avancierte.

Im Gebiet des heutigen Luxemburg erhielten die Juden, die sich in nennenswerter Zahl erst zu Beginn des 19. Jahrhunderts ansiedelten, im Jahr 1791 die Bürgerrechte. Als im Jahr 1795 auch die den Juden auferlegten Sondersteuern abgeschafft wurden, erlangten diese die volle Gleichberechtigung. Im Jahr 1823 wurde die erste luxemburgische Synagoge eingeweiht. Der Antisemitismus war in Luxemburg, das erst im Jahr 1868 als Großherzogtum selbständiger Staat wurde, weit verbreitet und speiste sich aus christlich-katholischen wie aus völkisch-nationalistischen Quellen. Im Ersten Weltkrieg besetzte die deutsche Armee das neutrale Luxemburg. Bereits im Jahr 1910 gründete ein Kreis nationalistisch gesinnter Studenten die *Luxemburger Nationalunion*, die sich in den 1920er-Jahren als antidemokratische, antimigrantische wie antisemitische Bewegung an der NSDAP orientierte und deren Judenhass übernahm. Diverse Nummern der Parteizeitung *D'Natio'n* hetzten gegen Juden und riefen zum Boykott von Geschäften auf, deren Inhaber keine Luxemburger waren oder aber als Eingebürgerte nicht als solche respektiert wurden. In den 1920er-Jahren schwadronierte die Zeitung von der

»Welteroberung durch Juden« und vom Verlust des Luxemburgischen durch Einwanderung. Die Ausgabe Nr. 12/1920 agitierte beispielsweise gegen »Mischehen« zwischen Luxemburgern und nicht in Luxemburg geborenen Personen mit den Worten:

> »Sobald die Fremden durch Heirat in den luxemburgischen Familien Fuß gefasst haben, wurde das, was allen Luxemburgern ewig heilig sein sollte, die Heimatliebe, das Festhalten am heimatlichen Boden, mehr und mehr aus dem Herzen gerissen.« (Schram 2016: 138)

Die Wirtschaftskrise zu Beginn der 1930er-Jahre verfestigte feindliche Haltungen gegenüber den vor dem deutschen Nationalsozialismus Flüchtenden. Der Mittelstand nahm die Exilanten als einwandernde Geschäftsleute wahr und befürchtete eine »Flut zuwandernder Juden«, die das Preisniveau senke und geschäftliche Existenzen bedrohe. Eine derartige Stimmung kursierte in Luxemburg bereits 1932 als sich die Machtübernahme der Nazis abzuzeichnen begann. Im Mai 1936 tauchten in Luxemburg massenhaft antisemitische Flugblätter auf mit folgendem Text:

> »Luxemburger wehre Dich! Wir wollen keine jüdische Kolonie werden. Das reiche England hat nur 250 jüdische Flüchtlinge zugelassen. Wir Luxemburger scheinen es uns leisten zu können, Tausende von jüdischen Ausbeutern aufzunehmen. Der Jude wird, wenn wir uns nicht wehren, unsere Eigenart zugrunde richten. Des Juden Macht beruht nur auf Geld und er handelt nur danach. Darum kaufet nicht bei Juden!« (Lorang 2019: 43)

Die deutsche Wehrmacht fiel am 10. Mai 1940 in Luxemburg ein und stieß auf keinerlei Widerstand zumal Luxemburg nur über eine Freiwilligenkompanie verfügte. Die Monarchin, die Großherzogin Charlotte von Nassau-Weilburg (1896–1985), floh samt Regierung nach Frankreich. Während die großherzogliche Familie in die Vereinigten Staaten ins Exil ging, floh die Regierung von Frankreich aus weiter nach London. Nach dem Einmarsch der deutschen Truppen stand Luxemburg vom 10. Mai bis zum 2. August unter deutscher Militärverwaltung, die den im Land verbliebenen Generalsekretär der Regierung, Albert Wehrer (1895–

1967), damit beauftragte, eine Verwaltungskommission zu bilden, die als Ansprechpartner der Deutschen dienen und die »Interessen der Luxemburger« vertreten sollte. Die auf Wehrer gefallene Wahl war alles andere als zufällig, war dieser doch Mitglied des Zentralkomitees der *Luxemburger Nationalunion* sowie dessen Sekretär gewesen. Als rechtskonservativer Beamter, der »Rassentheorien« huldigte, bekleidete er ab Februar 1938 das Amt eines Generalsekretärs der Luxemburgischen Regierung und agierte ebenso als Luxemburger Geschäftsträger in Berlin. Am 2. August 1940 wurde die deutsche Militärverwaltung von einer Zivilverwaltung abgelöst, die unter der Führung von Gustav Simon (1900–1945) stand, der zugleich NSDAP-Gauleiter im »Gau Moselland« war. Die deutschen Besatzer betrachteten die Luxemburger »rassentheoretisch« als einen germanischen Stamm und sahen für Luxemburg die Eingliederung ins Deutsche Reich vor.

Die Zahl der luxemburgischen Juden ist im Jahr 1940 mit ca. 3700 zu beziffern, unter ihnen befanden sich ca. 50 % ausländische Juden diverser Nationalitäten. Rechtzeitig vor Etablierung der deutschen Herrschaft in Luxemburg konnten 1500 Juden nach Frankreich und Belgien fliehen. Bereits im August zeichneten die deutschen Besatzer jüdische Geschäfte mit entsprechenden Aufschriften, ohne indes die gewünschte Reaktion der Bevölkerung zu erzielen. Die antijüdischen Verordnungen setzten im September 1940 mit der meldebezogenen Registrierung jüdischer Personen ein. Am 5. September 1940 wurde das Nürnberger »Blutschutzgesetz« zum Verbot von Ehen und außerehelichen Beziehungen zwischen Juden und Nichtjuden per Verordnung des Chefs der Zivilverwaltung auf Luxemburg übertragen. Juden mussten ab diesem Zeitpunkt Zwangsarbeit leisten. Am 5. September 1940 erließ Simon ebenso eine Verordnung über jüdische Vermögen in Luxemburg. In- und ausländische Vermögen mussten umfassend angemeldet werden, Neueröffnungen jüdischer Gewerbebetriebe bedurften der Genehmigung, der Erwerb von Grundstücken wurde Juden untersagt wie der Erwerb und die Veräußerung von Gold, Platin oder Silber sowie von Edelsteinen. Des Weiteren heißt es in der Verordnung:

> »Dem Inhaber eines jüdischen Gewerbebetriebes kann aufgegeben werden, den Betrieb binnen einer bestimmten Frist zu veräußern oder abzuwickeln. (…) Einem Juden kann aufgegeben

> werden, seinen land- oder forstwirtschaftlichen Betrieb, sein anderes land- oder forstwirtschaftliches Vermögen, sein sonstiges Grundeigentum oder andere Vermögensteile ganz oder teilweise binnen einer bestimmten Frist zu veräußern. Mit der Anordnung können Auflagen verbunden sein. Außerdem können für die Vermögen oder Vermögensanteile Kommissare bestellt werden mit der Maßgabe, dass diesen Kommissaren das ausschließliche Verfügungsrecht zusteht. (…) Juden haben binnen einer Woche nach Inkrafttreten dieser Verordnung ihre gesamten Aktien, Kuxe, festverzinsliche Werte und ähnliche Wertpapiere in ein Depot bei einer Devisenbank einzulegen. (…) Die Depots und Schuldbuchkonten sind als jüdisch zu kennzeichnen. Verfügungen über die in ein jüdisches Depot eingelegten Wertpapiere sowie Auslieferungen von Wertpapieren aus solchen Depots bedürfen der Genehmigung.« (Happe 2012: 531)

Während die »Blutschutzverordnung« in Luxemburg die deutsche »Rassengesetzgebung« einführte, ermöglichte die *Verordnung bezüglich jüdischer Unternehmen sowie des Vermögens der Juden* deren Beraubung. Am 5. September 1940 forderte Simon die luxemburgische Verwaltungskommission dazu auf, Juden aus allen öffentlichen Ämtern zu entlassen. Jüdische Ärzte, jüdische Zahnärzte, Tierärzte und Apotheker hätten mit sofortiger Wirkung die Ausübung der Heilkunde einzustellen.

Die deutsche Zivilverwaltung steigerte die Repression gegen die Juden, indem sie diese am 12. September 1940 aufforderte, Luxemburg innerhalb von 14 Tagen zu verlassen. Die entsprechende Mitteilung wurde dem Oberrabbiner unterbreitet. Als die Abschiebungen im Oktober 1940 begannen, befanden sich noch ca. 2000 Juden in Luxemburg. Von den im Oktober 1940 abgeschobenen Juden wurden etliche in französischen Lagern wie Drancy und Gurs interniert und 1942 in deutsche Vernichtungslager des Ostens deportiert. Am 22. Oktober 1940 erfolgte die Verwüstung der Synagoge in Ettelbrück, während die Synagoge in Luxemburg-Stadt im Jahr 1941, die in Esch 1943 zerstört wurde. Alle drei Synagogen wurden abgerissen. Jüdischen Schülern wurde im September 1940 der öffentliche Schulbesuch untersagt. Am 23. Oktober 1940 erfolgte ein Verbot der rituellen Schächtung. Im neuen Jahr erhöhte die Zivilverwaltung durch eine Vielzahl weiterer Verordnungen den

Druck auf die noch verbliebenen Luxemburger Juden. Im Februar und April 1941 mussten Juden nahezu alles abliefern, was sie nicht unmittelbar zum Überleben benötigten. Die deutsche Zivilverwaltung eignete sich Häuser, Wohnungen, Möbel, Hausrat wie Kunstgegenstände an. Im August 1941 begann man mit der »Zentrierung der Juden«, die nur noch in größeren Städten leben durften, begleitet von einer nächtlichen Ausgangssperre. Ab September 1941 mussten die Juden Luxemburgs den »Judenstern« tragen.

Der letzte Zug im Rahmen der erzwungenen Abschiebungsaktion verließ den Luxemburger Bahnhof in Richtung Portugal am 15. Oktober 1941. Nahezu zeitgleich wurde die Variante der sogenannten »forcierten Auswanderung« gestoppt. Bereits einen Tag später begann die Deportation der noch verbliebenen 750 Luxemburger Juden nach dem Osten. Der Zug am 16. Oktober 1941 deportierte 331 Juden aus Luxemburg in das Ghetto Litzmannstadt nachdem zuvor noch weitere Juden aus Trier den Zug besteigen mussten. Insgesamt brachten acht Deportationszüge im Zeitraum vom 16. Oktober 1941 bis zum 28. September 1943 eine Anzahl von 674 Luxemburger Juden in den Osten. Bevor die Deportationen begannen, wurden die Juden im Lager Fünfbrunnen, einem ehemaligen Jesuitenkloster, interniert. Exemplarisch sei das Schicksal der Familie Oppenheimer erwähnt, die am 17. Juni 1943 mit einem Deportationszug nach Theresienstadt verschleppt wird, wo Aline Oppenheimer an Erschöpfung stirbt. Alfred Oppenheimer und der 14-jährige René Oppenheimer werden getrennt von dort nach Auschwitz-Birkenau deportiert. René wird unmittelbar nach der Ankunft des Zuges in der Gaskammer ermordet. Alfred Oppenheimer, dessen Arbeit als Feinmechaniker gefragt ist, wird in das Arbeitslager verbracht und überlebt nach der Räumung des Lagers den Todesmarsch Richtung Westen. Bei seiner Befreiung wiegt er 40 Kilo.

Am 30. August 1942 gab Simon als Chef der Zivilverwaltung die Zwangsrekrutierung Luxemburger Männer für die deutsche Wehrmacht bekannt. Die Entscheidung, die Wehrpflicht in Luxemburg, dem Elsaß sowie in Lothringen einzuführen, war von Hitler persönlich getroffen worden. In Luxemburg waren von der Zwangsrekrutierung, die mit sofortiger Wirkung eingeführt wurde, die Jahrgänge 1920–1924 betroffen. Die allgemeine Wehrpflicht, so hieß es, solle »ebenso wie die Verleihung der Staatsangehörigkeit jeden Zweifel über die Eingliederung

Luxemburgs ins Reich zerstreuen«. Am 31. August 1942 traten die Arbeiter in einen Generalstreik. Die deutsche Zivilverwaltung reagierte darauf mit der Verhängung des Ausnahmezustands am darauffolgenden Tag sowie der Einberufung eines Sondergerichts. Der Chef der Gestapo übernahm den Vorsitz eines Standgerichts, das 21 Personen zum Tode verurteilte. Das Sondergericht verurteilte insgesamt 875 Luxemburger, von denen nahezu 800 in deutschen Konzentrationslagern ermordet wurden. Die Gesamtzahl derjenigen Luxemburger, die Zwangsarbeit verrichten mussten, ging noch weit darüber hinaus. Alleine die Listen des SS-Sonderlagers KZ Hinzert, das im Oktober 1939 im Hunsrück errichtet wurde, weisen 1587 Luxemburger aus, die sich an Widerstands- oder Streikaktionen beteiligt hatten.

Das Tageblatt, die zweitgrößte luxemburgische Tageszeitung, warf in seiner Ausgabe vom 30. August 2017 folgende Fragen auf:

> »Wenn auch die Streikaktionen von Ende August, Anfang September 1942 als außergewöhnliche Aktionen des Widerstands Eingang in die Luxemburger Geschichtsbücher verdient haben, so drängen sich doch einige unbequeme Fragen auf: (...) Wieso gab es keine Protestaktionen, als die jüdischen Besitzer von Hunderten Geschäften und Privatbetrieben enteignet und vor die Tür gesetzt wurden und als diese oft traditionsreichen Unternehmen, die viele tausende Arbeitnehmer beschäftigten, von Nationalsozialisten übernommen wurden? (...) Wo war die Empörung beziehungsweise die organisierte Reaktion, als die hochgradig menschenverachtenden antijüdischen Diskriminierungsmaßnahmen am 7. September 1940 groß auf der Titelseite des *Luxemburger Worts* veröffentlicht wurden? Wieso ließen es die Luxemburger zu, dass in einem Zeitrahmen von zwei Jahren 4000 jüdische Einwohner Luxemburgs aus dem öffentlichen Raum völlig verschwanden? (...) Wieso hatten sie weggeschaut, als die jüdischen Einwohner Luxemburgs gedemütigt, gedrückt und stigmatisiert sich nur noch wenige Stunden am Tage draußen blicken lassen durften? Wieso haben sie weggeschaut, als ihre jüdischen Nachbarn abgeholt wurden beziehungsweise ihre Wohnungen verlassen mussten? Und als kurz danach Nazis in die Wohnungen einzogen und in vielen Fällen das Mobiliar zu Spottpreisen zum Kauf

> angeboten wurde? Wieso wurden in Luxemburg ca. 2500 junge Leute (berechtigterweise) vor der Zwangsrekrutierung versteckt, aber keine Juden vor der Deportation, mit möglicherweise nur einer einzigen Ausnahme? Nicht einmal jüdische Kinder wurden von Luxemburgern versteckt, wie dies in vielen anderen Ländern der Fall war! (…) Auch solche Fragen müssen gestellt werden, damit sich das nationale Narrativ noch weiter vervollständigen und korrigieren kann.« (Tageblatt Nr. 201, 30. August 2017, S. 5)

Am 9. Juni 2015 verabschiedete die luxemburgische Abgeordnetenkammer einstimmig eine Resolution mit der sie sich angesichts der Kollaboration der »luxemburgischen Ersatzregierung« mit NS-Stellen bei der jüdischen Gemeinde von Luxemburg entschuldigte. Der luxemburgische Premier Xavier Bettel kommentierte: »Wir waren damals nicht alle Helden.« Die Liste der »Gerechten unter den Völkern« führt mit Pierre May (1913–1996), Victor Bodson (1902–1984) und Alphonse Kauthen (1901–1982) lediglich drei anerkannte Luxemburger Judenretter auf. Bis auf wenige Ausnahmen war das Verhalten der Luxemburger gegenüber dem Schicksal der Juden von Passivität geprägt.

Die Alliierten befreiten Luxemburg am 9. September 1944. Von den ca. 3700 Juden, die im Jahr 1940 in Luxemburg lebten, wurden – berücksichtigt man auch diejenigen Juden, die aus Belgien und Frankreich deportiert wurden und sich zuvor in Luxemburg befanden – 1945 ermordet, d. h. ca. 53 % der Gesamtzahl. Von den deportierten Juden Luxemburgs überlebten ca. 40 Personen.

2.4 Frankreich – Der Mythos von Casablanca

Am Ende des US-amerikanischen Kultfilms *Casablanca* aus dem Jahr 1942 wirft der französische Polizeihauptmann Renault eine Flasche Vichy-Wasser in den Mülleimer. Die in der Region Auvergne-Rhone-Alpen gelegene Stadt Vichy war die faktische Hauptstadt sowie der Sitz des mit den Nazis kollaborierenden Vichy-Regimes, das die Regierungsgewalt auch über das französische Protektorat Marokko ausübte. Die cineastische Geste ist als symbolische Handlung zu verstehen für die Bereitschaft Renaults, mit der französischen Kollaborationsregierung zu brechen. Die Szene ist trügerisch, insofern sie den französischen Mythos von der Résistance spiegelt; eines Mythos, der das Ausmaß der Kollaboration verdeckt sowie den Sachverhalt verschweigt, dass sich die Kollaborateure keineswegs nur um Marshall Pétain im unbesetzten Teil Frankreichs gruppierten. Diesen Sachverhalt verdeutlicht ein Ereignis, das erst in jüngerer Zeit in Frankreich thematisiert wird. Es handelt sich um die am 16. und 17. Juli 1942 erfolgte Festnahme von 13 152 Juden durch die französische Polizei in Paris. An der Massenrazzia im besetzten Teil Frankreichs waren über 4500 französische Polizisten beteiligt. Die Razzia zielte darauf ab, staatenlose und ausländische Juden zu verhaften. Ein Großteil der Verhafteten wurde zum *Vélodrome d'Hiver* gebracht, einer Radsporthalle in der Nähe des Eifelturms. Nur wenige Tage nach dem *Rafle du Vélodrome d'Hiver* deportierten die Deutschen die von der französischen Polizei bei der Razzia verhafteten Juden in deutsche Vernichtungslager des Ostens. Die willige Bereitschaft der französischen Beteiligung an der Deportation wird durch den Sachverhalt belegt, dass die deutschen Besatzungsbehörden zunächst nur an Männer zwischen 16 und 60 Jahren dachten. In einem Vermerk des Leiters des Judenreferats der Sicherheitspolizei im besetzten Frankreich, Theodor Dannecker (1913–1945), vom 10. März 1942 heißt es:

> »Bei der Tagung der Judenreferenten im RSHA – IV B 4 – am 4.3.1942 in Berlin habe ich in ganz knapper Form Lage und Schwierigkeiten unserer Einschaltung in Frankreich dargestellt. Dabei ging ich auch auf die Notwendigkeit ein, der französischen Regierung einmal etwas wirklich Positives, wie etwa den Abschub mehrerer tausend Juden vorzuschlagen. SS-Obersturmbannführer Eichmann hat (…) folgendes festgelegt: Vorbehaltlich der endgültigen Entscheidung des CdS [Chef der Sicherheitspolizei, d. Verf.] und des SD [Sicherheitsdienst, d. Verf.] kann jetzt schon in Vorverhandlung mit französischen Regierungsstellen eingetreten werden wegen des Abschubs von rd. 5000 Juden nach dem Osten. Dabei habe es sich zunächst um männliche, arbeitsfähige Juden, nicht über 55 Jahre, zu handeln.« (Schmid 1983: 106/107)

Die Zahl der Festgenommenen bei der *Rafle du Vélodrome d'Hiver* war nicht nur wesentlich höher, unter den im Wintervelodrom tagelang eingesperrten 8160 Personen befanden sich auch 2916 Frauen und 4115 Kinder. Die Vermutung liegt nahe, dass antisemitische Kräfte der Pariser Behörden die »Gunst der Stunde« nutzen wollten, um den Kreis der Betroffenen auf alle ausländischen wie staatenlosen Juden auszuweiten. Nachdem die Verhafteten im Velodrom fünf Tage lang unter entsetzlichen Bedingungen ausharren mussten, verbrachten französische Polizeikräfte die Inhaftierten in die Durchgangslager Beaune-la-Rolande und Pithiviers, wo man die Kinder von ihren Eltern trennte. Am 19. Juli 1942 rollte der erste Transport mit den Opfern der Razzia Richtung Auschwitz. Eine der wenigen Überlebenden, die in Berlin geborene Ilse Tichauer, die mit ihren Eltern 1935 nach Paris flüchtete und zum Zeitpunkt der Razzia 24 Jahre alt war, berichtet:

> »Wir sind am Geburtstag meiner Mutter in Auschwitz angekommen. Sie wurde fünfzig Jahre alt an dem Tag, und sie ist nicht ins Lager gekommen. Sie ist gleich in die Gaskammer gekommen. In unserem Transport waren tausend Männer, Frauen und Kinder. Davon sind nur 126 Frauen ins Lager gekommen. Als wir fragten, wann denn endlich die anderen mit den Lastwagen nachkommen würden, da hat man uns gesagt, die kommen nie an.« (Rosh 1990: 143)

Der Westfeldzug der deutschen Wehrmacht endete mit dem Waffenstillstand zwischen Deutschland und Frankreich, der am 25. Juni 1940 in Kraft trat. Frankreich wurde in fünf Gebiete aufgeteilt: Drei Fünftel des Territoriums im Norden und Westen bildete die deutsche Besatzungszone mit Sitz der deutschen Militärverwaltung in Paris. Die unbesetzte Zone im Südwesten unterstand dem französischen Staatsoberhaupt Marshall Philippe Pétain (1856–1951). Eine italienische Besatzungszone entstand rund um Menton, der östlichsten französischen Grenzstadt an der Côte d'Azur. Das Elsass wurde dem nationalsozialistischen Gauleiter Robert Wagner (1895–1946) als Chef der Zivilverwaltung unterstellt, Lothringen unterstand dem »Reichsstatthalter der Westmark«, Gauleiter Josef Bürckel (1895–1944). Das Elsass wie auch Lothringen wurden faktisch zu angegliederten Distrikten des Deutschen Reichs umstrukturiert. Das fünfte Gebiet bildeten zwei Departements im Norden, die der deutschen Militärverwaltung in Belgien unterstellt waren.

In Frankreich lebten zum Zeitpunkt des Waffenstillstands über 300 000 Juden, ca. die Hälfte davon in der besetzten Zone, der andere Teil im unbesetzten Teil, wohin Tausende geflohen waren, etliche von ihnen hofften, wie Anna Seghers (1900–1983) in ihrem Roman *Transit* anschaulich beschreibt, in Marseille verzweifelt auf eine Schiffspassage. Die Gesamtzahl der Juden Frankreichs entsprach etwa 1 % der französischen Bevölkerung, wobei nur gut die Hälfte davon die französische Staatsbürgerschaft besaß. Die andere Hälfte bildeten staatenlose Juden sowie jüdische Flüchtlinge aus Deutschland, Österreich sowie aus den Benelux-Staaten. Ein Teil der ausländischen Juden war in südfranzösischen Lagern interniert wie die im Rahmen der »Wagner-Bürckel-Aktion« abgeschobenen badischen und pfälzischen Juden. Verfolgung und Diskriminierung der Juden setzten im besetzten wie im unbesetzten Teil Frankreichs bereits im Sommer 1940 ein.

In Frankreich erhielten die Juden im Jahr 1791 die volle Gleichberechtigung. Auflagenstärke des antisemitischen Klassikers *La france juive* des Journalisten Édouard Drumont, die Dreyfus-Affäre des Jahres 1898 als auch die Etablierung rechtsextremistischer Gruppierungen wie der *Action française* belegen, dass auch in Frankreich der Antisemitismus eine feste Größe bildete. Im Unterschied zu Deutschland verlor die Judenfeindschaft nach der Dreyfus-Affäre zwar an Relevanz, gewann indes in den 1930er-Jahren wieder an Gewicht, als die Bestimmungen bezüglich der jüdischen Einwanderung verschärft wurden. Im Kontext krisenhafter ökonomischer wie sozialer Problemlagen forderten rechte bis faschistoide Kräfte die Rückgängigmachung der rechtlichen Gleichstellung der Juden und begegneten den jüdischen Flüchtlingen aus Deutschland nach 1933 mit Hass.

Frankreich stellte nach der militärischen Niederlage seiner Armee einen spezifischen Fall dar, da es im Jahr 1940 weiterhin über eine eigene Regierung verfügte sowie mit Marshall Pétain über ein eigenes Staatsoberhaupt. Nominell betrachtet trug das Vichy-Regime nicht nur für die unbesetzte Zone, sondern für ganz Frankreich die Verantwortung und war befugt, dem Verwaltungs- sowie dem Polizeiapparat auch im besetzten Teil Order zu erteilen. Die Tatbestände der Kollaboration seitens der Vichy-Regierung sind bezogen auf die Shoah umfänglich. So traf bereits im Juli 1940 Justizminister Raphaël Alibert (1887–1963) die Anordnung, die seit 1927 erfolgten Einbürgerungen zu überprüfen.

Infolge der Maßnahme verloren Tausende jüdische BürgerInnen ihre französische Staatsbürgerschaft. Bereits am 3. Oktober beschloss die Vichy-Regierung ein erstes »Judenstatut«, obwohl seitens des Nazi-Regimes noch kein diesbezüglicher Druck erfolgt war. Das *Lois sur le statut de Juifs* schloss jüdische Franzosen von öffentlichen Ämtern, der Armee, dem Unterrichtswesen, der Presse und dem Rundfunk aus und ermöglichte weitere Beschränkungen bei freien Berufen. Am 4. Oktober 1940 erhielten die Präfekten das Recht, Ausländer »jüdischer Rasse« zu internieren, nachdem bereits am 27. September ein Gesetz verabschiedet wurde, das die Internierung »arbeitsloser Ausländer« gestattete. Im März 1941 errichtete die Vichy-Regierung ein *Generalkommissariat für Judenfragen,* das von dem Politiker der extremen Rechten, François Darlan (1891–1942), geleitet wurde. Unter Darlans Regie wurde ein neues verschärftes »Judenstatut« erlassen, das weitgehend die »Juden-Definition« der »Nürnberger Gesetze« übernahm. Das zweite Statut vom 2. Juni 1941 verfügte darüber hinaus für Juden eine Registrierungspflicht. Im Juli 1941 wurden im unbesetzten Teil Frankreichs Geschäfte und Betriebe jüdischer Inhaber enteignet, nachdem dies im besetzten Teil bereits im Oktober 1940 geschah. Am 20. Mai 1942 wurde das Tragen des »Judensterns« in der besetzten Zone zur Pflicht erhoben.

Im Sommer 1942 wies die Vichy-Regierung die französischen Beamten an, die deutschen Besatzer bei Verhaftungen von Juden zu unterstützen. Die Deportationen begannen in Frankreich am 27. März 1942 als der erste Deportationszug mit 1112 Juden den Bahnhof von Compiègne verließ. Am 30. März 1942 kamen die Deportierten in Auschwitz an. Bis Ende November 1942 folgten alleine noch 41 weitere Züge, alle mit dem Bestimmungsziel Auschwitz. Anfang November 1942 besetzten deutsche und italienische Truppen das bislang unbesetzte Frankreich. Die Vichy-Regierung hatte aufgrund des Anwachsens der Résistance ihre diesbezügliche Einwilligung erteilt. Im September 1943 besetzten die Deutschen schließlich auch den zuvor von den Italienern okkupierten Teil der Vichy-Zone. Nunmehr war ganz Frankreich von den Deutschen besetzt.

Zu den letzten Deportationszügen zählte am 11. August 1944 ein Deportationszug von Lyon in Richtung Auschwitz sowie am 15. August 1944 ein Zug von Drancy nach Buchenwald. Insgesamt sind es über 70 Züge, die fast alle von Drancy aus in das Vernichtungslager Auschwitz rollten. Erst im August 1944 endeten die Deportationen. Aus Frankreich wurden in einem Zeitraum von zweieinhalb Jahren ca. 76 000 Juden deportiert, von denen 26 000 die polnische sowie 7000 die deutsche Staatsbürgerschaft besaßen. Die Anzahl derjenigen, welche die Konzentrations- und Vernichtungslager überlebten wird mit 1688 angegeben. Von den im Jahr 1940 in Frankreich lebenden Juden wurden prozentual betrachtet ca. 25 %, d. h. ein Viertel ermordet.

2.5 Dänemark - Die Flucht über den Öresund

Am 9. April 1940 überfiel die deutsche Wehrmacht Dänemark. Obwohl Dänemark einen Nichtangriffspakt mit Deutschland geschlossen hatte, besetzten die deutschen Truppen im Rahmen des »Unternehmens Weserübung« das neutrale Land. Bedingt durch die erdrückende militärische Übermacht akzeptierte Dänemark bereits nach wenigen Stunden das deutsche Ultimatum, welches bei sofortiger Kapitulation territoriale Integrität wie politische Unabhängigkeit in Aussicht stellte. Die staatliche Struktur sowie die dänische Verwaltung blieben dadurch intakt. Dänemark verfügte unter dem Ministerpräsidenten Erik Scavenius (1877–1962) über eine eigene Regierung. In Dänemark wurde im Unterschied zu den Niederlanden kein Reichskommissar ernannt, die Befugnisse der deutschen Behörden blieben anfänglich so begrenzt. Gleichwohl sah der deutsche Nationalsozialismus für Dänemark die mittelfristige Eingliederung in ein »großgermanisches Reich« vor, da es sich im Sinne der NS-Rassenlehre bei den Dänen um eine dem deutschen Volk »blutsverwandte nordische Rasse« handele. Das amtierende Staatsoberhaupt Christian X. (1870–1947), der nach nur sechs Stunden die Kampfeinstellung befahl, sowie die Minister blieben in Dänemark und gingen nicht ins Exil, was Handlungsspielräume eröffnete. Sowohl das Parlament, die Verwaltung wie das dänische Militär blieben unbeschadet. Die dadurch bedingte Sonderrolle Dänemarks änderte sich erst am 5. November 1942 mit der Ernennung von Werner Best (1903–1989) zum Reichsbevollmächtigten und sodann mit der Verhängung des Ausnahmezustands am 29. August 1943.

Die Geschichte der Juden in Dänemark begann vergleichsweise spät. Der Antisemitismus war folglich nicht wie etwa in Deutschland bereits seit dem Mittelalter verankert. Der Judenhass besaß in Dänemark von

Anfang an eine säkulare Prägung, was sich für die Rolle der protestantischen Kirche in den Jahren der deutschen Besatzung von Relevanz erweisen sollte. Der dänische König Christian III. (1503–1559) schloss den Prozess der Reformation im Jahr 1536 ab. Sowohl Katholiken als auch Juden wurde der Zuzug in das protestantische Dänemark gestattet. Juden in größerer Anzahl existierten in Dänemark ab dem 17. Jahrhundert. Bedingt durch die verheerende Wirkung des Dreißigjährigen Kriegs war das Königshaus an einer Migration von Juden interessiert, um den brach liegenden Handel in Gang zu bringen, sodass sich Juden in Kopenhagen als auch in der in Süddänemark gelegenen und nach ihrem Gründer Friedrich III. (1609–1670) benannten Stadt Fredericia ansiedelten. In dem Maß wie sich die Juden integrierten und Juden auch in der Wissenschaft, der Kunst und der Publizistik vordrangen, wuchs der soziale Neid der nichtjüdischen Bevölkerung. Die dänische Regierung stellte die Juden am 29. März 1814 weitgehend mit Christen gleich, was die Gegner der Judenemanzipation auf den Plan rief. Antisemitismus war auch in Dänemark nicht unbekannt und zeigte sich in seiner gewalttätigen Form im Jahr 1819 als Kopenhagen zu einer derjenigen Städte gehörte, in denen die Hep-Hep-Krawalle um sich griffen. Ein Stich des dänischen Zeichners Knud Gamborg (1828–1900) zeigt die *Judenfeide* in Kopenhagen. Mit Äxten, Stöcken und Säbeln bewaffnete Bürger jagen einen bärtigen Menschen, dessen Kaftan ihn zum Juden stilisiert. Wie in den deutschen Städten so richteten sich die Unruhen auch in Dänemark im Jahr 1819 gegen die rechtliche Gleichstellung der Juden, die ebenso für frühkapitalistische Erscheinungsformen verantwortlich gemacht wurden, obwohl der Einfluss der jüdischen Bevölkerung auf die dänische Wirtschaft gering war. Im Jahr 1819 mussten die Juden den Sündenbock für eine strukturelle Krise Dänemarks hergeben, die verursacht war durch den Staatsbankrott im Jahr 1813, den Verlust Norwegens im Jahr 1814 sowie die sich in den darauffolgenden Jahren verschlechternde ökonomische Situation. Anfang des 20. Jahrhunderts wuchs die jüdische Gemeinde bedingt durch russische Flüchtlinge, die vor Pogromen nach Dänemark flohen. Im April 1933 besuchte Christian X. demonstrativ die Kopenhagener Synagoge, was kein dänischer Herrscher vor ihm getan hatte und setzte angesichts der Machtübernahme der Nazis ein deutliches Zeichen, zumal etliche Stimmen dem Monarchen davon abrieten.

Am 16. November 1930 hatte sich eine *Dänische Nationalsozialistische Arbeiterpartei* mit deutlicher antisemitischer Ausrichtung gebildet, ihr Anhang war indes mit ca. 5000 Mitgliedern eher begrenzt. Die DNSAP errang bei den Wahlen im Jahr 1939 lediglich 1,8 % der Stimmen. In der Zeit der deutschen Besatzung vermochte es die Partei bei den Wahlen zum dänischen *Folketing* am 23. März 1943 mit 2,1 % kaum mehr Wähler zu mobilisieren. Im Verlauf des Zweiten Weltkriegs waren ca. 6000 bis 7000 Dänen Mitglied in der Waffen-SS. Nach dem deutschen Überfall auf die Sowjetunion warb die DNSAP für die Aufstellung einer rein dänischen Einheit. Das *Frikorps Danmark* umfasste ca. 1170 Dänen. Das Selbstbild der Dänen, ein kleines, mutiges Land während des Zweiten Weltkriegs gewesen zu sein, dessen Bevölkerung geschlossen Widerstand leistete, wurde durch Arbeiten jüngerer dänischer Historiker erschüttert, die auf vielfältige Aspekte der Kooperation wie der Kollaboration mit den deutschen Besatzern hinwiesen. Die »Zusammenarbeitspolitik« erstreckte sich vom Verbot der kommunistischen Partei über die Kollaboration der dänischen Polizei beim Kampf gegen den dänischen Widerstand, dem Beitritt Dänemarks zum Antikomintern-Pakt im Jahr 1941, Zugeständnissen wie die Überlassung von militärischen Stützpunkten bis hin zu vielfältigen wirtschaftlichen Konzessionen. Dänische Fabrikanten unterstützten die deutsche Kriegsführung, während die dänische Landwirtschaft für die Verpflegung der deutschen Wehrmacht sorgte, gleichfalls arbeitete die dänische Bauindustrie für die Deutschen. Der dänische Historiker Dennis Larsen wies darauf hin, dass Dänen des *Frikorps Danmark* unmittelbar an Kriegsverbrechen sowie an der Ermordung von Juden beteiligt waren.

Zum Zeitpunkt des deutschen Überfalls lebten gut 8000 Juden in Dänemark, unter ihnen befanden sich ca. 1500 Flüchtlinge, die meisten davon aus Deutschland. Die innenpolitisch gewährte Unabhängigkeit nutzte Dänemark, um die Registrierung, die Kennzeichnung wie die Verfolgung der Juden abzulehnen. Es gehört zu den historischen Legenden, dass der dänische König aus Solidarität mit den Juden seines Landes einen Judenstern trug, da die Kennzeichnungspflicht in Dänemark abgewehrt werden konnte. Vieles spricht dafür, dass der König diesen Schritt indes androhte, falls es zu einer solchen Anordnung käme. Seitens des Auswärtigen Amtes in Berlin drängte der Judenreferent Rademacher auf antisemitische Maßnahmen, doch bis zum November 1942 änderte sich für die Juden vergleichsweise wenig. Die Situation verschlechterte sich erst durch den Austausch des bisherigen deutschen Gesandten und Bevollmächtigten in Kopenhagen durch Werner Best (1903–1989), der auf Seiten Rademachers stand. Nicht zuletzt weil der dänische Ministerpräsident Scavenius mit dem Rücktritt der Regierung drohte, falls es zu antijüdischen Maßnahmen seitens der Deutschen käme, blieben die Juden Dänemarks indes noch bis zum August 1943 weitgehend unbehelligt.

Die Situation der Juden änderte sich erst gravierend, als am 29. August 1943 der Ausnahmezustand verhängt wurde. In Dänemark waren Streiks ausgebrochen, die Dänen waren nicht länger zur Zusammenarbeit mit den Deutschen bereit, der Widerstand verstärkte sich im ganzen Land. Die dänische Kriegsmarine versenkte ihre Schiffe oder brachte sie nach Schweden, um eine Beschlagnahmung für den Kriegseinsatz zu verhindern. Das dänische Heer wurde von den Deutschen interniert. Die Regierung Scavenius trat daraufhin zurück, das Parlament stellte seine Tätigkeit ein. Die deutsche Wehrmacht übernahm die Befehlsgewalt in Dänemark, während die dänischen Staatssekretäre die Leitung der Ministerien innehatten.

Am 31. August 1943 beschlagnahmten die Deutschen die jüdische Gemeindekartei, welche die Namen und Adressen der dänischen Juden enthielt, was ein Zeichen dafür war, dass Planungen für eine Deportation der dänischen Juden im Gange waren. Der Leiter des dänischen Außenministeriums reagierte und wies mit Nachdruck darauf hin, dass dänische Beamte unter gar keinen Umständen zu einer Zusammenarbeit mit deutschen Stellen bei antisemitischen Maßnahmen bereit seien und diesbezügliche Schritte auf entschiedenen Protest stoßen würden. Gleichwohl befürwortete Hitler die bislang zurückgestellte Deportation der dänischen Juden am 15. September 1943 und versah Best für die Aktion mit umfassenden Vollmachten. Da die dänische Regierung bislang keine judenfeindlichen Maßnahmen ergriffen hatte, konnten sich die höheren SS- und Polizeiführer jedoch nicht auf Vorarbeiten stützen. Erschwerend erwies sich aus der Sicht der Deutschen der Sachverhalt, dass dänische Polizeikräfte nicht zur Verfügung standen und der deutsche Militärbefehlshaber in Dänemark kein allzu großes Interesse zeigte, die deutsche Wehrmacht in die Judendeportation einbeziehen zu lassen. Die Internierung und Deportation der Juden wurde vom Reichsbevollmächtigten Best gleichwohl zum 1. Oktober angeordnet. Das Datum war bewusst gewählt worden, da es mit Rosch ha-Schana, dem jüdischen Neujahrstag, zusammenfiel. Die Mitteilung des geplanten Deportationsdatums an einen Dänen – es sollte die Nacht vom 1. auf den 2. Oktober 1943 sein – durch den deutschen Diplomaten Georg Ferdinand Duckwitz (1904–1973) führte zu einer beispiellosen Rettungsaktion, in deren Rahmen 7742 Juden – darunter 1376 Personen nichtdänischer Staatsangehörigkeit – mit Fischerbooten nach Schweden gebracht wurden, das zuvor ein Aufnahmeangebot unterbreitet hatte. In Dänemark verhinderten weder die dänische Polizei noch der Küstenschutz die umfangreiche Organisation der Flucht über das Meer. Vor ihrer Überfahrt wurden die Juden in vielfältigen Verstecken untergebracht, wie u. a. in zahlreichen Kirchen. In Relation zur großen Zahl konnten nur wenige Personen von den Deutschen aufgespürt werden, da am 29. September die Juden in den Synagogen vor der bevorstehenden Aktion gewarnt wurden und sogleich untertauchten. Jüdische Kinder erhielten auch von ihren Lehrern Warnungen. Herbert Pundik erinnert sich an den 29. September 1943 wie folgt:

> »Mittwochvormittag am 29. September 1943 in der Metropolitanschule des Kopenhagener Stadtteils Nørrebro. Wir hatten Französisch. Der Rektor kommt ins Klassenzimmer und unterbricht den Unterricht. Er zeigt auf mich und einige Kameraden. ›Kommt mit auf den Flur‹, sagt er. Er sprach mit freundlicher Stimme, es stand also kein Donnerwetter auf der Tagesordnung. Dann fügte er hinzu: ›Sind noch andere der Klasse jüdischer Herkunft, dann müssten sie lieber auch mit nach draußen kommen.‹ Der Lehrer steckte einige Bücher in seine Aktentasche und folgte uns. ›Wir sind davor gewarnt worden, dass die Judenverfolgung bald beginnt‹, sagte der Rektor: ›Ihr müsst euch eiligst nach Hause begeben. Die Deutschen können jederzeit hier sein.‹ Ich lief zu meinem Pult zurück. Packte die Schultasche. Die Kameraden waren ganz still. Wir waren 16 Jahre alt und groß genug, um zu wissen, was sich anbahnte. Wir wussten, dass es – bestenfalls – lange dauern könnte, ehe wir uns wiedersehen würden.« (Pundik 1995: 13)

Ein Netzwerk hatte zuvor die Rettungsaktion in logistischer wie in finanzieller Hinsicht vorbereitet und stellte die dafür benötigten Fluchtunterkünfte und Boote bereit. Gleichwohl war die Aktion weitgehend spontan, über eine zentrale Leitung oder über einen generalstabsmäßigen Plan verfügte die Vielzahl der Helfer nicht. Zum Netzwerk gehörten auch etliche Mediziner, die Juden unter falschen Namen in Krankenhäuser einwiesen. So diente etwa das *Bispebjerg Hospital* in Kopenhagen als Sammelplatz für untergetauchte Juden; auch etliche weitere Krankenhäuser öffneten ihre Tore und halfen dabei, Juden in den Tagen vor ihrer rettenden Überfahrt nach Schweden zu verbergen.

Als in der Nacht vom 1. Oktober deutsche Polizeibeamte gestützt auf die Adressen der Gemeindekartei an jüdischen Haustüren klingelten, fanden sie nur sehr wenige Personen vor. Tausende Juden waren bereits in Kopenhagen und in der ländlichen Umgebung versteckt worden, deren eigentliche Rettung jedoch noch bevorstand. Im Laufe des Oktobers brachten zahllose Schiffe nahezu die gesamte jüdische Gemeinde nach Schweden. Trotz allem gelang es Eichmanns Schergen vom 2. Oktober bis zum 23. Oktober 1943 noch vier Deportationen in die Konzentrationslager Theresienstadt, Sachsenhausen und Ravensbrück durchzuführen. Einige Juden wurden bei deutschen Verkehrskontrollen wie der am *Strandvej* in Kopenhagen gefasst, andere Juden wurden eher zufällig verhaftet als sie auf dem Weg zu einem Boot waren wie die Brüder Johan und Olaf Grün. Olaf Grün berichtet:

> »Wir wurden gefragt, ob wir Juden seien, und das mussten wir allerdings mit Ja beantworten. Danach wurden wir zu einem Sammelplatz in Vedbæk gefahren. Dort mussten wir 2–3 Stunden warten, ehe wir von militärischen deutschen Lastwagen zur Langelinie gefahren wurden. Dort lag der große deutsche Frachtdampfer ›Wartheland‹ und wartete auf seine Ladung – auf den ersten Transport dänischer Juden nach Theresienstadt. Am Kai mussten wir wieder einige Stunden warten, ehe wir an Bord getrieben wurden. Es ging so vonstatten, dass wir auf einem sehr schmalen Brett sehr hoch nach oben auf das oberste Deck des Schiffes gehen mussten, wonach wir viele Treppen nach unten steigen mussten, ganz hinunter zum Boden des Schiffes, in die Laderäume, die umgebaut worden waren, um Gefangene auf-

> zunehmen. Uns bot sich ein unheimlicher Anblick, dort lagen Freunde und Familien. (…) Es war entsetzlich, die Alten aus dem Pflegeheim in der Krystalgade in Kopenhagen zu sehen, die dort lagen, sie schrien und beklagten sich (…) Früh am nächsten Morgen kamen wir in Warnemünde an, wo wir dann wieder die Treppe hinuntersteigen mussten. Am Kai stand eine Reihe von Viehwagen, in die wir kriechen mussten. Es war sehr schwierig, und wir, die Jüngeren, mussten den Alten helfen. In jedem Wagen mussten ca. 55-60 Personen sein, fast jeder Zentimeter musste ausgenutzt werden. Außerdem musste für einen Eimer mit ein wenig Trinkwasser Platz sein, der auch 56 verzweifelten Menschen während der nächsten 3-4 Tage als Toilette dienen musste! (…) Auf der anderen Seite von mir lag ein älterer deutscher jüdischer Emigrant, und am ersten Morgen spürte ich, wie eigenartig es war, dass er im Laufe der Nacht so steif geworden war. Er war nach der Einnahme einiger Tabletten gestorben, weil ihm sicherlich schwante, was uns allen bevorstand.« (Pundik 1994: 58–59)

Angesichts des Sachverhalts, dass Hunderte Menschen über die Fluchtroute Kenntnis besaßen, ist es bemerkenswert, dass in nur sehr wenigen Fällen Denunzianten für das Aufgreifen von Juden verantwortlich waren, so wie für die Verhaftung von 80 Juden, die man auf dem Dachboden der Kirche in Gilleleje versteckt hatte als sie auf ein Schiff nach Schweden warteten. Am 3. Oktober 1943 bestieg der Bischof von Kopenhagen, Hans Fuglsang-Damgaard (1890–1979), die Kanzel und verlas einen Hirtenbrief aller dänischen Bischöfe, die das Schreiben an Best schickten. Es sei die Pflicht der christlichen Kirche Protest einzulegen, so heißt es im Schreiben, »wo immer Juden aus rassischen oder religiösen Gründen verfolgt werden«. Die Bischöfe riefen von der Kanzel zum Widerstand auf, indem sie verlauten ließen, »wir wollen dafür kämpfen, dass unsere jüdischen Brüder und Schwestern die gleiche Freiheit bewahren, die wir höher schätzen als das Leben. Daher bekennen wir uns zu dem Wort, Gott mehr zu gehorchen als den Menschen.«

Die beispiellose Rettungsaktion über den Öresund, die sich auf nennenswerte Teile der dänischen Bevölkerung, auf die Lutherische Staatskirche sowie auf den dänischen König stützen konnte, der finanzielle Mittel bereitstellte, erreichte in dieser über Leben und Tod entscheidenden Phase, dass die übergroße Mehrzahl der Juden überlebte, die sich 1940 in Dänemark aufhielten. Für diejenigen Juden, deren Deportation nicht verhindert werden konnte, setzten sich dänische Stellen intensiv ein. Verhandlungen führten schließlich dazu, dass am 15. April 1945 die zu diesem Zeitpunkt noch lebenden Juden, die sich im Konzentrationslager Theresienstadt befanden, mit Bussen des Roten Kreuzes nach Dänemark zurückgebracht wurden. Ob der deutsche Diplomat Duckwitz seine Rolle bei der Rettungsaktion über den Öresund geschönt oder durch posthume Passagen in seinen Tagebüchern nach Kriegsende konstruiert hat, ist bis heute unter Historikern strittig. Der Bericht der unabhängigen Historikerkommission *Das Amt und die Vergangenheit* beurteilt seine Rolle wesentlich kritischer als dies noch in den 1960er und 70er-Jahren der Fall war.

Von den 7800 Juden, die im Jahr 1940 in Dänemark lebten, wurden ca. 116, die an direkten oder indirekten Effekten der Verfolgung starben, Opfer der Shoah. In Theresienstadt starben 50 Juden, ca. 60 starben während der Deportation oder begingen Suizid, sechs zionistische Jugendliche erreichten Palästina nicht, wurden abgefangen und in Auschwitz ermordet. Ca. 1,5 % der Juden Dänemarks konnten nicht gerettet werden. Dank des Einsatzes nahezu eines ganzen Landes überlebten fast 100 %, was während des Zweiten Weltkriegs einzigartig war.

2.6 Norwegen – Ein Kollaborateur namens Quisling

Am 9. April 1940 überfiel die deutsche Wehrmacht Norwegen. Der norwegische König Haakon VII. (1872–1957) und die norwegische sozialdemokratische Regierung flohen aus Oslo und gingen am 7. Juni nach London ins Exil. Die norwegischen Streitkräfte kapitulierten am 10. Juni. Der Versuch wie in den Niederlanden und in Luxemburg einen Verwaltungsausschuss für die besetzten norwegischen Gebiete einzurichten scheiterte, da der König am 17. April erklärte, ein solcher Ausschuss verfüge über keine rechtliche Grundlage. Als Reichskommissar für die vom Deutschen Reich besetzten norwegischen Gebiete wurde der Gauleiter von Essen, Josef Antonius Heinrich Terboven (1898–1945), eingesetzt, als SS- und Polizeiführer fungierte Friedrich Wilhelm Otto Redieß (1900–1945). In Norwegen übten deutsche Verwaltungsbeamte die

Regierungsgewalt aus. In der Anfangsphase wurden die Ministerien von norwegischen Staatsräten kommissarisch geleitet. Bereits im September 1940 verbot Terboven politische Parteien. Am 1. Februar 1942 ernannte der Reichskommissar den Parteiführer der norwegischen faschistischen Partei, Vidkun Quisling (1887–1945), zum Ministerpräsidenten. Die Einbeziehung eines Norwegers stellte den Versuch dar, dem wachsenden Unmut des norwegischen Volkes zu begegnen. Bei der Regierung Quisling handelte es sich indes um eine reine Marionettenregierung, deren Rückhalt in der Bevölkerung gering war, zumal die Zustimmung zu der von Quisling am 13. Mai 1933 gegründeten *Nasjonal Samling*, die sich an der NSDAP orientierte, nicht allzu groß war. Bei den Wahlen im September 1933 erreichte die Partei lediglich zwei Prozent der Wählerstimmen. Quisling blieb bis zum 9. Mai 1945 im Amt. Erst einen Tag zuvor endete die deutsche Besatzung nach mehr als fünf Jahren mit der Kapitulationserklärung Deutschlands.

Im Jahr 1930 wies die norwegische Volkszählung 1359 Personen mosaischen Glaubens aus, die zum überwiegenden Teil in Oslo und Drontheim wohnten. Zum Zeitpunkt des Überfalls lebten ca. 2200 Juden in Norwegen, worunter sich 300 deutsche, österreichische sowie tschechoslowakische Juden befanden. In den Tagen und Wochen nach dem Einmarsch der deutschen Truppen gelang etlichen Juden die Flucht nach Schweden. Die judenfeindliche Kollaboration norwegischer Kräfte begann spätestens am 10. Mai 1940 als die norwegische Polizei die Anordnung des deutschen Sicherheitsdienstes widerspruchslos befolgte, die Rundfunkgeräte jüdischer Bürger zu konfiszieren und norwegische Bedienstete mit der Erfassung der Juden begannen. Die behördliche Registrierung der Juden, die das Auswärtige Amt in Berlin von Terboven erbat, lieferte die Information, dass in der Mitte des Jahres 1941 noch 1106 Juden in Norwegen lebten. Das Protokoll der Wannseekonferenz vom 20. Januar 1942 bezifferte die Zahl der in die Mordaktion einzubeziehenden norwegischen Juden mit 1300, da man vermutlich von einer Dunkelziffer ausging.

Bereits Ende 1941 wurde jüdischen Ärzten die Behandlung nichtjüdischer Patienten untersagt; Anwälten und Notaren wurde die Lizenz entzogen. In den folgenden Wochen und Monaten steigerte sich die antisemitische Propaganda, um die Bevölkerung für die Deportation der Juden Norwegens zu gewinnen. Im Juni 1941 wurden in Nordnorwegen jüdische Männer verhaftet und in Südnorwegen staatenlose Juden interniert. Im Herbst 1941 begann die »Arisierung« jüdischer Firmen und Betriebe. Ende 1941 wurde eine polizeiliche Meldepflicht für Juden angeordnet, die zur Kennzeichnung der Ausweise mit einem roten »J« führte. Abweichend vom deutschen Recht galten in Norwegen auch sogenannte »Mischlinge« als Juden, deren Leben somit gleichfalls gefährdet war. Um die Ausweise mit dem Stempel beziehungsweise Aufdruck versehen zu lassen, hatten sich Juden vor dem 1. März 1942 bei ihrer lokalen Polizei zu melden.

Quisling versuchte sich nach seiner Ernennung zum Ministerpräsidenten sogleich antisemitisch zu profilieren. Am 7. März 1942 wurden fünf Juden erschossen, die bezichtigt wurden Nachrichten der BBC gehört zu haben. Am 12. März erließ Quisling ein Verbot, das es Juden untersagte Norwegen zu betreten. Am 24. Oktober sah ein Gesetz die Sicherungsverwahrung von Personen mit »staatsfeindlichen Bestrebungen« vor. Die Verhaftungswelle männlicher Juden begann am 7. Oktober 1942 nachdem am Tag zuvor der Ausnahmezustand in Drontheim verhängt wurde. Während Lastwagen die Männer in das Polizeihäftlingslager Falstad der deutschen Sicherheitspolizei im norwegischen Nord-Trøndelag bei Trondheim verbrachten, internierte man die jüdischen Frauen und Kinder in »Judenhäusern«. Im Lager Falstad mussten die Männer Zwangsarbeit in einem Steinbruch leisten. Am 24. Oktober 1942 sicherte sich die Kollaborationsregierung durch das *Gesetz zur Beschlagnahme des jüdischen Vermögens* das Eigentum der Juden. Noch am selben Tag inhaftierte man auch die jüdischen Frauen. Am darauffolgenden Tag wurden die männlichen Juden aus dem Lager Falstad und ihre Familien nach Oslo in ein Konzentrationslager unter norwegischer Polizeiführung transportiert. Am 26. November erfolgte eine Razzia um 5 Uhr morgens mit dem Ziel, so viele Personen wie möglich mit einem »J« im Ausweis zu verhaften. Grundlage der Verhaftungen bildeten Adressenlisten, welche die norwegische Polizei im Gefolge der *Verordnung betreffs der Kennzeichnung der jüdischen Dokumente* angelegt hatte. Von der Verhaftung sollten nur Juden ausgenommen werden, die über die Staatsbürgerschaft eines neutralen oder eines verbündeten Staates oder über die der USA oder Großbritanniens verfügten. Juden in »Mischehen« sowie »jüdische Mischlinge«, die laut »Nürnberger Gesetze« nicht als Juden galten, sollten nicht deportiert werden.

Nachdem bereits seit April 1941 einzelne Juden in das Konzentrationslager Groß-Rosen, nach Dachau sowie nach Auschwitz verschleppt wurden, stach das Schiff *Monte Rosa* am 19. November 1942 mit 21 Juden in See, die zuvor im Lager Grini interniert waren und überwiegend aus Oslo beziehungsweise Südnorwegen stammten. Am 26. November beförderte dasselbe Schiff 223 Juden aus Grini über Dänemark nach Hamburg. Von beiden Transporten, die nach Auschwitz führten, ist wenig bekannt, zumal es keine Überlebenden gab. Gleichfalls am 26. November fuhr das Frachtschiff *Donau* der Reederei *Norddeutscher Lloyd* mit 532 Juden an Bord von Oslo nach Stettin, wo es am 30. November im Hafen ankam. Noch am selben Tag beförderte ein Güterwagen-Zug die Deportierten nach Auschwitz, wo sie am 1. Dezember eintrafen. Der am 27.10.1942 in Oslo festgenommene Kai Feinberg berichtet:

> »Dann kam ich nach Stettin, und da haben uns die Deutschen übernommen, das heißt die SS. Und dann war es sehr schrecklich. Da gab es Schläge, Schreie usw. Wir haben uns aufgestellt und sind in Eisenbahnwaggons verladen worden, die Männer für sich und die Frauen und die Kinder für sich. So ging es nach Auschwitz. Mit mir waren mein Vater, meine Mutter, meine Schwester und der Wiener Adoptivbruder. Ich habe 32 Verwandte in Auschwitz verloren. 32 Angehörige, mit Cousin, Großmutter, Tante, Onkel usw. Auch meine Mutter und meinen Vater. Mein Vater ist am 7. Januar 1943 in Auschwitz, Buna gestorben. Meine Mutter, meine Schwester und der Adoptivbruder aus Wien sind in die Gaskammer gekommen. (…) Die letzte von meiner Familie, die ich sah, war meine Schwester. Sie hatte einen roten Hut auf, und sie hat mir zugewinkt vom Auto. Das war das Ende.« (Rosh 1990: 66)

Gleich nach der Ankunft im Konzentrations- und Vernichtungslager Auschwitz erfolgte die Selektion. Von den Männern kamen 186 Personen als Häftlinge ins Lager, 346 Juden wurden sofort in den Gaskammern ermordet. Von den mit der *Donau* deportierten Juden lebten bereits im Juni 1943 nur noch ca. 30 Norweger. Bereits am 24. Februar 1943 folgte das nächste größere Schiff, die *Goteland*, u. a. mit Juden aus Drontheim, die man zuvor im Gefängnis Bredtveit interniert hatte, unter ihnen auch

Kinder. Ein Angebot der schwedischen Regierung, die noch nicht deportierten Juden Norwegens aufzunehmen, lehnten die Deutschen ab. Lediglich Juden mit schwedischen Wurzeln durften Norwegen verlassen und entgingen so der Deportation. An Bord des Schiffes *Goteland* befanden sich 158 Juden, darunter 62 Männer, 71 Frauen und 25 Kinder. Seine Erlebnisse während des Transports schildert Marcus Levin:

> »Am 24. Februar wurden wir mit dem Schiff Goteland aus Oslo deportiert. Im Gefängnis Bredtveit, wo wir saßen, erfuhren wir nichts Bestimmtes über die Deportation, aber in der Nacht zum Deportationstag wurde die Bewachung auf den Fluren der Baracke verstärkt. (...) Wir wurden in Bussen zum Hafen gefahren, begleitet von norwegischer Staatspolizei und anderen Norwegern in Zivil, die sich in höchstem Maße brutal und unverschämt benahmen, auch gegen Alte, Frauen und Kinder. Im Hafen wurden wir von deutscher Wachmannschaft empfangen. (...) Ich erinnere mich deutlich an eine Episode auf dem Schiff. Einige Soldaten und ein Offizier kommen zu uns in den Lastraum. (...) Das Gepäck wurde untersucht. Während dieser Visitation fragt einer von uns den Offizier, wo die Familien hingekommen sind, die früher deportiert wurden. Darauf antwortete der Offizier mit einem sehr ironischen Gesichtsausdruck und lächelnd. ›Ihr braucht keine Angst zu haben. Ihr sollt an den gleichen Ort kommen wie eure Familie.‹ (...) Der weitere Transport von Stettin nach Auschwitz über Berlin in geschlossenen Güterwagen war so unmenschlich, wie man sich nur vorstellen kann.« (Bruland 2019: 419/420)

Die *Goteland* kam in Stettin am 27. Februar 1943 an. Vom Güterbahnhof Stettin aus wurden die norwegischen Juden nach Berlin gebracht, wo sie in der Synagoge in der Levetzowstraße interniert wurden. Am 1. März 1943 wurden sie von einem Berliner Güterbahnhof gemeinsam mit Berliner Juden nach Auschwitz transportiert. Es folgten sodann noch weitere, kleinere Transporte aus Norwegen. Die Kollaboration insbesondere der norwegischen Polizei sowie der Verwaltung ist als hoch zu bewerten, ebenso die Anzahl der Personen, die wie Quisling mit der deutschen Besatzungsmacht kollaborierten. Die norwegische Kirche protestierte bei der Regierung Quisling entschieden gegen die Diskriminierung der Juden. Wer zu dem »legalisierten Unrecht« gegen die Juden schweige, so hieß es, sei mitverantwortlich und würde sich mitschuldig machen an diesem Unrecht.

Rund 67 Jahre nach der Befreiung des Konzentrations- und Vernichtungslagers Auschwitz entschuldigte sich der norwegische Ministerpräsident Jens Stoltenberg im Januar 2012 für die Beteiligung seines Landes an der Deportation und Ermordung der Juden. In seiner Rede heißt es: »Norweger nahmen die Verhaftungen vor, Norweger fuhren die Lastwagen und es geschah in Norwegen«. Als Jens Stoltenberg am 27. Januar 2012 seine Rede hielt, die mit dem Mythos brach, ganz Norwegen habe bis auf Vidkun Quisling und eine Handvoll Faschisten Widerstand geübt, befand sich unter den Zuhörern im Saal Samuel Steinmann, der letzte Überlebende derjenigen Juden, die mit dem Transportschiff *Donau* deportiert wurden. Erstmals vernahm er das Eingeständnis norwegischer Mitschuld, welches mit einer jahrzehntelangen Verdrängung brach, für die der Freispruch des Osloer Polizeichefs Knut Rød (1900–1986), der die Deportationen 1942 und 1943 organisierte, durch den Norwegischen Gerichtshof am 9. April 1948 symptomatisch war. Die Anzahl der Kollaborateure übertraf den Kreis der norwegischen Faschisten bei weitem. Vergessen werden darf indes nicht, dass es zahlreiche Personen gab, die ihr Leben riskierten, um norwegischen Juden die Flucht nach Schweden zu ermöglichen. Den Titel »Gerechter unter den Völkern« erhielten 41 norwegische Frauen und Männer, die ihren Beitrag dazu leisteten, dass ca. 1000 Juden gerettet werden konnten, überwiegend dadurch, dass ihre Unterstützer sie nach Schweden schmuggelten, das 900 norwegische Juden aufnahm. Unter den Geehrten befinden sich auch Gerda Tanberg und Nic Wal, durch deren Aktivitäten 41 jüdische Kinder eines jüdischen Kinderheims in Oslo überlebten.

Von den Juden Norwegens wurden 763 deportiert, 739 davon wurden ermordet. Legt man eine Gesamtzahl von 2200 Personen einschließlich der jüdischen Flüchtlinge zugrunde, so wurden ca. 34 % der Juden Norwegens ermordet, von denen ca. zwei Drittel norwegische Staatsbürger waren.

2.7 Finnland – Waffenpartner »Ja«, Rassenbiologie »Nein«

Das Judentum blickte in Finnland auf eine vergleichsweise kurze Tradition zurück. Erst im 19. Jahrhundert war das Gros der Juden aus Russland nach Finnland gekommen. Der Antisemitismus konnte sich nicht auf ein kollektives Bewusstsein stützen, das im übrigen Europa judenfeindliche Stereotype über Jahrhunderte verinnerlichte und über Generationen hinweg tradierte. Die Behauptung, es habe in Finnland »praktisch keinen Antisemitismus« gegeben, lässt sich indes nicht aufrechterhalten, da sich nach der Oktoberrevolution die finnische Judenfeindlichkeit aus dem antisemitischen Konstrukt des »Judäo-Bolschewismus« speiste, d. h. aus der Unterstellung, Juden seien die Drahtzieher revolutionärer Umtriebe wie anarchistischer Gewaltakte. Auch stellte die Russlandfeindlichkeit Finnlands ein Problem dar, insofern es sich bei den finnischen Juden zumeist um russische Migranten handelte. Gleichwohl war durch die fehlende historische Tradierung der Antisemitismus in Finnland eher peripher. Am 6. Dezember 1917 erklärte sich Finnland für selbständig, kurze Zeit darauf erhielten die finnischen Juden im Jahr 1918 die vollen Bürgerrechte. Das *Gesetz über Personen jüdischen Glaubens* vom 12. Januar 1918 ermöglichte den Erwerb der finnischen Staatsbürgerschaft, wovon viele finnische Juden Gebrauch machten. Im Jahr 1939 betrug die Zahl der finnischen Juden ca. 2000, im Jahr 1942 waren es mit ca. 2300 nicht wesentlich mehr. Diese Zahl vermerkt auch das Wannsee-Protokoll für Finnland.

Der »Hitler-Stalin-Pakt« vom 23. August 1939 bedingte den sowjetisch-finnischen Krieg (»Winterkrieg«), der vom 30. November 1939 bis zum 13. März 1940 dauerte. Der sowjetische Angriff auf das Nachbarland Finnland führte zum Verlust großer Teile Kareliens an die Sowjetunion, einer Gebietsabtretung, der Finnland im »Friedensvertrag« vom 13. März 1940 zustimmen musste. Bedingt durch die Motivation die abgetretenen Gebiete zurückzuerobern, schloss sich Finnland am 30. Juni 1941 Hitlers Überfall auf die Sowjetunion an. Insofern Finnland jedoch kein unmittelbarer Verbündeter Hitlers war, wurde es von Nazideutschland während des Zweiten Weltkriegs als »informeller Waffenpartner« betrachtet. Nachdem der an die Sowjetunion abgetretene Teil Kareliens zurückerobert war, rückte die finnische Armee nicht weiter vor. Finnische Truppen nahmen weder an der Belagerung Leningrads Teil noch störten sie die Evakuierung und Versorgung der Stadt über die Eisstraße des Ladogasees.

Finnland verweigerte sich ebenso der »rassenbiologischen Ausrichtung« Deutschlands, gleichwohl unternahm Himmler im August 1942 den Versuch, die Deportation der finnischen Juden durchzusetzen. Diesbezüglich erteilten ihm sowohl der finnische Oberbefehlshaber Carl Gustaf Emil Mannerheim (1867–1951) als auch der Ministerpräsident Johan Wilhelm Rangell (1894–1982) eine Abfuhr. Auf Grund weiteren Drucks knickte die finnische Regierung jedoch am 6. November 1942 ein und lieferte fünf aus Deutschland und Österreich stammende Juden aus. Maßgeblicher Akteur des Geschehens war der Leiter der finnischen Staatspolizei Arno Anthoni (1900–1961), der dies nach dem Krieg als »Polizeimaßnahme« zu rechtfertigen versuchte. Bei der Auslieferung an die deutschen Behörden in Tallinn wurde einer der fünf Juden freiwillig von seiner Frau und seinem Sohn begleitet sowie ein weiterer Jude von seinem Sohn. Von den acht Juden wurden sieben in Auschwitz ermordet, eine Person überlebte. Die Auslieferung führte in der finnischen Gesellschaft zu überdeutlichem Protest, dem sich die protestantische Kirche Finnlands anschloss. Ebenso bezeichneten diverse schwedische Zeitungen die Deportation als »Skandal«. Die finnische Regierung wagte daraufhin keine weiteren Auslieferungen und schob stattdessen im Frühjahr 1944 rund 160 Juden, die nicht über die finnische Staatsbürgerschaft verfügten, nach Schweden ab, das zuvor ein Aufnahmeangebot unterbreitet hatte. Es blieb so bei der Deportation der acht Juden. Im Jahr 2000 entschuldigte sich für ihre Auslieferung der finnische Premierminister Paavo Lipponen. Zwecks Erforschung der Kriegsverbrechen derjenigen 1408 Finnen, die in der Waffen-SS kämpften, sowie über ihre Beteiligung an der Shoah richtete die finnische Regierung eine Untersuchungskommission ein.

2.8 Zusammenfassung

Vom »Westfeldzug« des Deutschen Reichs im Jahr 1940 waren vier westeuropäische sowie zwei skandinavische Länder betroffen, die allesamt von deutschen Truppen besetzt wurden. In Skandinavien stellte Finnland einen Sonderfall dar, da das Land nicht okkupiert wurde, sondern als »informeller Waffenpartner« des Nazi-Regimes galt. Von den 140 000 Juden der Niederlande des Jahres 1940 wurden 102 000, d. h. ca. 75 % ermordet, legt man eine statistische Untergrenze zugrunde. Die Ermordung von über drei Viertel der Juden der Niederlande stellt prozentual wie absolut die höchste Opferzahl unter den westeuropäischen Ländern dar. Von den ca. 70 000 Juden, die im Jahr 1940 in Belgien lebten, wurden 28 902, d. h. ca. 44 % ermordet. Von den 3700 Juden, die im Jahr 1940 in Luxemburg lebten, wurden 1945 ermordet, somit ca. 53 %. Zum Zeitpunkt des Waffenstillstands lebten in Frankreich über 300 000 Juden, von denen ca. 76 000 deportiert wurden, von ihnen überlebten 1688. Prozentual betrachtet wurden ca. 25 %, d. h. ein Viertel der Juden Frankreichs ermordet. Von den 7800 Juden, die im Jahr 1940 in Dänemark lebten, wurden 116 ermordet oder starben an den Begleitumständen der Verfolgung, es überlebten somit 98,5 % der Juden Dänemarks. Von den 2200 im April 1940 in Norwegen lebenden Juden wurden 763 deportiert, von ihnen wurden 739 ermordet. Bezogen auf die Gesamtzahl des Jahres 1940 sind dies ca. 34 %. Von den ca. 2300 Juden Finnlands des Jahres 1942 wurden acht in deutsche Vernichtungslager deportiert, wovon eine Person überlebte.

In den Niederlanden existierte mit der *Nationaal-Socialistische Beweging* eine vergleichsweise starke völkisch-faschistisch ausgerichtete Partei, die hochgradig mit der aus dezidierten Antisemiten bestehenden deutschen Zivilverwaltung unter Seyß-Inquart kollaborierte. Das Ausmaß der alltäglichen Kollaboration der niederländischen Behörden bei der Erfassung der Juden sowie der Polizeikräfte bei ihrer Verhaftung war hoch. Die niederländische Exilregierung und die Königin Wilhelmina unterstützten das »kooperative Verhalten« der Staatsbeamten, zuvorderst das der niederländischen Generalsekretäre. In Belgien war die Relevanz des *Flämischen Nationalverbands* deutlich geringer als die der NSB in den Niederlanden. Die belgischen Generalsekretäre setzten die antisemitischen Maßnahmen zwar um, waren jedoch zur aktiven, vorauseilenden Kollaboration wie in den Niederlanden nicht bereit. Im Unterschied zu den Niederlanden konnten die deutschen Besatzer in Belgien auch nicht auf Bevölkerungsstatistiken zurückgreifen, die ihnen wie im Nachbarland die Durchführung der Deportation erleichterten. Die Weigerung der Brüsseler Bürgermeister, die sogenannten »Judensterne« auszugeben, verdeutlicht, dass die Deutschen seitens der belgischen Verwaltung mit stärkeren Widerständen als in den Niederlanden zu rechnen hatten. Bei der Erfassung der Juden beteiligten sich indes auch die belgischen Behörden, ebenso wirkten belgische Kommunalverwaltungen bei der Entlassung der im öffentlichen Dienst beschäftigten Juden mit. Im Unterschied zu den Niederlanden lehnten relevante Teile des Verwaltungsapparates eine Beteiligung an der Verhaftung der Juden indes ab. In Belgien erwies es sich darüber hinaus als günstiger Umstand, dass Juden über Verbindungen zu sozialistischen und kommunistischen Kräften verfügten und sich aktiv am Widerstand beteiligten. In Luxemburg kollaborierte die Verwaltungskommission bei der Identifizierung als auch bei der listenmäßigen Erfassung der Luxemburger Juden und trug so zu ihrer Ermordung bei. Luxemburgische Beamte erstellten aktiv kollaborierend »Judenlisten«, die sie den Deutschen übergaben. Das Verhalten der Luxemburger gegenüber dem Schicksal der Juden war weitgehend von Gleichgültigkeit geprägt.

In Skandinavien war die Rettung der dänischen Juden nahezu dem kollektiven Einsatz eines ganzen Volkes zu verdanken und ist in der Geschichte des Zweiten Weltkriegs beispiellos. Spielräume für die Rettung der dänischen Juden ergaben sich u. a. aus dem Sachverhalt, dass die staatliche Struktur sowie die dänische Verwaltung anfänglich intakt blieben und der dänische König im Land blieb. Zwar verließ auch der belgische König das Land nicht, während dieser sich jedoch gegenüber den deutschen Besatzern passiv verhielt, unterstützte Christian X. die Rettung der Juden mit eigenen finanziellen Mitteln und verdeutlichte seine ablehnende Position gegenüber der Judenverfolgung mit Nachdruck. Als günstiger Umstand erwies es sich, dass Dänemark in Gestalt des neutralen Schweden über ein Nachbarland verfügte, das Aufnahmeangebote unterbreitete und damit sowohl dänische, norwegische als auch finnische Juden schützte. In Norwegen wurden die Ministerien wie in den Niederlanden und Belgien anfänglich von norwegischen Staatsräten kommissarisch geleitet bis die Deutschen eine Marionettenregierung ins Amt hievten. Die norwegische Polizei kollaborierte mit den Deutschen, nahm die Verhaftungen vor, verschleppte die Juden vor ihrer Deportation in Internierungslager und bewachte die Juden auf norwegischen Schiffen bis sie in deutschen Häfen den Deutschen übergeben wurden. Die Kollaborationsregierung unter Quisling eignete sich den Besitz der deportierten Juden an. Die Deportationen organisierte der Polizeichef von Oslo.

Der in Finnland historisch vergleichsweise gering ausgeprägte Antisemitismus und die Distanz des Landes gegenüber der »Rassenbiologie« führten dazu, dass sowohl der finnische Oberbefehlshaber als auch der Premierminister den Deutschen bezüglich der Deportation der Juden Finnlands eine Abfuhr erteilten. Die Juden Finnlands rettete maßgeblich der Sachverhalt, dass der schwedische Nachbar – als die Gefahr eines Einknickens auf Grund des nicht nachlassenden deutschen Drucks sich abzuzeichnen begann – scharf protestierte und ein Aufnahmeangebot unterbreitete.

Der Ländervergleich zeigt, dass höchst heterogene Faktoren das jeweilige Gesamtbild bestimmen. Hierzu gehören die deutschen Besatzer und ihre Pläne bezüglich des jeweiligen Landes, das Maß der Kollaboration, die Stärke des nationalen Widerstands, die Empathie oder gar Apathie der jeweiligen Bevölkerung gegenüber dem Schicksal der Juden, das Maß des historisch gewachsenen wie des zeitbezogenen Antisemitismus, die Stärke nationaler faschistischer Kräfte, die Reaktionsweise der Juden auf die Bedrohung sowie ihre Vernetzung und Beteiligung am Widerstand ebenso wie geographische Faktoren und die Reaktionen der jeweiligen Nachbarländer.

3. DIE SHOAH IN OSTEUROPA

Der Weg in den Zweiten Weltkrieg begann als Hitler die Generäle der deutschen Wehrmacht Ende Mai 1938 aufforderte, sich auf eine »Zerschlagung« der Tschechoslowakei ab 1. Oktober 1938 vorzubereiten. Das Münchner Abkommen vom 30. September 1938 führte zu einer Einverleibung des Sudetenlandes. Planungen zur Zerschlagung der »Rest-Tschechei« begannen bereits wenige Tage nach dem Münchner Abkommen. Am 14. März 1939 erfolgte die seitens des Nazi-Regimes lancierte Souveränitätserklärung Bratislavas. Es entstand ein von Nazi-Deutschland abhängiger Satellitenstaat mit einer Marionettenregierung, wodurch die Juden der Slowakei der indirekten Herrschaft Deutschlands unterworfen waren. Am 16. März 1939 wurde »Böhmen und Mähren« zum deutschen »Reichsprotektorat« erklärt, nachdem es am Tag zuvor von deutschen Truppen besetzt wurde. Die Juden der Tschechei, darunter viele deutsche und österreichische Flüchtlinge, waren dadurch unmittelbar gefährdet.

Nach der Zerschlagung der Tschechoslowakei reifte die Entscheidung für einen Angriff auf Polen und damit für den Beginn des Zweiten Weltkriegs. Die Weisung, den »Fall Weiß« vorzubereiten, erfolgte bereits am 3. April 1939. Am 23. August 1939 schlossen Deutschland und die Sowjetunion einen »Nichtangriffsvertrag«, der in einem geheimen Zusatzprotokoll die jeweiligen Einflusssphären in Osteuropa festlegte. Polen sollte entlang der Linie Narew-Weichsel-San aufgeteilt werden. Ohne Kriegserklärung überfiel die deutsche Wehrmacht Polen am 1. September 1939. Am 28. September spezifizierte ein »Grenz- und Freundschaftsvertrag« die Demarkationslinie der neuerlichen Teilung Polens. Ostpolen sowie die baltischen Staaten wurden der Sowjetunion zugesprochen, West- sowie Zentralpolen ebenso wie Teile der Woiwodschaften Warschaus und Lublins dem Deutschen Reich, wodurch von den 3,3 Millionen polnischen Juden über die Hälfte unter die Herrschaft der Deutschen geriet. Der Überfall auf die Sowjetunion am 22. Juni 1941 bedrohte nicht nur das Leben der über 3 Millionen Juden der Sowjetunion, sondern auch das Leben der polnischen Juden, die im zuvor sowjetisch besetzten Teil Polens lebten beziehungsweise dorthin geflohen waren. Nunmehr befanden sich alle Juden Polens unter der Herrschaft der Deutschen.

3.1 Tschechoslowakei – Faschistische Vlajka und Hlinka-Garden

Die Außenpolitik des Nazi-Regimes beabsichtigte mit aller Macht die Zerschlagung des Staatsgebiets der tschechoslowakischen Republik. Nach der Münchner Konferenz vom 28. und 29. September 1938 annektierte das Deutsche Reich die »sudetendeutschen Gebiete«, während sich Ungarn und Polen ihrerseits Gebietsteile der Tschechoslowakei angliederten. Am 14. März 1939 erfolgte auf Druck Hitlers die Abspaltung der Slowakei. Am 15. und 16. März 1939 besetzte die deutsche Wehrmacht die sogenannte »Rest-Tschechei«, die nunmehr nur noch aus Böhmen und Mähren bestand. Die Anzahl der tschechoslowakischen Juden belief sich im Jahr 1930 auf ca. 357 000 Personen. Bedingt durch die Fluchtbewegung aus Deutschland stieg die Zahl im Jahr 1935 auf ca. 380 000 Personen an.

Am 16. März 1939 erklärte das Deutsche Reich Böhmen und Mähren zum Reichsprotektorat. Zum Reichsprotektor des an das Reich angeschlossenen Territoriums wurde Konstantin von Neurath (1873–1956) ernannt. Der tschechische Präsident Emil Hácha (1872–1945) blieb im Amt, die tschechische Regierung verwaltete das Land in Grenzen selbst. Legislative Akte der Regierung konnten indes vom Reichsprotektor jederzeit aufgehoben werden. Bereits auf ihrer ersten Sitzung beschloss die Regierung antisemitische Maßnahmen, so wurden jüdische Anwälte von der Rechtsanwaltskammer ausgeschlossen.

In Böhmen und Mähren konnte das Judentum auf eine lange Tradition zurückblicken, wovon der alte Judenfriedhof Prags ein Zeugnis liefert. Gemäß der »Nürnberger Gesetze« betrug die Zahl der Juden des *Reichsprotektorats Böhmen und Mähren* am Tage der Errichtung 118 310 Personen, wovon 103 969 sich zum Judentum bekannten. Bereits unmittelbar nach der Besetzung der »Rest-Tschechei« versuchten die deutschen Besatzer politische Flüchtlinge aus Deutschland und Österreich aufzuspüren, worunter sich viele Juden befanden. Zu antisemitischen Ausschreitungen kam es vor allem in Mähren, wo sich die faschistische Organisation *Vlajka* (»die Fahne«) durch den Einmarsch der Deutschen ermutigt fühlte zur Tat zu schreiten. Zwei Synagogen wurden niedergebrannt, zahlreiche Juden attackiert. Im Juni 1939 schuf Adolf Eichmann nach Wiener Vorbild die *Zentralstelle für jüdische Auswanderung* in Prag als Behörde der SS. Ab Mitte 1939 häuften sich antisemitische Verordnungen und Gesetze. So mussten per Erlass vom 21. Juni Juden ihre Wertgegenstände wie Gold, Silber und Schmuck abliefern. Es folgte die sogenannte »Arisierung« jüdischer Geschäfte und Betriebe. Der staatlicherseits organisierte Raub des Vermögens der Juden Böhmens und Mährens wird auf eine halbe Milliarde Dollar veranschlagt. Nach dem Überfall auf Polen im September 1939 wurde die Bewegungsfreiheit der tschechischen Juden eingeschränkt. Kriegsbedingt rationierte Güter durften nicht länger an Juden verkauft werden. Im Oktober 1939 fand die erste Deportation von über 3000 jüdischen Männern im Rahmen des Nisko-Plans in den Raum Lublin statt, d. h. in den äußersten Osten des von deutschen Truppen besetzten Polens. Ende des Jahres 1939 wurde jüdischen Schülern der Schulbesuch in öffentlichen Einrichtungen verboten. Juden durften Telefone weder besitzen noch gebrauchen, die Benutzung öffentlicher Verkehrsmittel wurde eingeschränkt. Im September 1941 befahlen die deutschen Behörden der *Jüdischen Religiösen Congregation* die Durchführung einer statistischen Erfassung der Juden. Die Zählung ergab 88 105 Juden, die alsbald verpflichtet wurden, in der Öffentlichkeit eine »gelbe Kennzeichnung« zu tragen. Im Oktober 1941 wurde den Juden Böhmens und Mährens die Auswanderung untersagt. Die *Zentralstelle für jüdische Auswanderung* ging dazu über systematische Deportationen in die Vernichtungslager zu organisieren, die im Oktober und November 1941 begannen. Die ersten Züge fuhren in das Ghetto von Łódź, das anfangs nur für polnische Juden der Umgebung gedacht war, sowie nach Minsk und Riga. Am 24. November 1941 erfolgte die Deportation junger Männer, die das KZ Theresienstadt (tschechisch Terezín) errichten sollten, ein ghettoähnliches Lager im Nordwesten der Tschechoslowakei, das als Sammellager für die böhmischen und mährischen Juden sowie als sogenanntes »Altersghetto« diente. Bis März 1945 brachte eine Anzahl von 122 Zügen 73 608 Juden aus dem Protektorat nach Theresienstadt. Von den nach Theresienstadt verschleppten Juden

Böhmens und Mährens wurden 60 399 nach Auschwitz deportiert, von ihnen überlebten 3227 Personen. Unter den Deportierten waren viele jüdische Flüchtlinge aus Deutschland sowie aus Österreich, die das Protektorat aus Ermangelung finanzieller Ressourcen sowie lebensrettender Kontakte nicht rechtzeitig verlassen hatten. Im Juni 1942 wurden 1000 tschechische Juden, die man zuvor nach Polen verschleppte, als sogenannte »Vergeltungsaktion« für das Prager Attentat auf Reinhard Heydrich erschossen. Als die Tschechoslowakei am 5. Mai 1945 befreit wurde, lebten noch 2803 Juden auf dem Gebiet Böhmens und Mährens, unter ihnen vor allem jüdische Ehepartner aus sogenannten »Mischehen«. Von den 118 310 Juden Böhmens und Mährens im Frühjahr 1939 wurden ca. 78 000 ermordet, was einer Prozentzahl der Ermordeten von ca. 66 % entspricht.

Die Slowakei, die am 14. März 1939 unabhängig geworden war, stellte bis zum Ende des Staates am 29. April 1945 einen getreuen Bündnispartner des nationalsozialistischen Deutschland dar. Die Macht im Land übernahm die nach Andrej Hlinka (1864–1938) benannte Hlinka-Partei, die ein autoritäres, klerikalistisches Ein-Parteien-Regime etablierte und in Gestalt der Hlinka-Garden über eine Kampforganisation im Stile der SA verfügte, die Juden und Kommunisten aber auch Tschechen bekämpfte, welche die Abspaltung der Slowakei missbilligten. Bereits 1925 war es der klerikal-nationalistischen wie antisemitischen Hlinka-Partei gelungen, stärkste Partei im slowakischen Landesteil der Tschechoslowakei zu werden. Staatspräsident der Slowakei von 1939 bis 1945 wurde der Parteiführer der Hlinka-Partei Jozef Tiso (1887–1947), ein katholischer Priester, der sich für einen rigiden Antisemitismus aussprach und der über das Schicksal, das den deportierten Juden in deutschen Vernichtungslagern drohte, informiert war. Wie Tiso kollaborierte auch der von 1939 bis 1944 amtierende Ministerpräsident Vojtech Tuka (1880–1946) bedingungslos mit dem Nazi-Regime und befürwortete sämtliche antisemitischen Maßnahmen. Als Vasallenstaat von Hitlers Gnaden beteiligte sich die Slowakei am Überfall auf die Sowjetunion und erklärte den Alliierten den Krieg.

Das Judentum besaß in der Slowakei eine lange Tradition, die bis in die Römerzeit zurückreichte. Juden sahen sich seit Jahrhunderten mit Antisemitismus konfrontiert, der sich aus christlich-katholischen Quellen, in der jüngeren Zeit ebenso aus der Ablehnung der rechtlichen

Gleichstellung der Juden speiste. Juden wurden von nationalistischen Kreisen wahlweise als Anhänger Prags, Wiens oder Budapests diffamiert und als »fremdes Volk« betrachtet, das den slowakischen Autonomiebestrebungen feindlich gesinnt sei. Gemäß den Angaben der Volkszählung von 1930 lebten auf dem Gebiet der späteren Slowakei 136 737 Juden, was 4,11 % der Gesamtbevölkerung entsprach. Nach der Erklärung der Autonomie der Slowakei am 6. Oktober 1938 radikalisierte sich der Antisemitismus im Land. Die Gebietsabtretungen an Ungarn führten zu Plünderungen jüdischer Geschäfte sowie zu körperlichen Attacken auf Juden. Ideologen der Hlinka-Partei machten die Juden als Sündenbock für die mit dem »Ersten Wiener Schiedsspruch« vom 2. November 1938 verbundenen Gebietsabtretungen verantwortlich und schoben 7500 Juden überwiegend mit ungarischer Staatsangehörigkeit im November 1938 in das durch den »Schiedsspruch« an Ungarn gefallene Gebiet ab.

Bereits im Januar 1939 richtete die Slowakei eine »Regierungskommission zur Lösung der Judenfrage« ein. Im Frühjahr 1939 erfolgte die Verabschiedung einer Reihe antisemitischer Gesetze, die Juden sowohl aus dem öffentlichen wie wirtschaftlichen Leben drängen sollten und die ebenso zu »Arisierungen« jüdischen Eigentums führten. In der Slowakei wurden über 10 000 jüdische Geschäfte enteignet, ein Teil davon »arisiert«. Im Januar 1940 wurde den Juden der Dienst in der Armee untersagt. Ab September 1940 wurden zahllose Anordnungen verkündet, die auf die systematische Entrechtung der Juden hinausliefen. Ab September 1941 mussten die slowakischen Juden einen »Judenstern« sichtbar auf ihrer Kleidung tragen. Zugleich wurde die systematische Erfassung der Juden eingeleitet. Im April 1942 lebten noch 88 951 Juden in der Slowakei. Als antisemitischer Scharfmacher fungierte Tuka, der neben dem Deutschen Dieter Wisliceny (1911–1948), dem Bevollmächtigten Adolf Eichmanns für die Slowakei, Griechenland und Ungarn, als Initiator der im Jahr 1942 durchgeführten Deportationen von insgesamt 57 628 Juden in deutsche Vernichtungslager gilt. Von den zwischen dem 25. März und dem 20. Oktober 1942 durchgeführten Deportationen gingen 83 nach Lublin (39 006 Juden) sowie 19 nach Auschwitz (18 746 Juden). Ungefähr 10 000 Juden gelang in dieser Phase die Flucht, andere gingen in die Illegalität, konnten untertauchen oder schlossen sich den Partisanen an. Nach der Niederschlagung des slowakischen Nationalaufstands vom 28./29. August 1944 wurden alle Juden, denen man habhaft werden konnte, in das Konzentrationslager Sered gebracht, das bereits ab September 1941 als Internierungs- und Arbeitslager für Juden diente und im September 1944 zu einem Konzentrationslager unter SS-Leitung umfunktioniert wurde. Das KZ Sered wurde zum Ausgangspunkt für die zweite Deportationswelle slowakischer Juden nachdem im Oktober 1942 aufgrund zahlreicher Proteste die Transporte vorübergehend eingestellt wurden. Von den noch ca. 19 000 im Land verbliebenen Juden deportierten die Deutschen nach der Niederschlagung des slowakischen Nationalaufstands weitere 13 500 in Vernichtungslager.

Von den 136 737 Juden, die im Jahr 1930 auf dem Gebiet der späteren Slowakei lebten, wurden – bezieht man die Opfer der von Ungarn annektierten Gebiete ein – über 100 000 Juden ermordet, d. h. ca. 73 %, während etwa 30 000 slowakische Juden überlebten. Von den insgesamt 357 000 Juden der Tschechoslowakei des Jahres 1930 wurden ca. 260 000 ermordet, d. h. gleichfalls ca. 73 %.

3.2 Polen – Ein Land deutscher Vernichtungslager

Die deutsche Wehrmacht überfiel Polen am 1. September 1939. Wenige Tage darauf erreichten die deutschen Truppen Warschau. Die polnische Regierung floh am 17. September nach Rumänien als die sowjetische Armee in Ostpolen einmarschierte. Am 28. September kapitulierte Polen. Gemäß des geheimen Zusatzprotokolls des *Deutsch-Sowjetischen Nichtangriffspakts* vom 23. August 1939 sowie dessen Ergänzung durch den *Deutsch-Sowjetischen Grenz- und Freundschaftsvertrag* vom 28. September 1939 teilten sich das Deutsche Reich und die Sowjetunion Polen auf. Westpolen, Zentralpolen sowie die westlichen Teile Südpolens gerieten unter die Herrschaft des Deutschen Reichs, Ostpolen sowie das Gebiet um Białystok wurden von der Roten Armee besetzt. Teile Westpolens trennte die deutsche Reichsregierung vom polnischen Staat ab und erklärte die annektierten Gebiete zum Reichsgau Posen – am 9. Januar 1940 in Reichsgau Wartheland umbenannt – sowie zum Reichsgau Westpreußen. Die Provinz Schlesien eignete sich westpolnische Gebietsteile (Katowice) an, die preußische Provinz Ostpreußen den Regierungsbezirk Zichenau (polnisch Ciechanów). Bereits am Tag des Überfalls auf Polen wurde Gdańsk zur Freien Stadt Danzig erklärt.

Das sogenannte »Restpolen« blieb von deutschen Truppen besetzt und bildete das sogenannte Generalgouvernement (Krakau, Tschenstochau, Kielce, Tarnow). Während Deutschland für die annektierten Gebiete eine umfassende »Germanisierung« vorsah, die mit Zwangsumsiedelung, Neuansiedelung, Zwangsassimilation sowie mit Kinderraub einherging, sah der »Generalplan Ost« für das Generalgouvernement die rücksichtslose wirtschaftliche Ausbeutung der Menschen wie der Güter sowie die Nutzung des besetzten Territoriums als »Abschiebegebiet« für »nicht Eindeutschungsfähige« aus den von Deutschland annektierten Gebieten Polens vor.

Die Juden Polens konnten auf eine lange Tradition zurückblicken, die bereits seit dem 10. Jahrhundert begann. Während die weltlichen Herrscher ihnen anfänglich mit Wohlwollen begegneten, förderte die römisch-katholische Kirche den Judenhass mittels der Verbreitung klassischer Stereotype. In der Zeit des Schwarzen Todes traf die Juden eine erste Pogromwelle. Die Ritualmordlegende (»Kindermord«) verankerte sich in weiten Teilen der polnischen Bevölkerung und führte zu extensiven Judenverfolgungen, zur Abschaffung jüdischer Privilegien sowie im Jahr 1495 zur Vertreibung der Juden aus dem polnischen Großfürstentum Litauen. Erst Anfang des 16. Jahrhunderts überwogen erneut wirtschaftliche Interessen, die zur Ansiedelung von Flüchtlingen aus Spanien, aus Österreich und Böhmen sowie aus zahlreichen Städten des Heiligen Römischen Reichs Deutscher Nation führten. Im Jahr 1648 wurden während des Kosaken-Aufstands unter Bohdan Chmelnyzkyj (1595–1657) zahlreiche nichtjüdische wie jüdische Polen ermordet und ganze jüdische Gemeinden vernichtet. Die Juden flohen zu Tausenden in Richtung Westen.

Bedingt durch die »Erste polnische Teilung« gehörte der Großteil der polnischen Juden zur Habsburgermonarchie (»Juden Galiziens«) und erhielt 1867 die gleichen Rechte, was für die polnischen Juden im Russischen Reich zwischen 1795 und 1917 nicht der Fall war. Die erste antijüdische Pogromwelle der Jahre 1881 bis 1884 besaß Auswirkungen bis nach Warschau, während die zweite Pogromwelle der Jahre 1903 bis 1906 im Białystok-Pogrom des Jahres 1906 gipfelte, bei dem etliche Juden von russischen Soldaten sowie den rechtsextremistischen *Schwarzen Hundertschaften* ermordet wurden. Am Kampf um die Unabhängigkeit Polens, deren Proklamation am 7. Oktober 1918 in Warschau erfolgte, beteiligten sich zahlreiche Juden aktiv, gleichwohl beschuldigte man sie in der Phase der revolutionären Nachkriegskrise mit den Bolschewiki zu paktieren. Nach dem Ersten Weltkrieg erschossen Angehörige der polnischen Armee Juden, die sie bezichtigten, sich mit den Bolschewiki verschworen zu haben. Bei der Einnahme der Stadt Lemberg durch die polnische Armee wurden viele Juden ermordet. Der ukrainische Kriegsminister Symon Petljura (1879–1926) wütete gegen Juden auch auf polnischem Territorium.

In der Zweiten polnischen Republik (1918–1939) unter Józef Piłsudski (1867–1935) wuchs der Antisemitismus, gleichwohl der Staatschef nicht zu den Scharfmachern zählte. Bereits in den 1920er-Jahren gab es diverse Kampagnen, die das Ziel verfolgten, jüdische Polen aus der Wirtschaft sowie aus dem Handel zu verdrängen. Ab Mitte der 1930er-Jahre führte die weit verbreitete Haltung, jüdische Polen nicht als Polen zu akzeptieren, zu antisemitischen Übergriffen sowie zu Boykottaufrufen jüdischer Geschäfte. Nach Piłsudskis Tod verstärkte sich der Antisemitismus bedingt durch den Übergang des demokratischen Polen zu einem autoritär-nationalistischen Regime sowie durch die Auswirkungen der Weltwirtschaftskrise. Im Jahr 1937 führte Polen einen Numerus clausus an den Universitäten ein, bereits ein Jahr zuvor gab es in Lemberg separate »Ghetto-Bänke«, auf die sich jüdische Studenten zu setzen hatten. In der zweiten Hälfte der 1930er-Jahre häuften sich körperliche Übergriffe auf Juden sowie Plünderungen jüdischer Geschäfte. Der Wunsch der polnischen Regierung, Juden abzuschieben sowie auszubürgern, führte am 31. März 1938 zum *Gesetz über den Entzug der polnischen Staatsbürgerschaft*, das auf polnische Juden ausgerichtet war, die im Deutschen Reich lebten, und sah die Ausbürgerung für Personen vor, die länger als fünf Jahre im Ausland weilten.

Die Zahl der zu Beginn der deutschen Besatzung in Polen lebenden Juden betrug ca. 3,3 Millionen. Bereits unmittelbar nach dem Überfall auf Polen setzte die Ermordung der Juden ein, an der sich Einsatzgruppen der SS sowie Wehrmachtseinheiten beteiligten. Dem Novemberpogrom von 1938 vergleichbar wurden zahlreiche Synagogen zerstört. Bedingt durch die Aufteilung Polens verblieben nach der Flucht Tausender Juden in den sowjetisch besetzten Teil ca. 1,8 Millionen Juden im deutschen Machtbereich. Bereits am 21. September 1939 traf Reinhard Heydrich, Chef des Reichssicherheitshauptamtes, die Anordnung, »Sperrbezirke«

in Städten mit größerem jüdischem Anteil zu errichten. Die geplanten Ghettos sollten möglichst an Bahnstrecken liegen, kleinere Gemeinden sollten aufgelöst sowie »Judenräte« gebildet werden, die zur Verantwortung zu ziehen seien für die Befolgung aller Anweisungen der Deutschen. Die Ghettoisierung im engeren Sinne, als eines mit Stacheldraht, Mauer und Wachtposten abgeriegelten Wohnbezirks, erfolgte im Generalgouvernement ab Frühjahr 1940. Im April 1940 wurde das Ghetto in Łódź (»Ghetto Litzmannstadt«) errichtet, im Oktober 1940 das »Warschauer Ghetto«. Im Generalgouvernement wurde die Kennzeichnungspflicht für Juden im Dezember 1939 eingeführt. Marcel Reich-Ranicki berichtet:

> »Der SS und den vielen deutschen Behörden schien es angebracht, die Juden (...) schleunigst auszusondern, auszugrenzen und zu demütigen. Ab 1. Dezember 1939 mussten im Generalgouvernement alle Juden im Alter von über zehn Jahren – im Distrikt Warschau war die Altersgrenze zwölf Jahre –, auf dem rechten Arm eine mindestens zehn Zentimeter breite weiße Binde mit einem blauen Davidstern tragen. Den vielen Warschauern, ob nun Deutsche oder Polen, die das Bedürfnis hatten, Juden auf den Straßen zu überfallen, war diese Kennzeichnung sehr willkommen – und sie wurde auch richtig begriffen: Die Juden waren vogelfrei.« (Reich-Ranicki 1999: 201)

Von hoher Relevanz für das Schicksal der polnischen Juden war der Überfall der deutschen Wehrmacht auf die Sowjetunion am 22. Juni 1941. Die deutschen Truppen eroberten in kürzester Zeit dasjenige Territorium, welches durch den »Hitler-Stalin-Pakt« an die Sowjetunion gefallen war. Damit geriet die andere Hälfte der polnischen Juden unter die Herrschaft der Deutschen, darunter auch zigtausende, die von West- und Zentralpolen nach Ostpolen geflohen waren. Alsbald begann auch hier die Zwangsinternierung der Juden in zahlreichen größeren und kleineren Ghettos. Bereits im Juli 1941 begab sich der Sicherheitsdienst auf die Suche nach einem geeigneten Ort, um nicht arbeitsfähige Juden »durch irgendein schnellwirkendes Mittel zu erledigen«. Im Oktober und November 1941 wurde das Vernichtungslager Chełmno errichtet, wo am 8. Dezember 1941 erstmals Juden aus der Umgebung sowie aus dem Ghetto Łódź in Gaswagen ermordet wurden.

Den Übergang zur systematischen Ermordung der polnischen Juden markiert die *Aktion Reinhardt*, die zwischen März und Juli 1942 zur Errichtung der drei Vernichtungslager Belzec, Sobibor und Treblinka führte. In Belzec wurden laut Angaben der SS (»Höfle-Telegramm«) 434 508 Menschen ermordet, unter ihnen auch Sinti und Roma aus der Tschechoslowakei, Polen und Deutschland. Allein im Vernichtungslager Treblinka, wo vom 22. Juli bis zum 21. September 1942 die Deportationszüge aus dem schrittweise geräumten Warschauer Ghetto ankamen, wurden von Juli 1942 bis zur Auflösung des Lagers im Herbst 1943 zwischen 700 000 und 1 Million Menschen ermordet. In den drei Vernichtungslagern Treblinka, Belzec und Sobibor fanden insgesamt 1 700 000 überwiegend polnische Juden den Tod, darunter 260 000 Juden des Warschauer Ghettos, unter ihnen Helene und David Reich, die Eltern Marcel Reich-Ranickis, die in den Gaskammern Treblinkas ermordet wurden. Vom September 1942 berichtet der Literaturkritiker:

> »Wir wurden auf den Platz geführt, auf dem sich heute das 1947 errichtete Warschauer Ghetto-Denkmal befindet, und dort gab es, wie nun schon üblich, einen etwas gelangweilten jungen Mann mit einer offenbar nagelneuen Reitpeitsche. Hier sollte sich wieder einmal entscheiden, ob wir nach links gehen mussten, also zum ›Umschlagplatz‹, zu den Waggons nach Treblinka, oder nach rechts, also, vorerst, am Leben bleiben durften. Die Peitsche zeigte nach rechts. Meine Eltern hatten schon ihres Alters wegen – meine Mutter war 58 Jahre alt, mein Vater 62 – keine Chance, eine ›Lebensnummer‹ zu bekommen, und es fehlten ihnen Kraft und Lust, sich irgendwo zu verbergen. Ich sagte ihnen, wo sie sich anstellen mussten. Mein Vater blickte mich ratlos an, meine Mutter erstaunlich ruhig. (…) Ich wusste, dass ich sie zum letzten Mal sah. Und so sehe ich sie immer noch: meinen hilflosen Vater und meine Mutter in dem schönen Trenchcoat aus einem Warenhaus unweit der Berliner Gedächtniskirche.« (Reich-Ranicki 1999: 260)

Auch in Majdanek gelangten zwischen September 1942 bis Oktober 1943 die Gaskammern zum Einsatz. In dem in der Nähe Lublins gelegenen Konzentrations- und Vernichtungslager wurden vor allem Juden aus Warschau und Białystok ermordet.

Exemplarisch für das Vorgehen der Deutschen im Generalgouvernement seien die Ereignisse in Krakau und Tarnow geschildert. Das über eine Viertelmillion Einwohner verfügende Krakau besetzte die deutsche Wehrmacht am 6. September 1939. Zu diesem Zeitpunkt lebten ca. 60 000 Juden in der altehrwürdigen Stadt, die am 26. Oktober 1939 von den Deutschen als Hauptstadt des Generalgouvernements erklärt wurde. Am 28. November 1939 wurde ein »Judenrat« eingesetzt. Sogleich setzte eine erste Terrorphase ein, deren Ziel die massenhafte Vertreibung der Juden aus der Stadt war, etliche Synagogen wurden in Brand gesetzt. Am 3. März 1941 wurde das Krakauer Ghetto errichtet, in dem Ende 1941 ca. 18 000 Juden, die in der Stadt verblieben und nicht in die östlichen Gebiete geflüchtet waren, unter extrem beengten Verhältnissen leben mussten. Die Juden wurden zur Zwangsarbeit in mehreren Firmen innerhalb des Ghettos verpflichtet. Die Deportationen in die Vernichtungslager begannen am 28. Mai 1942 mit der Abriegelung des Ghettos. Im Rahmen dieser ersten »Aktion« wurden 6000 Juden nach Belzec deportiert. Da sich der »Judenrat« weigerte, diesbezügliche Befehle umzusetzen, erschossen die Deutschen im Ghetto 300 Juden, darunter auch den Vorsitzenden des Judenrats. Am 27. und 28. Oktober 1942 wurden bei einer neuerlichen »Aktion« 7000 Juden nach Belzec und Auschwitz deportiert sowie 600 Juden erschossen. Das Ghetto wurde systematisch verkleinert, obwohl zahlreiche weitere Juden aus der Umgebung hierhin verschleppt wurden. Mitte März 1943 lösten die Deutschen das Krakauer Ghetto nach einer weiteren »Aktion« auf. Die östlich von Krakau gelegene Stadt Tarnow wurde am 8. September 1939 von der Wehrmacht besetzt. Bereits am Tag darauf wurden etliche Synagogen in Brand gesteckt. Anfang November setzten die Deutschen einen »Judenrat« ein, den sie u. a. für die Zwangsarbeit der Juden verantwortlich machten. Da dieser sich nicht willfährig genug erwies, wurden seine Mitglieder alsbald verhaftet und ersetzt. Das Verhängen eines Bußgeldes sowie die Ablieferung von Wertsachen dienten im Jahr darauf der Beraubung der Juden. Im Jahr 1941 wurden diejenigen Juden, die vor den deutschen Truppen nach Tarnow geflüchtet und folglich nicht ortsansässig waren, erschossen. Am 11. Juni 1941 deportierten die Deutschen erstmals 3500 Juden nach Belzec und ermordeten hunderte Juden auf dem jüdischen Friedhof. Am 15. Juni 1941 wurden weitere 10 000 Juden nach Belzec deportiert. Die SS erschoss ferner zahlreiche Juden am Rande der Stadt vor ausgehobenen Gruben. Am 19. Juni mussten die Juden ihre Wohnungen verlassen und in ein Ghetto ziehen, das im Rahmen mehrerer »Aktionen« systematisch geräumt wurde. Die endgültige Liquidierung des Ghettos, in das zuvor auch Juden aus der Umgebung verschleppt wurden, geschah am 2. September 1943, als 7000 Juden nach Auschwitz deportiert wurden. Ende 1943 erklärte die SS Tarnow als »judenfrei«.

Das Vorgehen der Deutschen in Krakau und Tarnow entsprach auch dem in Białystok. Die nordostpolnische Stadt, die zuvor unter sowjetischer Herrschaft stand, wurde von der deutschen Wehrmacht am 27. Juni 1941 eingenommen. Die Deutschen agierten auch hier nach demselben Schema, das im Generalgouvernement wie in Ostpolen stets aus den gleichen Schritten bestand. *Erstens:* Erschießung jüdischer Einwohner in den ersten Wochen der Besatzung, Entfachung von Terror. *Zweitens*: Einrichtung eines »Judenrats« und falls erforderlich Ersetzung der Mitglieder durch einen willfährigen Kreis. *Drittens:* Errichtung eines Ghettos und Zwangseinweisung aller Juden der Stadt sowie nachfolgend auch von Juden der Umgebung. *Viertens:* Ausbeutung der Juden durch Zwangsarbeit in Ghettofabriken sowie Beraubung. *Fünftens:* Durchführung von »Aktionen« in Form von Erschießungen und Deportationen der Juden in Vernichtungslager der »Aktion Reinhardt«. *Sechstens:* Sukzessive räumliche und personelle Verkleinerung des Ghettos durch weitere »Aktionen«. *Siebtens:* Liquidierung des Ghettos. In Białystok lief »das Programm« im Sinne der Deutschen indes nicht reibungslos ab. Eine jüdische Widerstandsgruppe stellte sich zum Kampf, der vom 16. bis zum 20. August 1943 dauerte. Obwohl die jüdische Untergrundbewegung nur über wenige Waffen verfügte, sahen sich die Deutschen zwecks Niederschlagung des Aufstands gezwungen, eine Einheit mit Panzern zur Hilfe anzufordern. Erst danach war es den Deutschen möglich die Deportationen fortzusetzen. Von den jüdischen Kämpfern gelang es 150 Personen sich den Partisanen anzuschließen.

Wie stark das Schicksal der polnischen Juden mit dem der Juden anderer europäischer Länder verwoben war, verdeutlicht die Historie des Ghettos Litzmannstadt, das nach dem Warschauer Ghetto das zweitgrößte war und bis zum 19. Januar 1945 bestand, als die sowjetische Armee das verbliebene jüdische Personal eines »Aufräumkommandos« sowie wenige Kinder und Erwachsene befreite, die sich bis zum Ende versteckt hielten. Eine Namensliste der aus Berlin in das Ghetto Litzmannstadt

(Łódź) deportierten Juden umfasst alleine 4210 Personen (unter ihnen auch 122 Juden aus Emden), die vier Transporte im Herbst 1941 in das Ghetto von Łódź verschleppten. Die Deportation und Ermordung der Berliner Juden beginnt mit dem Zug Nr. 1013, der am 18.10.1941 vom Bahnhof Grunewald nach Łódź fuhr. Im Sommer 1944 befanden sich noch 80 000 Juden im Ghetto Litzmannstadt als die SS die Liquidation des Ghettos plante. Die noch Verbliebenen wurden in Auschwitz-Birkenau ermordet sowie im Vernichtungslager Kulmhof, dessen Maschinerie zwecks Ermordung der Juden des Ghettos Litzmannstadt erneut in Betrieb genommen wurde.

Nachdem Mitte September 1942 aus dem Warschauer Ghetto 300 000 Juden verschleppt und davon 265 000 in das Vernichtungslager Treblinka gebracht wurden – darunter Helene und David Reich – verblieben noch 60 000 Juden im Ghetto. Der Pianist Władysław Szpilman (1911–2000), dem die Flucht vom »Umschlagplatz« gelang, wo seine Familienangehörigen in die Viehwaggons nach Treblinka gepfercht wurden, schreibt:

> »Und wieder kursierten im Ghetto Gerüchte von einer erneuten ›Aussiedlung‹. Falls die Gerüchte wahr waren, lag es klar auf der Hand, dass die Deutschen uns mit Stumpf und Stiel ausrotten wollten. Wir waren schließlich nur noch an die Sechzigtausend, und zu welchem anderen Zweck konnte ihnen sonst daran gelegen sein, dieses Häuflein aus der Stadt zu entfernen? Immer häufiger wurde erwogen, den Deutschen Widerstand zu leisten. Besonders die jüdische Jugend war entschlossen zu kämpfen, und es wurde sogar hin und da damit begonnen, Häuser im Ghetto insgeheim zu befestigen, um sich im Fall der Fälle darin verteidigen zu können.« (Szpilman 1998: 118)

Am 28. Juli 1942 hatte sich im Ghetto die Żydowska Organizacja Bojowa (ŻOB) gebildet, die sich zum bewaffneten Widerstand entschloss. Den Kämpfern der ŻOB war bewusst, dass nach der ersten Welle der Deportationen nur eine Pause eingetreten war und die Deutschen auch die Ermordung der noch verbliebenen Juden des Ghettos in Angriff nehmen würden. Als die zweite Deportationswelle am 18. Januar 1943 einsetzte kam es erstmals zu bewaffneten Angriffen auf die SS im Ghetto, bei denen fast alle beteiligten jüdischen Widerständler getötet wurden.

In den Monaten von Januar bis April 1943 bereitete sich die ŻOB intensiv und von der Zivilbevölkerung des Ghettos unterstützt auf den Aufstand vor. Der Warschauer Ghettoaufstand, der vom 19. April bis 16. Mai 1943 dauerte, war der erste Aufstand im von Deutschen besetzten Europa überhaupt. Immer wieder gelang es den jüdischen Kämpfern der ŻOB über die Dächer des Ghettos zu entkommen, sich in Bunkern zu verstecken, dort zu verschanzen und neue Angriffe zu planen. Die SS setzte daraufhin Flammenwerfer und Gasgranaten ein und steckte das gesamte Ghetto Haus für Haus in Brand. Am 16. Mai 1943 vermeldete der Bericht des SS-Brigadeführers und Generalmajors der deutschen Polizei Jürgen Stroop (1895–1952) den Abschluss der »Ghetto-Großaktion«. Im diesbezüglichen Fernschreiben von Stroop heißt es:

> »Es wurden 180 Juden, Banditen und Untermenschen vernichtet. Das ehemalige jüdische Wohnviertel Warschau besteht nicht mehr. Mit der Sprengung der Warschauer Synagoge wurde die Großaktion um 20.15 beendet. (...) Gesamtzahl der erfassten und nachweislich vernichteten Juden beträgt insgesamt 56.065. Keine eigenen Verluste. Schlussbericht lege ich am 18.5.43 bei der SS- und Polizeiführertagung vor.« (Wirth 1960: »Stroop-Bericht«, Schreiben vom 16. Mai 1943)

Im Mai 1945 waren von den 3,3 Millionen polnischen Juden noch ca. 380 000 am Leben. Bis zu drei Millionen polnischer Juden, d. h. ca. 90 % der jüdischen Bevölkerung Polens, fanden den Tod in deutschen Vernichtungslagern wie Belzec, Chełmno, Sobibor, Treblinka, Majdanek und Auschwitz, starben an Unterernährung und Erschöpfung in den überfüllten Ghettos oder im Widerstand wie die Kämpfer des Warschauer Ghettos.

3.3 Sowjetunion – Einsatzgruppen im Blutrausch

Auf sowjetischem Territorium lebten im Jahr 1939 mehr als 3 Millionen Juden. Mit dem »Unternehmen Barbarossa« begann augenblicklich ihre Ermordung. Der unerwartete Überfall auf die Sowjetunion sowie der rasche Vormarsch der deutschen Truppen trafen viele Juden unvorbereitet, wenngleich noch Tausenden die Flucht in das Innere der Sowjetunion gelang. Die neue Qualität der Brutalisierung der Kriegsführung kam u. a. durch den »Kommissarbefehl« zum Ausdruck, der die Erschießung gefangener Politkommissare der Roten Armee vorsah. In den Kriegsgefangenenlagern hielten Einsatzkommandos nach »bolschewistischen Kräften« Ausschau. Der »Kommissarbefehl« führte zu Selektionen und Massenerschießungen, von denen vor allem Juden betroffen waren. Bereits vor dem Polenfeldzug waren hierfür Einsatzgruppen der Sicherheitspolizei und des SD gebildet worden, die nunmehr in der Sowjetunion die nationalsozialistische Völkermordpolitik umsetzten. Ab Mitte August 1941 gingen die mit den Buchstaben A, B, C und D bezeichneten Einsatzgruppen zum systematischen Massenmord über. Die Morde wurden nicht nur von Angehörigen der Spezialeinheiten, sondern ebenso von der SS, der deutschen Wehrmacht, diversen Polizeieinheiten sowie örtlichen Kollaborateuren begangen. Nach der ersten Massenmordserie durch die Einsatzgruppen folgten die Errichtung von Ghettos sowie die Deportation der Juden in Vernichtungslager.

Stellvertretend für das Schicksal der sowjetischen Juden sei das Geschick der Juden von Witebsk, Mogiljow und Smolensk geschildert, das sich in ähnlicher Weise an zahllosen Orten abspielte. Witebsk wurde am 11. Juli 1941 von deutschen Truppen besetzt. Bereits am 24. Juli 1941 wurden viele Juden außerhalb der Stadt erschossen. Die Deutschen ernannten einen »Judenrat«, der für die Organisierung der Zwangsarbeit, die Registrierung der jüdischen Bevölkerung sowie die Konzentrierung der Juden in einem Ghetto verantwortlich war, in dem 16 000 Juden leben mussten. Sukzessive erschossen die Deutschen die Ghettobewohner bis sie das Ghetto am 8. Oktober 1941 liquidierten und innerhalb von drei Tagen alle noch verbliebenen Juden an einem Fluss erschossen, deren Leichen sie hineinstießen. Die weißrussische Stadt Mogiljow wurde am 26. Juli 1941 von der Wehrmacht erobert. In der Stadt waren ca. 10 000 Juden verblieben. Das Einsatzkommando 8 der Einsatzgruppe B begann unverzüglich mit Erschießungen, bei denen tausende Juden ermordet wurden. Am 18. September wurden in der Nähe der Stadt Abgase in einen luftdichten Raum geleitet und 20 Kranke aus einer Anstalt für Geisteskranke ermordet. Auch in Mogiljow folgten auf die erste Mordserie Kennzeichnungspflicht, die Bildung eines »Judenrats« sowie die Errichtung eines Ghettos. Am 19. Oktober 1941 wurden 3726 Juden des Ghettos ermordet. Bereits Ende Oktober 1941 lebten keine

Juden mehr in Mogiljow. Smolensk wurde von der deutschen Wehrmacht am 29. Juli 1941 erobert. Durch Evakuierung und Flucht gelang es den meisten Juden, Smolensk noch rechtzeitig zu verlassen. Die Stadt im Westteil Russlands diente anfänglich der Einsatzgruppe B als Hauptquartier, die Kennzeichnungspflicht sowie Zwangsarbeit anordnete und einen »Judenrat« einsetzte. Zahlreiche jüdische Intellektuelle wurden als mutmaßliche »Unruhestifter« sogleich erschossen. Im August 1941 wurden die 2000 in der Stadt verbliebenen Juden in einem Ghetto interniert. Bereits Anfang Dezember 1941 hatten die Deutschen alle Juden der Stadt Smolensk ermordet.

Charakteristisch für den »Rassenkrieg« auf sowjetischem Boden ist die Vernichtungsstätte Maly Trostinez, die sich unweit von Minsk befindet. In umliegenden Wäldern wurden hier zwischen 1942 und 1944 überwiegend Juden, sowjetische Kriegsgefangene und Partisanen ermordet, deren Gesamtzahl nur schwer zu ermitteln ist. Die enge Verwobenheit zwischen dem Schicksal der sowjetischen Juden und dem der Juden anderer Länder verdeutlicht die Liste der Deportationen nach Maly Trostinez. Belegt sind insgesamt 16 Züge u. a. aus Wien (neun Züge), Theresienstadt (fünf Züge) sowie Königsberg/Berlin und Köln. Allein in Maly Trostinez wurden ca. 10 000 Wiener Juden ermordet, darunter auch österreichische Juden, die am 28. November 1941 von Wien in das Ghetto Minsk deportiert wurden. Das Ghetto Minsk wurde im Juli 1941 errichtet, die deutsche Wehrmacht hatte erst kurz zuvor die weißrussische Stadt besetzt. In einem nur zwei Quadratkilometer umfassenden Stadtareal wurden ca. 60 000 Minsker Juden interniert, die sich durch »gelbe Flecken« kenntlich zu machen hatten. Bereits in den Monaten August und November folgten Razzien, Pogrome und Massenerschießungen durch SS und Polizeikräfte mit dem Ziel »Platz zu schaffen« für die Deportation von Juden aus dem »Altreich«. Die Liste der Deportationen ins Ghetto Minsk umfasst zwischen dem 11. November und dem 5. Dezember 1941 sieben Züge und zwar aus Hamburg, Düsseldorf, Frankfurt a. M., Berlin, Brünn, Bremen/Hamburg und Wien. Für die deutschen Juden, die zuvor die Leichen der Ermordeten zu beseitigen hatten, wurden zwei »Sonderghettos« innerhalb des Areals eingerichtet. Das Ghetto Minsk wurde am 23. September 1943 von der SS liquidiert.

Die Opferzahl der sowjetischen Juden wird auf 1,5 Millionen geschätzt. Von den gut 3 Millionen Juden des Jahres 1939 wurde jeder zweite Jude Opfer der Shoah, was einer Ermordungsrate von 50 % entspricht. In einem Zeitraum von nur 18 Monaten brachten die Deutschen die Hälfte der Juden der Sowjetunion um.

3.4 Ukraine - Eine Schlucht namens Babi Jar

Die Ukraine war seit 1918 Teil der Sowjetunion. Ihre historische Entwicklung weist vielfältige Spezifika auf, die sich für die Shoah als relevant erwiesen, sodass die Ermordung der Juden der Ukraine gesondert dargestellt werden soll. Vor dem Ersten Weltkrieg war die Ukraine zweigeteilt. Während die Bukowina (Czernowitz) und Galizien (Lemberg), d. h. ihr westlicher Teil, zu Österreich-Ungarn gehörten, zählte der größere Teil zu Russland. Der Anteil der Juden an der Gesamtbevölkerung war insbesondere in den Städten der westlichen Ukraine hoch; im 18. und 19. Jahrhundert lag er in etlichen Städten zwischen 40 % und 50 %. In Czernowitz, der Hauptstadt der Bukowina beispielsweise, die von 1918 bis 1940 zu Rumänien gehörte und im Juni 1940 der Sowjetunion angeschlossen wurde, betrug der Anteil der Juden über 40 %. Der Antisemitismus war in der Ukraine stark ausgeprägt und führte 1648/49 während des Chmelnyzkyj-Aufstands zu mörderischen Pogromen. Im 18. Jahrhundert vernichteten Massaker der Haidamaken ganze jüdische Gemeinden. Das antisemitische Gewaltpotential blieb in der Ukraine auch während des Ersten Weltkriegs erheblich. Als russische Truppen das westliche Galizien eroberten, betrachteten sie die Juden als Verbündete der Habsburger. Körperliche Gewalttätigkeiten der Kosaken waren an der Tagesordnung. Im Zuge der Februarrevolution erhielten die Juden die gleichen Rechte. Im Kampf um die Oberhoheit über die Ukraine unterlagen sowohl Polen als auch die judenfeindlich wütende nationalukrainische Armee unter Symon Petljura (1879–1926) der Sowjetunion. Der Friedensvertrag von 1920 führte zur Eingliederung der Ukraine in die UdSSR. Polen erhielt Wolhynien und Ostgalizien, Rumänien gliederte sich die Bukowina an. Der russische Bürgerkrieg kostete bis zu 100 000 Juden das Leben, die zumeist von Truppen der »Weißen«, polnischen Einheiten sowie marodierenden Banden ermordet wurden. Im Kontext des »Hitler-Stalin-Pakts« annektierte die Sowjetunion im September 1939 Wolhynien und Ostgalizien sowie im Juni 1940 die Bukowina und Bessarabien.

Nach dem Überfall auf die Sowjetunion im Juni 1941 gelang es der deutschen Wehrmacht, bis Oktober nahezu die gesamte Ukraine unter ihre Kontrolle zu bringen. Nationalistische Militäreinheiten, die nach staatlicher Unabhängigkeit strebten, schlossen sich den Deutschen an. Ukrainer wechselten die Fronten und waren bereit, der deutschen Wehrmacht, der deutschen Polizei und der SS zur Verfügung zu stehen. Im Jahr 1943 wurde eine eigene ukrainische SS-Division aufgestellt. Die Deutschen gewährten der Ukraine jedoch nicht die staatliche Unabhängigkeit, sondern setzten eine Zivilverwaltung ein, die über das »Reichskommissariat Ukraine« herrschte. Ein östlicher Teil (Sumy, Charkow, Donezk) wurde unter Militärverwaltung gestellt, während Ostgalizien (Lemberg, Ternopol) dem »Generalgouvernement« angegliedert wurde.

Bereits unmittelbar nach der Besetzung ermordeten die Einsatzgruppen C und D in der Ukraine hunderttausende Juden. Zivil- wie Militärverwaltung ordneten die Kennzeichnungspflicht der Juden durch Armbinden sowie die Registrierungspflicht an, setzten »Judenräte« ein, befahlen die Ghettoisierung der Juden und organisierten den systematischen Massenmord in Form von Erschießungen in abgelegenen Schluchten, Steinbrüchen oder mittels Gaswagen. In der unweit Kiews gelegenen Stadt Shitomir beispielsweise, welche die Deutschen am 9. Juli 1941 einnahmen und wo durch Flucht und Evakuierung nur ca. 10 000 Juden geblieben waren, wurde die Hälfte der Juden bereits in den ersten Wochen ermordet. Die andere Hälfte der jüdischen Bevölkerung sperrte man in ein Ghetto ein, das bereits im September 1941 liquidiert wurde. Am 19. September wurden 3145 Ghettobewohner im Umkreis der Stadt erschossen. Exemplarisch für den deutschen Vernichtungskrieg ist das Massaker von Babi Jar, einer Waldschlucht unweit von Kiew. Die 6. Armee der deutschen Wehrmacht, Einsatzgruppen der Sicherheitspolizei und des SD arbeiteten zusammen als dort am 29. und 30. September 1941 laut »Ereignismeldung der Einsatzgruppe C« 33 771 Juden ermordet wurden. Von der Wehrmacht gedruckte Plakate hatten am Tag zuvor in der Stadt eine »Umsiedelung der Juden« bekannt gegeben. Auch in den darauffolgenden Wochen wurden Tausende Juden der Umgebung festgenommen und nach Babi Jar gebracht, wo insgesamt über 100 000 Menschen ermordet wurden, darunter auch Sinti und Roma sowie sowjetische Kriegsgefangene.

Trotz der Enttäuschung über die ausbleibende Unabhängigkeit blieb die Kollaboration großer Teile der ukrainischen Bevölkerung mit dem deutschen Haupttäter bei der Ermordung der Juden beträchtlich. Einzelnen Personen, die Juden Unterschlupf gewährten, stand die große Masse derjenigen nichtjüdischen Ukrainer gegenüber, die Juden verrieten, sowie diejenigen, die sich aktiv an Pogromen beteiligten. Ukrainische Hilfspolizei als auch Teile der Zivilbevölkerung plünderten jüdische Wohnungen und Geschäfte und ermordeten Juden. Deutsche als auch ukrainische Polizisten sowie Wehrmachtssoldaten waren an der Verhaftung von Juden sowie an ihrem Transport zu den Erschießungsorten beteiligt. Die Ermordung der Juden geschah zumeist durch Einsatzgruppen sowie durch den SD.

Die Zahl der ermordeten Juden der Ukraine wird zu den sowjetischen Opferzahlen gerechnet. Festzuhalten bleibt indes, dass von den über 1,5 Millionen ermordeten Juden der Sowjetunion der größte Teil ukrainische Juden waren.

3.5 Estland – »936«, »judenfrei«

Jüdische Gemeinden existierten in Estland, das sich Ende 1917 zu einem unabhängigen Staat erklärte, erst seit dem 19. Jahrhundert. Die Zahl der Juden zwischen den beiden Weltkriegen wird auf 4500 Personen geschätzt, die damit ca. 0,4 % der Gesamtbevölkerung ausmachten. Bedingt durch die Unabhängigkeitsbewegung, welche die über 200 Jahre währende Herrschaft Russlands beendete, waren in Estland nationalistische Kräfte stark ausgeprägt, gleichwohl erhielten die Juden weitgehend autonome Rechte in Bildungs- und Kulturfragen. In den 1930er-Jahren waren extrem nationalistische Organisationen wie etwa die *Omakaitse* auf dem Vormarsch, die ein ethnisch homogenes Estland propagierten sowie die Juden bezichtigten, über zu viel Einfluss in der Wirtschaft und im Kultursektor zu verfügen. Stimmen mehrten sich, die einen Numerus clausus für jüdische Studenten forderten. Im August 1940 wurde Estland aufgrund des »Hitler-Stalin-Pakts« von der Roten Armee besetzt und zur Sowjetrepublik erklärt. Firmen und Fabriken von Esten, darunter auch die von Juden, fielen der Verstaatlichung anheim. Tausende Esten verbannte man nach Sibirien, unter ihnen auch ca. 500 Juden.

Die deutsche Wehrmacht überfiel Estland am 22. Juni 1941, womit eine dreijährige Besatzungsherrschaft der Deutschen begann. Bei weitgehender Selbstverwaltung der Esten wurde Estland als Generalkommissariat in das *Reichskommissariat Ostland* eingegliedert. Zum Zeitpunkt des Einmarsches der deutschen Truppen gelang Tausenden Juden noch rechtzeitig die Flucht in das Innere der Sowjetunion oder nach Finnland, sodass nur ca. 1000 Juden in Estland verblieben, von denen ca. die Hälfte in der Hauptstadt Tallinn beheimatet war. SS-Angehörige der Einsatzgruppe A, die unter dem Kommando von Franz Walther Stahlecker (1900–1942) der Heeresgruppe Nord folgten, entfachten bereits kurz nach Einmarsch der deutschen Truppen mit Unterstützung estnischer Kollaborateure eine pogromartige Stimmung, die zu Demütigungen, körperlichen Übergriffen und Plünderungen führte. Unter der Aufsicht des Sonderkommando Ia der Einsatzgruppe A verhafteten Mitglieder der *Omakaitse*, teils auch aus eigenem Antrieb, Hunderte männlicher Juden, die in den umliegenden Wäldern Tallinns erschossen wurden. Die übrigen Juden, die sie ergriffen, verschleppte man zunächst in ein Arbeitslager in der Nähe der Hauptstadt. Ende 1941 wurden die zu diesem Zeitpunkt noch lebenden Juden, unter ihnen auch zahlreiche Frauen und Kinder, erschossen. Bis Ende 1941 wurden in Estland 963 Juden ermordet. Die Zahl »963« vermerkte Stahlecker in seinem ersten Bericht über die Aktivitäten der Einsatzgruppe A auf einer den östlichen Raum, darunter das Baltikum, abbildenden Karte. Die Anzahl notierte er rechts neben einem gezeichneten Sarg unter dem er das Wort »judenfrei« schrieb. Die Liste der Wannsee-Konferenz vom 20. Januar 1942, welche für das Mordprogramm die Anzahl der jüdischen Bevölkerung in Europa länderweise aufführte, notierte bezüglich Estland »judenfrei«. Das Beispiel Estland belegt, dass die Teilnehmer der Wannsee-Konferenz nicht das Startsignal des Judenmordprogramms gaben, insofern zu diesem Zeitpunkt Tausende Juden wie etwa im Baltikum bereits tot waren, sondern vielmehr die Modalitäten des weiteren Vorgehens besprachen. Den »Fall Estland« betrachteten die versammelten Mörder in der Wannsee-Villa bereits als »erledigt«.

Die Ermordung von Juden auf estnischem Territorium war damit jedoch nicht beendet. Die deutschen Besatzungsbehörden errichteten vielmehr auf estnischem Boden zahlreiche Konzentrations- und Arbeitslager. Ab Herbst 1942 wurden Tausende Juden nach Estland mit dem Ziel verschleppt, Sklavenarbeit u. a. beim Bau von militärischen Befestigungsanlagen zu leisten. Die Juden kamen zumeist aus litauischen und lettischen Lagern, aber auch aus Theresienstadt und anderen Orten, die unter der Befehlsgewalt der deutschen Besatzer standen. Als die Rote Armee auf Tallinn vorrückte wurden die noch lebenden Juden über die Ostsee in das Konzentrationslager Stutthof gebracht. Laut Schätzungen beläuft sich die Zahl der auf estnischem Boden ermordeten Juden auf insgesamt 10 000.

Seit 2004 existiert in Kalevi-Liiva – einem 35 Kilometer östlich von Tallinn gelegenen Waldgebiet – ein Denkmal für die in den Jahren 1942 und 1943 ermordeten Juden. Die 6000 Juden stammten zumeist aus der Tschechoslowakei, Deutschland und Polen. In Kalevi-Liiva ermordet wurden auch estnische Sinti und Roma, denen gleichfalls gedacht wird. Zwei auf französische Initiative veranlasste Gedenktafeln befinden sich ferner an der Außenmauer des Gebäudes des Patarei-Gefängnisses, das am Hafen von Tallinn gelegen ist. Im Sommer 1944 wurde hier eine größere Gruppe französischer Juden ermordet. Von den ca. 1000 Juden Estlands im Juni 1941 wurden 963 ermordet, d. h. ca. 96 %; nur wenige überlebten versteckt im Untergrund.

3.6 Lettland – Verharmlosung der Mittäterschaft

Lettland mit der Hauptstadt Riga erlangte seine Unabhängigkeit im Jahr 1918. In den beiden Hauptprovinzen Livland und Kurland waren Juden in nennenswerter Zahl schon im 16. Jahrhundert präsent. Zum Zeitpunkt der Unabhängigkeit Lettlands lebten ca. 100 000 Juden in der baltischen Republik, was einem Gesamtanteil der Bevölkerung von ca. 5 % entsprach. Wie in Estland, so erlangten auch die lettischen Juden mit der Unabhängigkeit des Landes weitgehende kulturelle Autonomie. In den 1930er-Jahren wuchs in Lettland der Einfluss rechtsgerichteter Kräfte, die sich um Kārlis Ulmanis (1877–1942) scharten. Die Judenfeindschaft nahm ein erhebliches Ausmaß an. Im Jahr 1935 ergab die Volkszählung eine Gesamtzahl der lettischen Juden von ca. 94 000. Bedingt durch den »Hitler-Stalin-Pakt« besetzte die Rote Armee Lettland im Juni 1940. Lettland wurde zur Sowjetrepublik erklärt, Wirtschaftsunternehmen verstaatlicht, die Landwirtschaft kollektiviert. Über 20 000 Letten wurden nach Sibirien verschleppt, worunter sich ca. 5000 Juden befanden. Zum Zeitpunkt des Überfalls der deutschen Truppen am 1. Juli 1941 gelang es 15 000 Juden in unbesetzte sowjetische Gebiete zu flüchten. Im Land verblieben ca. 70 000 Juden.

Die Ermordung der lettischen Juden begann am 23./24. Juni 1941 in Grobina, einer Kleinstadt im Westen Lettlands. Verantwortlich für die Morde war die Einsatzgruppe A. In den darauffolgenden Tagen war der Sicherheitsdienst des Reichsführers SS verantwortlich für Erschießungen in mehreren Kleinstädten u. a. in Priekulė, einer Stadt im Südwesten Lettlands. Bereits im Sommer 1941 waren ebenso lettische Hilfseinheiten des SD unter der Führung von Mārtiņš Vagulāns (1905–1982) an Mordaktionen beteiligt. Auf heftigen Widerstand stieß die deutsche Wehrmacht bei ihrem Vormarsch in der Hafenstadt Liepāja (»Libau«). Nach heftiger Gegenwehr wurde die Stadt am 29. Juni 1941 eingenommen. Bereits eine Woche später erschossen SS-Angehörige der Einsatzgruppe A im Stadtpark von Liepāja 1430 Personen, darunter viele Juden. Das »Massaker in Liepāja« bezeichnet eine Serie von Erschießungen, an denen die deutsche Wehrmacht, SS-Angehörige der Einsatzgruppe A sowie lettische Kollaborateure beteiligt waren. Die übergroße Anzahl der 7000 Juden, die in der Hafenstadt an der Ostsee wohnten, fiel dem Massaker zum Opfer. Von den Massenerschießungen in Liepāja existiert eine Filmsequenz, die der deutsche Soldat Reinhard Wiener aufnahm, der den Ort passierte. Die Filmszene zeigt, wie Juden von einem LKW absteigen und von SS-Angehörigen wie von lettischen Hilfskräften angetrieben zu einer ausgehobenen Grube laufen müssen, in der sie erschossen werden. Über die soeben Erschossenen wird Sand geschüttet, während ihre Mörder die nächste Gruppe zur Grube treiben und gleichfalls erschießen. Zu der kurzen Filmsequenz führt Reinhard Wiener aus:

> »Ich kam Ende Juli, Anfang August nach Libau, wo ich dann in die Anlage kam – das kleine Wäldchen vom Strand – und der Soldat uns entgegen kam. Wir gingen dann weiter bis zu der Exekutionsstelle. Dort waren ringsherum deutsche Soldaten als Zuschauer. In der Mitte war ein langer Graben gezogen. Ich stellte mich dann hin in die zweite Reihe, von den Soldaten in einem Abstand von etwa fünfzig Meter vom Graben entfernt und wartete nun was geschieht. Es dauerte gar nicht lange, da kam ein Lastwagen angefahren, ein Pritschenwagen mit Menschen drauf. Ich wusste aber

> nicht wieviel und habe sie auch anfangs nicht gesehen, da sie gelegen haben. An allen vier Ecken dieser Pritsche standen Zivilisten mit gelben Armbinden und mit Gewehr. Die sprangen gleich nachdem der Wagen bei uns anhielt von dem Wagen herunter (…) und haben irgendetwas gerufen, was ich nicht verstand. Daraufhin sprangen die Menschen auf und ich sah, dass sie gelbe Lappen, gelbe Flicken, vorn und hinten, auf der Brust und auf dem Rücken hatten. Einen Davidstern habe ich nicht gesehen dabei. (…) Nachdem nun die Zivilisten mit der gelben Armbinde – ich identifizierte sie als lettische Heimwehr – wiederum schrien und die Juden – ich hatte sie als solche nun erkannt – über die Seitenwinde der Pritsche herüberspringen und runterspringen mussten – es waren auch Lahme und Krüppel dabei, welche nachher von den anderen aufgefangen wurden –, mussten sie dann erst einmal in Reihe antreten und wurden dann nachher auf den Graben zu gejagt getrieben. Und das war von der SS und der lettischen Heimwehr, die das gemacht haben. Dann mussten sie in den Graben hereinspringen und den Graben entlang laufen bis ans Ende, mussten sich mit dem Rücken zum Exekutionskommando stellen. Als sie den Graben gesehen haben, werden sie ja vielleicht gewusst haben, was mit ihnen geschieht, sie werden es auch gefühlt haben, weil unten bereits eine Schicht Toter lag, auf der nur eine dünne Sandschicht geschaufelt wurde.« (youtube.com/watch?v=tY8qD_EkRcs; youtube.com/watch?v=yTg6wEVrWVE)

In den am 5. Juli 1941 von der deutschen Militärverwaltung veröffentlichten »Anordnungen für alle Juden in Libau« hieß es: »Sämtliche Juden (Männer, Frauen und Kinder), haben sofort leicht sichtbare Kennzeichen in Form gelber Tuchflecken von der Mindestgröße 10 mal 10 cm auf den Kleidungsstücken an Brust und Rücken anzubringen.« Während in der Filmsequenz von Reinhard Wiener nur männliche Juden zu erblicken sind, wurden an einem nördlich von Liepāja gelegenen Strand im Dezember 1941 von lettischen Hilfspolizisten 2749 Männer, Frauen und Kinder erschossen.

Am 18. Dezember 1941 fragte der Reichskommissar für das Ostland, Hinrich Lohse (1896–1964), in Berlin an, wie denn der Erlass vom 31.10.1941 zu verstehen sei:

> »Ich bitte mich zu unterrichten, ob Ihre Anfrage v. 31.10. als dahingehende Weisung aufzufassen ist, dass alle Juden im Ostland liquidiert werden sollen? Soll dieses ohne Rücksicht auf Alter und Geschlecht und wirtschaftlichen Interessen (…) geschehen? Selbstverständlich ist die Reinigung des Ostlandes von Juden eine vordringliche Aufgabe; ihre Lösung muss aber mit den Notwendigkeiten der Kriegswirtschaft in Einklang gebracht werden.« (Schmid 1983: 166)

Lohse erhielt folgende Antwort: »Wirtschaftliche Belange sollen bei der Regelung des Problems grundsätzlich unberücksichtigt bleiben.«

Während in Liepāja kein »geschlossenes Areal« existierte, internierte die deutsche Militärverwaltung die Juden in Riga in einem Ghetto. Die lettische Hauptstadt wurde am 1. Juli 1941, neun Tage nach dem Überfall auf die Sowjetunion, eingenommen. Noch am Tag des Einmarsches der deutschen Wehrmacht formierten sich lettische Nationalisten, um jüdische Männer festzunehmen und in Gefängnisse zu sperren. Bereits wenige Tage darauf fand die erste Massenerschießung im Wald von Biķernieki statt. Bis zum Herbst 1944 wurden hier Tausende Juden erschossen, lettische ebenso wie deutsche, österreichische und tschechische Juden. Am 1. Dezember 2011, dem 70. Jahrestag der Deportation von 959 Württemberger Juden nach Riga, verlasen Mitglieder der Stolperstein-Initiative die Namen von Stuttgarter Bürgern, die nach Riga deportiert wurden. Der Großteil der Verschleppten wurde unmittelbar nach ihrer Ankunft in den umliegenden Wäldern erschossen.

Als das Ghetto von Riga Mitte August 1941 abgeriegelt wurde, lebten hier bis zu 30 000 Personen. Im März 1942 wurden ca. 1900 ältere sowie arbeitsunfähige Juden des Ghettos in den acht Kilometer vor den Toren der Stadt sich erstreckenden Wald von Rumbula verbracht und dort erschossen. Die Leitung der Erschießungen in Biķernieki und Rumbula lag beim Chef des Sicherheitsdienstes in Lettland. Die Erschießungen führte das Kommando Arajs aus, eine lettische Hilfseinheit des deutschen SD, die maßgeblich an der Ermordung der Juden in Lettland beteiligt war. Im Dezember 1943 galt das Ghetto von Riga als geräumt. Die Zahl der insgesamt ermordeten lettischen Juden wird auf ca. 70 000 geschätzt. Geht man davon aus, dass sich nach dem Einmarsch der Wehrmacht noch ca. 70 000 Juden im Land befanden, so ermordeten die Deutschen innerhalb von drei Jahren nahezu die gesamte jüdische Bevölkerung Lettlands. Die Quote der ermordeten lettischen Juden beträgt somit annähernd 100 %. Nur wenige Juden entgingen dem Morden, weil sie im Untergrund lebten oder sich den Partisanen anschlossen. Zu den auf lettischem Boden ermordeten Juden hinzuzuzählen sind ca. 20 000 deportierte Juden aus Deutschland, Österreich sowie der Tschechoslowakei, von denen nur wenige Hundert überlebten. Bei der Leipziger Buchmesse 2004 hielt die damalige Außenministerin Sandra Kalniete eine Eröffnungsrede, in der sie die lettische Kollaboration an der Ermordung der Juden Lettlands verharmloste und die Shoah durch Gleichsetzung mit ihrem eigenen durch den Stalinismus verursachten Leiden relativierte, woraufhin der Vizepräsident des Zentralrats der Juden, Salomon Korn, den Festakt der Leipziger Buchmesse verließ.

3.7 Litauen - Ein Mörder namens Jäger

Erst nach dem Ersten Weltkrieg wurde Litauen, das nach der dritten polnischen Teilung des Jahres 1795 zu Russland gehörte, neuerlich unabhängig. Zum Zeitpunkt der Unabhängigkeit zwischen den beiden Weltkriegen gehörte die heutige litauische Hauptstadt Wilna noch zu Polen. Die Stärke nationalistischer wie faschistischer Kräfte zeichnete sich in Litauen ab, als der Führer der litauischen faschistischen Organisation *Gelezinis Vilkas* (»Eiserner Wolf«), Antanas Smetona (1874–1944), im Jahr 1929 die Macht im baltischen Staat an sich riss, was den Antisemitismus im Land verstärkte. Im März 1939 nötigte Deutschland Litauen zur Abtretung des Memellandes (»Klaipeda«). Im Oktober 1939 fiel Wilna an Litauen. Bedingt durch den »Hitler-Stalin-Pakt« nahm die Sowjetunion im Juni 1940 Litauen ein, das zur »Litauischen Sowjetrepublik« erklärt wurde. Tausende Litauer wurden als sogenannte »Volksfeinde« in das Innere der Sowjetunion verschleppt, darunter auch ca. 7000 Juden. Der deutsche Überfall auf die Sowjetunion am 22. Juni 1941 führte bereits nach wenigen Tagen zur Besetzung gesamt Litauens. Die Flucht gelang ca. 15 000 Juden noch rechtzeitig. Als »Generalbezirk Litauen« wurde Litauen Teil des *Reichskommissariats Ostland*. Zum Generalkommissar des annektierten Gebiets wurde Adrian von Renteln (1897–1946) ernannt, dem ein aus Litauern gebildeter Generalrat zur Seite gestellt wurde.

Das Judentum verfügte in Litauen über eine lange Tradition, die bis ins 14. Jahrhundert zurückreichte. Im 17. Jahrhundert zählten die Lehranstalten für Rabbiner zu den weltweit führenden Schulen. Die Pogromwelle der Jahre 1880 und 1882 dezimierte die Anzahl der Juden, da viele nach Amerika auswanderten oder vor den Gewalttätigkeiten nach Westen flohen. Zum Zeitpunkt der Unabhängigkeit betrug die Anzahl der litauischen Juden 150 000 Personen. Bedingt durch die Rückgabe Wilnas stieg die Anzahl um weitere 100 000 Juden. Der Anteil der nunmehr eine Viertelmillion umfassenden Juden an der litauischen Gesamtbevölkerung belief sich auf ca. 10 % Prozent. In den Zwischenkriegsjahren wanderten ca. 20 000 zionistische Juden nach Palästina aus. Nach dem Überfall auf die Sowjetunion und der Flucht Tausender Menschen fielen ca. 210 000 Juden unter die Herrschaft der Deutschen.

Bereits unmittelbar vor dem Einmarsch der deutschen Truppen kam es in zahlreichen Orten des Landes zu Pogromen gegen Juden, die von Litauern begangen wurden. Das Einsatzkommando 3 der Einsatzgruppe A organisierte nach ihrem Einmarsch im Juni 1941 sogleich das Morden unter deutscher Aufsicht. Die Einsatzgruppe A stand unter der Leitung von Franz Walter Stahlecker (1900–1942); das Einsatzkommando 3 wurde von Karl Jäger (1888–1959) geleitet. Angehörige des Einsatzkommandos 3 ermordeten bis Ende Dezember 1941 über 137 000 Juden, darunter auch viele Frauen und Kinder. Auf seinen ersten sechs Blättern weist der als authentisch belegte »Jäger-Bericht« die Opferzahlen akribisch aus. Die »Endsumme« gab Jäger mit 137 346 Personen an, die überwiegende Mehrzahl Juden, die zum Teil auch von litauischen Milizen erschossen wurden. In seinem Bericht resümiert Jäger:

> »Ich kann heute feststellen, dass das Ziel, das Judenproblem für Litauen zu lösen, vom EK 3 erreicht worden ist. In Litauen gibt es keine Juden mehr, außer den Arbeitsjuden incl. Ihrer Familien. Diese Arbeitsjuden incl. Ihrer Familien wollte ich ebenfalls umbringen, was mir jedoch scharfe Kampfansage der Zivilverwaltung (dem Reichskommissar) und der Wehrmacht eintrug und das Verbot auslöste: Diese Juden und ihre Familien dürfen nicht erschossen werden!« (phdn.org/archives/holocaust-history.org/works/jaeger-report/gif/img007.gif)

Die Zahl der »Arbeitsjuden«, deren Tätigkeit derweil noch als unverzichtbar angesehen wurde, bezifferte Jäger mit 34 500. Es ist die Zahl, welche die Liste der Wannsee-Konferenz (hier: 34 000) für die noch ausstehende »Endlösung« des Mordprogramms in Litauen übernahm.

Antisemitische, unmittelbar gewaltförmige Taten von nichtjüdischen Litauern wurden von den deutschen Besatzern nach ihrem Einmarsch im Juni 1941 angestachelt und gutgeheißen. Ein Kommando der Gestapo Tilsit begann bereits am 26. Juni 1941 mit der Erschießung von Juden. Die Einsatzgruppe A fing mit der Massenerschießung von Juden am 15. und 16. August 1941 an; im selben Zeitraum wurden zahlreiche Ghettos und Lager eingerichtet. Die Kollaboration litauischer Polizisten als auch litauischer Soldaten, welche die Verhaftungen der Juden organisierten und die Juden bis zur Massenexekution bewachten, ist als hochgradig zu bezeichnen. Hierfür spricht auch, dass bei der Flucht der Deutschen vor der Roten Armee sich eine große Anzahl litauischer Kollaborateure den deutschen Truppen anschloss. Während im Juli und August 1941 zunächst die Juden aus der Provinz ermordet wurden, brachten die Deutschen im September und November Tausende Juden aus den Städten um, die zu diesem Zeitpunkt bereits in vier Ghettos interniert waren, darunter die Ghettos von Wilna und Kowno (Kauen). In Kowno, das ein bedeutendes Zentrum des jüdischen Lebens in Osteuropa war, lebten 1939 ca. 40 000 Juden. Kowno wurde am 24. Juni 1941 besetzt und sogleich begannen Massenerschießungen. Tausende Juden wurden in das *Siebente Fort* gebracht und dort von litauischen Kräften misshandelt und erschossen. Die Überlebenden der Massaker vom Juni und Juli 1941 mussten in das Ghetto ziehen, wo ca. 30 000 Juden lebten als es im August 1941 abgeriegelt wurde.

Die Zahl der Juden, die Ende 1941 in Litauen noch als sogenannte »Arbeitsjuden« am Leben waren, wird auf ca. 40 000 geschätzt. Von April 1943 bis Juli 1944 wurden auch die für die Zwangsarbeiter eingerichteten Konzentrationslager und Ghettos, u. a. das aus dem Ghetto Kauen entstandene KZ Kauen sowie das Ghetto Wilna, liquidiert. Mascha Rolnikaite (1927–2016) lebte im Wilnaer Ghetto als dieses am 23. September 1943 aufgelöst wurde. Während ihre Mutter und ihre jüngeren Geschwister ermordet wurden, kam sie in das KZ Strasdenhof bei Riga und überlebte auch das KZ Stutthof bei Danzig. 45 weitere Familienangehörige sah sie nie wieder. Auf dem Rückzug der Wehrmacht wurden ca. 10 000 Juden wie Rolnikaite in Konzentrationslager auf deutschen Boden verschleppt. In den Jahren 1943 und 1944 gelang 2000 Juden die Flucht aus den Ghettos und Lagern; sie schlossen sich den Partisanen an oder überlebten versteckt im Untergrund. Von den ca. 210 000 litauischen Juden überlebten nur ca. 5000 die Shoah. Die Deutschen ermordeten ca. 98 % der Juden Litauens und wurden dabei wie in Lettland maßgeblich von örtlichen Kollaborateuren unterstützt.

3.8 Zusammenfassung

Von den insgesamt 357 000 Juden der Tschechoslowakei des Jahres 1930 wurden ca. 260 000 ermordet. Von den 3,3 Millionen polnischer Juden wurden bis zu drei Millionen in Todesfabriken wie Belzec, Chełmno, Sobibor, Treblinka, Majdanek und Auschwitz-Birkenau ermordet oder starben in Ghettos aufgrund von Unterernährung, Arbeitsbedingungen oder Seuchen, die sich aufgrund von Überfüllung, Nahrungsmangel und mangelnder Hygiene ausbreiteten. In der Anfangsphase gelangten bei der Ermordung der Juden auch Gaswagen zum Einsatz. Von den über 3 Millionen Juden der Sowjetunion wurden in nur 18 Monaten 1,5 Millionen ermordet. Jeder zweite sowjetische Jude starb durch die Erschießungskommandos der Einsatzgruppen, in Ghettos oder in Vernichtungslagern. Von den ca. 1000 Juden Estlands wurden 963 ermordet, nur einige wenige überlebten versteckt oder im Untergrund. Von den nach dem Einmarsch der deutschen Wehrmacht in Lettland lebenden 70 000 Juden wurden fast alle ermordet, von den ca. 210 000 litauischen Juden überlebten ca. 5000 das Morden.

Im *Reichsprotektorat Böhmen und Mähren* herrschten die Deutschen zwar unmittelbar, die nominell im Amt gebliebene tschechische Regierung erließ jedoch ihrerseits antisemitische Gesetze. An unmittelbaren Gewalttätigkeiten waren faschistische Organisationen wie in Mähren die *Vlajka* beteiligt. Die Slowakei kollaborierte unter Tiso und Tuka bedingungslos mit dem Nazi-Regime und unterstützte ihrerseits sämtliche antisemitischen Maßnahmen. Das Regime der Hlinka-Partei erließ zahllose Anordnungen, welche die Juden systematisch entrechteten und beraubten. Der slowakische Ministerpräsident Tuka trägt unmittelbar Mitverantwortung an der Deportation der Juden, insofern er diese gemeinsam mit den Deutschen initiierte. Angehörige der deutschen Wehrmacht erschossen Hunderte Juden nach dem slowakischen Aufstand.

In Polen herrschte ein deutsches Besatzungsregime, welches erst gar keine autonome Verwaltung zuließ. Die Anzahl der Polen in der »Liste der Gerechten unter den Völkern« ist groß. Etliche Polen bezahlten für die Aufnahme von Juden, die nicht immer selbstlos geschah, mit dem Leben. Während viele Polen durchaus halfen, blieb die militärische Unterstützung des jüdischen Widerstands seitens des polnischen Widerstands wie etwa durch die Armia Krajowa äußerst verhalten. Juden wurden als »Agenten der Sowjetunion« diffamiert, als »Nicht-Polen«, die den Einmarsch der Roten Armee in Ostpolen unterstützt und begrüßt hätten. Die große Masse der Bevölkerung verhielt sich gleichgültig oder versuchte gar vom Schicksal der Juden durch Wohnungs- und Geschäftsübernahmen zu profitieren. Auch übertraf der Teil derjenigen, die Juden verrieten oder gar die Vernichtung des Judentums in Polen offen oder insgeheim begrüßten die »Gerechten« bei weitem, was in der traditionellen Stärke des polnischen Antisemitismus gründete. Hilfskräfte der polnischen Polizei waren aktiv an der Ermordung der Juden beteiligt, was gleichfalls für marodierende Banden sowie zum Teil auch für Bauern zutraf, die versteckte Juden aus Angst vor drohender deutscher Entdeckung ermordeten.

In der Sowjetunion waren aktive Kollaboration und unmittelbare Beteiligung an der Ermordung der Juden in den baltischen Republiken als auch in der Ukraine hochgradig ausgeprägt. In der Ukraine ermordeten ukrainische Hilfspolizisten sowie die Zivilbevölkerung Juden. Ukrainische Polizisten beteiligten sich am Transport der Juden zu den Erschießungsorten. In Estland waren Mitglieder der *Omakaitse* am Schüren pogromartiger Stimmungen beteiligt, verhafteten auch aus eigenem Antrieb Juden und kollaborierten unmittelbar bei der Ermordung von Juden. In Lettland waren bereits im Sommer 1941 lettische Hilfseinheiten des SD unter der Führung von Mārtiņš Vagulāns sowie das Kommando Arajs maßgeblich an der Ermordung der Juden beteiligt. In Litauen kollaborierte gleichfalls eine hohe Anzahl litauischer Polizisten wie Soldaten mit den Deutschen und war bereit, die Verhaftungen der Juden zu organisieren, Juden zu bewachen und zu den Orten der Massenexekutionen zu transportieren.

4. DIE SHOAH AUF DEM BALKAN, IN SÜDEUROPA UND NORDAFRIKA

Auf dem Balkan zählte Bulgarien zu den Bündnispartnern des Nazi-Regimes. Auf eine Revision der Versailler Verträge hoffend, schloss es sich im April 1941 dem Angriff der deutschen Wehrmacht auf Jugoslawien und Griechenland an. Am Überfall auf die Sowjetunion beteiligte sich Bulgarien indes nicht. Als Verbündeter Hitlers wurde es mit umfangreichen Gebietszuwächsen belohnt und erhielt die südliche Dobrudscha von Rumänien sowie Griechisch-Thrakien und Jugoslawisch-Makedonien. Das Schicksal Tausender Juden hing davon ab, wie sich der Partner Hitlers bezüglich des Mordprogramms der Deutschen verhielt.

Rumänien sah sich gezwungen, eine Verkleinerung seines Staatsgebiets durch den »Hitler-Stalin-Pakt« sowie den »Zweiten Wiener Schiedsspruch« vom 30. August 1940 hinzunehmen. Bessarabien fiel an die Sowjetunion, die südliche Dobrudscha an Bulgarien und Nordsiebenbürgen an Ungarn. In der Hoffnung auf Wiedererlangung eines Teils der Territorien oder auf diesbezüglichen Gebietsersatz wurde der Diktator Ion Antonescu ein bedingungsloser Gefolgsmann Hitlers und schloss sich dem deutschen Überfall auf die Sowjetunion an, wodurch sich der ohnehin starke rumänische Antisemitismus weiter radikalisierte.

Griechenland wurde bereits im Oktober 1940 von Italien überfallen, ohne dass der deutsche Achsenpartner den Krieg für sich entscheiden konnte. Nach dem Angriff auf Jugoslawien marschierte die deutsche Wehrmacht im April 1941 über Bulgarien nach Griechenland ein. Das eroberte Griechenland wurde in eine bulgarische, eine italienische und eine deutsche Zone geteilt. Die drei Besatzungszonen erwiesen sich für das weitere Schicksal der griechischen Juden als höchst bedeutsam.

Albanien wurde im April 1939 von italienischen Truppen besetzt, womit die Juden Albaniens – unter ihnen eine große Anzahl von Flüchtlingen – unter italienische Herrschaft gerieten. Da Italien dem deutschen Mordprogramm eher mit Zurückhaltung begegnete, gestaltete sich die Lage für die Mehrzahl der Juden in physischer Hinsicht erst zur Gefahr als die deutsche Wehrmacht nach der italienischen Kapitulation im September 1943 Albanien besetzte.

In Ungarn war der Rechtsradikalismus Anfang der 1930er-Jahre stark ausgeprägt. Außenpolitisch überwog das Interesse, Ungarn eng an das faschistische Italien sowie an Nazi-Deutschland zu binden. Nach der Zerschlagung der Tschechoslowakei gelangten Gebiete mit ungarischer Bevölkerungsmehrheit an Ungarn, womit Tausende tschechoslowakische Juden in den ungarischen Herrschaftsbereich gerieten. Im weiteren Verlauf galt dies auch für die Juden der Südslowakei, der Karpatenukraine sowie des nördlichen und östlichen Siebenbürgens, womit Ungarn, das sich dem deutschen Überfall auf die Sowjetunion anschloss, die Macht über 825 000 Juden erhielt und über Leben und Tod eines Großteils der Juden auf dem Balkan entschied.

Jugoslawien brach nach dem Überfall der deutschen Wehrmacht am 6. April 1941, an dem sich Italien, Ungarn und Bulgarien beteiligten, militärisch rasch zusammen. Jugoslawien wurde als Staatsgebiet zerschlagen und unter den Bündnispartnern aufgeteilt. Deutschland annektierte Teile von Slowenien, Bulgarien erhielt Makedonien, Ungarn bekam die Batschka, Italien eignete sich das Gebiet um Ljubljana an und herrschte über große Teile der Adriaküste sowie über Montenegro. Kroatien wurde ein eigenständiger Staat; Serbien unterstellten die Deutschen einer Militärverwaltung. Das Schicksal der Juden Jugoslawiens war hochgradig davon abhängig, in welchen Machtbereich sie nach der Aufteilung gelangten.

In Italien war der Faschismus bereits am 30. Oktober 1922 an die Herrschaft gelangt und hatte die Antisemiten beflügelt. Gleichwohl war der italienische Faschismus wesentlich weniger vom Antisemitismus beherrscht wie dies beim deutschen Nationalsozialismus der Fall war. Bedingt durch den Schulterschluss mit dem Nazi-Regime erließ indes auch Rom »Rassengesetze« nach »Nürnberger Vorbild«. Gleichwohl lag eine unmittelbare Bedrohung der Juden erst nach der deutschen Besetzung Italiens im September 1943 vor.

In länderspezifischen Darstellungen der Shoah vergessen werden zumeist die Länder des Maghreb. Von den Verfolgungsmaßnahmen des deutschen Nationalsozialismus blieben indes auch die Juden Marokkos, Algeriens und Tunesiens nicht verschont. Bei allen drei Ländern handelte es sich um französische Protektorate, die zum unbesetzten Teil Frankreichs gehörten. Nach dem militärischen Zusammenbruch Frankreichs waren die Juden aller drei Länder unter der Vichy-Regierung von antisemitischen Gesetzen, antisemitischen Maßnahmen sowie von Zwangsarbeit betroffen, zumal die Mehrheit der Franzosen des Maghreb stark antisemitisch gesinnt war. Zu den betroffenen nordafrikanischen Ländern zählte schließlich auch Libyen, das von 1911 bis 1943 unter italienischer Herrschaft stand.

4.1 Bulgarien – Die Rettung der Sofioter Juden

Im Jahr 1943 lebten in »Alt-Bulgarien« 63 403 Juden bei einer Gesamtbevölkerung von ca. 6,2 Millionen, was einem Bevölkerungsanteil von 1 % entsprach. Die Beteiligung Bulgariens im Ersten Weltkrieg an der Seite Deutschlands und Österreichs führte zu deutlichen Gebietsverlusten des Landes. Bulgarien war erst im Jahr 1878 unabhängig geworden und fühlte sich als konstitutionelle Monarchie in kultureller Hinsicht sowie aufgrund der Rolle, die der slawische Nachbar bei der Loslösung Bulgariens von der osmanischen Herrschaft gespielt hatte, Russland verbunden. In den 1930er-Jahren bestand das Interesse Bulgariens an der politischen wie wirtschaftlichen Nähe zu Deutschland in der Revision der Versailler Verträge. Zwecks Realisierung der revanchistischen Ziele ernannte der über die Macht im Land verfügende Monarch Boris III. (1894–1943) am 15. Februar 1941 Bogdan Filov (1884–1945) zum Ministerpräsidenten, der aus seiner Bewunderung für das Deutsche Reich keinen Hehl machte. Bereits wenige Wochen später erreichte Bulgarien am 1. Mai 1941 die Rückgabe der südlichen Dobrudscha von Rumänien. In der Erwartung weiterer Gebietsgewinne schloss sich Bulgarien der »Achse Berlin-Rom-Tokio« an und beteiligte sich am 6. April 1941 am Angriff der deutschen Wehrmacht auf Jugoslawien und Griechenland. Als Beute erhielt es die im Jahr 1919 abgetretenen Gebiete Griechisch-Thrakien und Jugoslawisch-Makedonien zurück und erlangte die politische Herrschaft über Teilgebiete des östlichen Serbien. Die Träume des Königs sowie nationalistischer Kräfte von einem »Groß-Bulgarien«

schienen sich zu erfüllen. Eine Beteiligung am Überfall auf die Sowjetunion lehnte Bulgarien indes ab und war aus Sicht des Deutschen Reiches folglich ein unsteter Bündnispartner.

Im Gebiet des vergrößerten Bulgarien (»Neu-Bulgarien«) waren die Juden schon seit Jahrhunderten zu Hause, besaßen entsprechende Privilegien und waren nicht dem Maß an Verfolgungen ausgesetzt, wie dies in anderen europäischen Ländern der Fall war. Vor allem in den Zeiten der osmanischen Herrschaft konnten die Juden, die in ihrer übergroßen Mehrzahl von sephardischen Glaubensgenossen abstammten, weitgehend in Ruhe leben. In Bulgarien war der Antisemitismus in geringerem Grad ausgeprägt und reichte nicht auf eine derart lange, ungebrochene christliche Tradition zurück wie dies in großen Teilen Europas der Fall war. Gleichwohl artikulierten sich auch in Bulgarien antisemitische Stimmungen, die Ende des 19. Jahrhunderts zu Ritualmordanklagen und judenfeindlichen Ausschreitungen führten. Faschistische Kräfte bildeten sich erst nach 1933 heraus, blieben indes eher randständig und verfügten über keinen nennenswerten Rückhalt in der Bevölkerung.

In der ersten Jahreshälfte 1940 war es Deutschland, das die bulgarische Regierung drängte, antisemitische Maßnahmen und entsprechende Verordnungen auf den Weg zu bringen. Die Regierung unter Ministerpräsident Filov erließ am 7. Oktober 1940 das *Gesetz zum Schutz der Nation*, das sich bei der zugrunde gelegten Definition des »Jude-Seins« an den »Nürnberger Gesetzen« orientierte. Das Gesetz nahm Juden das aktive wie das passive Wahlrecht, verbot Ehen zwischen jüdischen und nichtjüdischen Bulgaren, zwang jüdische Staatsbedienstete zum sofortigen Rücktritt, schränkte das Agieren von Juden auf wirtschaftlichem Gebiet ein und etablierte einen Numerus clausus an den Universitäten. Gegen das von der Regierung verabschiedete Gesetz, das Juden als »Übel« sowie als ein »ausländisches Element im bulgarischen Volk« diffamierte, regte sich Widerstand. Trotz des Protestes des Heiligen Synod als oberster Körperschaft der orthodoxen Kirche sowie diverser Initiativen und Vereinigungen wurde das Gesetz am 21. Januar 1941 im Parlament verabschiedet. Nach der Ratifizierung durch Boris III. trat das Gesetz in Kraft und wurde von diversen Erlassen begleitet. Die Durchführung des Gesetzes oblag einem »Kommissariat für Judenfragen« mit Sitz in Sofia. Bereits Ende 1940 wurden die Juden Bulgariens registriert sowie im Jahr darauf auch die Juden der neu hinzugewonnenen Gebiete.

Im Jahr 1941 lebten in Thrakien 6000 sowie in Makedonien 8000 Juden, was jeweils einem Anteil von knapp einem Prozent der dortigen Bevölkerung entsprach. Die Entrechtung insbesondere der Juden aus Thrakien und Makedonien verdeutlicht der Sachverhalt, dass ihnen im Unterschied zu allen anderen Bewohnern der neu hinzugewonnenen Gebiete die bulgarische Staatsangehörigkeit verweigert wurde. Im August 1942 trafen zahlreiche weitere diskriminierende Anordnungen die Juden, die sich sichtbar zu kennzeichnen hatten (»Judenstern«), deren Sachwerte eingezogen und deren berufliche Tätigkeiten eingeschränkt wurden. Jüdische Männer zwischen 20 und 40 Jahren mussten innerhalb Bulgariens Zwangsarbeit leisten, unter ihnen alleine 20 000 Sofioter Juden, die man in diverse Landesteile beorderte. Die Arbeits- und Lebensbedingungen der Arbeitsbataillone entsprachen denen von Sträflingen, was sowohl die Versorgung als auch die zugeteilte Schwerstarbeit betraf. Von April 1941 bis Ende 1943 war es den Juden untersagt, Bulgarien zu verlassen.

Im Februar 1943 einigte sich das »Kommissariat für Judenfragen« mit Deutschland dahingehend, dass 20 000 Juden in deutsche Vernichtungslager zu deportieren seien, darunter 6000 Juden aus Alt-Bulgarien, 6000 aus Thrakien und 8000 aus Makedonien. Am 4. März 1943 wurden 11 384 Juden aus den neu hinzugewonnenen Gebieten Makedonien, Thrakien und Ostserbien interniert, die Ende März über den Donauhafen Lom nach Wien gebracht und von dort aus weiter in das Vernichtungslager Treblinka transportiert wurden. Um die vereinbarte Zahl von 20 000 Juden zu erreichen, plante die Regierung sodann die Deportation alt-bulgarischer Juden. Proteste gegen das »Deportationsabkommen«, die von Parlamentsabgeordneten, der orthodoxen Kirche sowie der bulgarischen Zivilgesellschaft getragen wurden, führten dazu, dass die zwecks Deportation bereits internierten Juden »Alt-Bulgariens« freigelassen wurden und stattdessen Zwangsarbeit in Lagern zu leisten hatten.

Auf die Frage, warum die orthodoxe Kirche Bulgariens eine zentrale Rolle beim Protest gegen das Deportationsabkommen spielte, antwortete der jüdische Filmregisseur Angel Wagenstein (geb. 1922), der als Kommunist und Jude Widerstand leistete:

> »Wenn Sie mich fragen, warum die Kirche die Juden in Schutz genommen hat, kann ich nur antworten, das ist tief in der kirch-

> lichen Tradition Bulgariens verwurzelt. Ich weiß nicht, ob Sie wissen, dass unsere Klöster Asyl waren für Revolutionäre. Die Kirche hat auch eine große nationale Befreiungsrolle in der türkischen Zeit gespielt, besonders im 18. und 19. Jahrhundert. Die Kirche ging in ihrer Tradition parallel zur nationalen Befreiungsrevolution, also diese Kirche, die mehr auf das Schicksal der Leute blickte als auf den Himmel, war eine volkstümliche, demokratische Kirche.« (Rosh 1990: 262)

Zum Zeitpunkt des Protestes im März 1943 war den opponierenden Personen, worunter sich auch der rechtsgerichtete Vizepräsident des Sofioter Parlaments Dimitar Peschew (1894–1973) befand, bereits klar, dass Deportation den Tod der verschleppten Juden bedeutete. Zwar unterbanden die massiven Proteste die geplanten Transporte aus »Alt-Bulgarien«, nicht jedoch die Ermordung Tausender makedonischer und thrakischer Juden. Im April und Mai erhöhte der deutsche Bündnispartner den Druck auf die bulgarische Regierung, die daraufhin am 22. Mai 1943 die Vertreibung der Sofioter Juden in ländliche Gebiete beschloss. Der diesbezügliche Plan wurde zwar umgesetzt, sodass 19 153 Juden die Hauptstadt verlassen mussten, äußerst massive Proteste gegen die »Aussiedlung«, die von kommunistischen Widerstandsgruppen unterstützt wurden, führten indes dazu, dass die Deportation der Juden Sofias in deutsche Vernichtungslager verhindert werden konnte. Die antisemitischen Gesetze wurden unter dem Vorzeichen der heranrückenden sowjetischen Armee von der bulgarischen Regierung im August 1944 widerrufen. Am 9. September 1944 überschritt die sowjetische Armee die Grenzen Bulgariens.

Während Bulgarien nach 1945 die Rettung der »alt-bulgarischen Juden« herausstellte, vergaß man weitgehend die Deportation der Juden Thrakiens und Makedoniens, die der deutschen Vernichtungsmaschinerie seitens der bulgarischen Regierung ausgeliefert wurden. Die Deportation der »neu-bulgarischen Juden« verdeutlicht das Maß der Kollaboration Bulgariens mit dem für ihre Ermordung verantwortlichen Nazi-Regime. Ebenso ist die Historie der entrechteten und enteigneten Juden, die in bulgarischen Lagern Zwangsarbeit leisten mussten, nach dem Zweiten Weltkrieg weitgehend in Vergessenheit geraten. Auf der Suche nach der Frage, warum die Rettung der Juden »Alt-Bulgariens« gelang, lassen sich folgende Sachverhalte anführen. *Erstens:* Die alliierten Mächte zeigten sich am Schicksal der Juden Bulgariens interessierter als vergleichsweise etwa am Schicksal der niederländischen Juden. Dies erzielte bei der bulgarischen Regierung durchaus Wirkung zumal angesichts der deutschen Niederlage in Stalingrad im Januar 1943 und der Kapitulation Italiens im September 1943. *Zweitens:* Für die kommunistischen Widerstandsgruppen war die Rettung der bulgarischen Juden kein Ziel u. a., sondern eine Angelegenheit von zentraler Bedeutung. *Drittens:* Zwar war die bulgarische Gesellschaft durchaus gespalten, verhielten sich viele nichtjüdische Bulgaren durchaus indifferent, gleichwohl waren die Proteste gegen die Diskriminierung und gegen die drohende Deportation der Juden »Alt-Bulgariens« ungleich breiter getragen als in anderen Ländern. Die Demonstrationen setzten früh ein und folgten hinsichtlich der Akteure keinem Rechts-Links-Schema. *Viertens:* Die Gegner der Deportation besaßen mit der orthodoxen Kirche und dem kommunistischen Widerstand zwei strukturelle Zentren, die im Stande waren, den Protest zu organisieren und dies auch taten. *Fünftens:* Die historische Entwicklung Bulgariens zeitigte spezifische Effekte, sodass sowohl der Antisemitismus als auch die judenfeindliche extreme Rechte nicht in dem Maße ausgeprägt waren wie dies in anderen Ländern Osteuropas der Fall war. Die traditionelle Verbundenheit zu Russland schwächte darüber hinaus die Annäherung Bulgariens an die Achsenmächte ab. *Sechstens:* Die Nichtbeteiligung Bulgariens am deutschen Überfall auf die Sowjetunion bewirkte, dass der Vernichtungskrieg als Movens einer weiteren Radikalisierung des Antisemitismus ausfiel.

Während von den 11 840 neu-bulgarischen Juden nahezu 100 % ermordet wurden, überlebten fast alle Juden Alt-Bulgariens.

4.2 Rumänien – Der Todeszug von Iaşi

In Rumänien lebten im Jahr 1930 ca. 750 000 Juden, davon ca. 275 000 in Bessarabien und der Nordbukowina sowie fast 150 000 in Nordsiebenbürgen. Im Ersten Weltkrieg hatte Rumänien auf Seiten der Entente gestanden und konnte sein Territorium durch den am 4. Juni 1920 unterzeichneten Friedensvertrag von Trianon nahezu verdoppeln. Bessarabien, die Bukowina, Siebenbürgen und die Dobrudscha wurden zum rumänischen Staatsgebiet erklärt, wodurch die Bevölkerung Rumäniens von 7,5 Millionen auf 16 Millionen wuchs. Bedingt durch den »Hitler-Stalin-Pakt« vom 23. August 1939 verlor Rumänien jedoch Bessarabien an die Sowjetunion und im Gefolge des »Zweiten Wiener Schiedsspruchs« vom 30. August 1940 die Süddobrudscha an Bulgarien sowie Nordsiebenbürgen an Ungarn. Im dergestalt verkleinerten Staatsgebiet lebten noch 300 000 Juden. Unter dem Diktator General Ion Antonescu (1882–1946) hoffte Rumänien durch bedingungslose Gefolgschaft zu Nazideutschland Ersatz für die abgetretenen Gebiete zu erlangen. Rumänien beteiligte sich an der Seite der Achsenmächte am Zweiten Weltkrieg und nahm teil am deutschen Überfall auf die Sowjetunion.

Die Gefährlichkeit des rumänischen Antisemitismus bestand darin, dass dieser über eine lange Historie verfügte und in jüngster Zeit erneut entflammt war. Die Gebietszuwächse durch den Vertrag von Trianon waren an die Bedingung geknüpft gewesen, den Juden die staatsrechtliche Gleichstellung zu gewähren, was auf energischen Widerstand stieß. Zwar ermöglichte die neue rumänische Verfassung von 1923 die Gleichstellung der Juden, doch gegen die soziale, politische wie kulturelle Teilhabe der Juden bildete sich eine starke antisemitische Bewegung in Gestalt der *Eisernen Garde*. Am 22. Januar 1938 wurde in Rumänien per Gesetz jedem dritten Juden die Staatsbürgerschaft aberkannt. Akademische Standesorganisationen begannen noch im selben Jahr damit, Juden die Mitgliedschaft zu verweigern. Ehen zwischen Christen und Juden wurden unter Verbot gestellt.

Beispielhaft für die judenfeindlich aufgeheizte Stimmung ist der Pogrom von Dorohoi am 1. Juli 1940. Als die rumänischen Truppen Bessarabien räumen mussten, übten sie an einer jüdischen Trauergemeinde Rache, plünderten anschließend mit Bürgern des Ortes jüdische Häuser, quälten ihre Bewohner und erschossen ca. 200 Juden. Für die Gebietsabtretungen des »Zweiten Wiener Schiedsspruchs« vom August 1940 machten Antisemiten die Juden verantwortlich, woraufhin weitere antijüdische Gesetze erlassen wurden. Mit der Beteiligung Rumäniens am deutschen Überfall auf die Sowjetunion radikalisierte sich der rumänische Antisemitismus, die Juden erklärte man zu Verbündeten der Sowjets sowie zu Spionen des Kriegsgegners. Die einsetzende Serie von Pogromen fand ihren Höhepunkt im »Todeszug von Iași«. In der Stadt Iași, die als Hauptstadt der *Eisernen Garde* galt, lebten 1941 ca. 51 000 Juden, welche nahezu die Hälfte der Bevölkerung stellten. Nachdem rumänische Geheimdienstler zuvor Gerüchte streuten, die Juden hätten den sowjetischen Luftstreitkräften Informationen geliefert, um die Stadt zu bombardieren, wurde auf offener Straße gemordet, drang ein plündernder Mob in jüdische Häuser ein und tötete die Bewohner. Am 29. Juni 1941 begannen rumänische Soldaten mit Massenerschießungen im Hof des Polizeipräsidiums. Diejenigen Juden, die das Massaker überlebten, wurden in geschlossene Güterwagen zweier Güterzüge getrieben, die tagelang durch das Hinterland fuhren. Die Zahl der in den beiden Güterzügen Gequälten wird auf 4330 Personen beziffert, von denen 2650 die Tortur nicht überlebten. Der rumänische Geheimdienst gab im Juli 1943 die Gesamtzahl der beim Iaşi-Pogrom Ermordeten mit insgesamt 13 266 Personen an. Die jüdische Gemeinde zu Iaşi beziffert die Gesamtzahl der Opfer mit 14 850 Personen. Beim Iaşi-Pogrom kam es zur engen Zusammenarbeit der rumänischen Armee mit der Einsatzgruppe D, die von deutscher Seite an den Massenerschießungen beteiligt war. Der Befehl zum Morden ging direkt vom Diktator Ion Antonescu an den Befehlshaber der örtlichen Garnison und ist als Teil eines Gesamtplans zu deuten, um die Juden Bessarabiens, der Bukowina sowie des nördlichen Rumäniens zu vertreiben oder zu ermorden.

Um den Gebietsansprüchen Rumäniens zu entsprechen, stellte Adolf Hitler dem rumänischen Diktator Ion Antonescu die »neue Provinz« Transnistrien in Aussicht, d. h. das Gebiet zwischen den Flüssen Dnister und Bug. Die überwiegend rumänischen Truppen eröffneten daraufhin den Kampf um Odessa. Zwar gelang es während der militärischen Kämpfe noch der Hälfte der jüdischen Bevölkerung Odessas rechtzeitig zu fliehen, doch als die Rote Armee die Stadt räumen musste und diese im Oktober 1941 eingenommen wurde, waren immerhin noch 80 000 Juden in der Stadt verblieben. Nach einem Angriff sowjetischer Partisanen auf das rumänische Hauptquartier, ordnete Antonescu eine Massenerschießung an, bei der 39 000 Juden in Zusammenarbeit deutscher und rumänischer Truppen erschossen wurden. Die Überlebenden des »Massakers von Odessa« verschleppte man in diverse rumänische Vernichtungslager wie Bogdanowka und Domanewka. Im Vernichtungslager Bogdanowka waren ca. 54 000 Juden inhaftiert, vor allem Juden aus Odessa sowie aus Bessarabien. Ende Dezember 1941 wurde der Beschluss gefasst das Lager zu liquidieren. Am 31. Dezember 1941 waren nur noch wenige Juden eines Arbeitskommandos am Leben, das die Spuren des Massenmords beseitigen sollte. Bis Ende Dezember wurde auf diese Weise nahezu die gesamte jüdische Bevölkerung Odessas ermordet. Außer den Juden Odessas wurden auch die Juden der Bukowina sowie Bessarabiens in transnistrische Vernichtungslager verschleppt und dort umgebracht.

Isak Weißglas berichtet über die Deportation der Czernowitzer Juden nach Transnistrien:

> »Wir nahmen die Bündel und gingen aus unserem Heim, stumm mit erstarrtem Herzen und abwesendem Blick, winkten stumm unseren jenseits der Glasscheibe in der Nachbarwohnung uns entsetzt nachblickenden 70-jährigen Eltern Abschied zu, stiegen stumm in das auf uns wartende Polizeiauto, das uns bald durch die belebten Gassen auf den Makkabiplatz brachte, unseren Sammelpunkt. Der Platz war schon belebt von ausgehobenen Juden, die jeder bei seiner Habe standen und auf die Revision und Abfertigung warteten. (…) Die Waggontüre fiel hinter uns zu, die Lokomotive pfiff, die Maschine kam in Bewegung, und uns kam das Bewusstsein, dass wir endgültig unser Leben verloren haben. (…) Wir fuhren in geschlossenem Waggon ohne Licht und Luft. Müde und zermürbt kamen wir nach 24 Stunden an den Dnjester, an dessen Ufer wir die Nacht im Freien, von Gendarmen bewacht, auf engstem Raum dicht und bunt durcheinandergeworfen, zubrachten. (…) Die menschliche Würde wurde an der Grenze Transnistriens aberkannt, was konnte uns wohl dort noch erwarten? Am nächsten Morgen wurden wir mit Booten über den Fluss gesetzt und jenseits des Dnjesters, auf dem Boden Transnistriens abgesetzt.« (Corbea-Hoisie 1998: 283–284)

Das Manuskript bricht nach 93 Seiten ab. Weißglas konnte seinen Bericht nicht weiterschreiben und sah seine Heimat, die Bukowina, nicht wieder.

Im Unterschied zu den »neu-rumänischen Juden« wurden die Juden »Alt-Rumäniens« nicht deportiert und fielen dem Morden nicht zum Opfer, sahen sich jedoch einer Vielfalt von Verordnungen und Diskriminierungen ausgesetzt, die bis ins Kleinste reichten. Am 1. Dezember 1941 schreibt der Bukarester Jurist und Schriftsteller Mihail Sebastian (1907–1945) in sein Tagebuch: »Man beschlagnahmt die Skier der Juden. Gemäß einer Anordnung müssen sie mit sofortiger Wirkung bei der Gemeinde abgegeben werden« sowie am 17. Dezember: »Der Dachverband der Jüdischen Gemeinden wurde aufgelöst und durch eine ›Zentrale‹ ersetzt. Eine neue Volkzählung für alle Einwohner ›jüdischen Blutes‹.« Im Sommer 1942 erhöhte Deutschland den Druck auf Rumänien bezüglich der Deportation der alt-rumänischen Juden und erhielt vermutlich eine Zusage von Antonescu. Am 8. August 1942 schreibt Sebastian in sein Tagebuch:

> »Wieder große Sorgen über unser Schicksal in diesem Land. Ist eine neue antisemitische Welle im Anrollen? Die heutigen Zeitungen sind alle auf einmal (wie auf ein Zeichen) voller Kommuniqués über die Lage der Juden (...). In einem Kommuniqué des Innenministeriums heißt es, dass ›die Behörden festgestellt haben, dass die meisten Gesetzesverstöße und Sabotagehandlungen von Juden verübt wurden‹. In einem langen Artikel im *Bukarester Tageblatt* wird ein Plan veröffentlicht, gemäß dem zwischen diesem und nächstem Herbst Rumänien *judenfrei* werden soll, indem man uns jenseits des Bugs deportiert. Eine bedrückende Atmosphäre, voller dunkler Vorahnungen, Befürchtungen und Ängste, die man nicht zu Ende zu denken wagt.« (Sebastian 2005: 654)

Von rumänischer Seite wurden die Deportationen indes immer wieder verzögert bis man diese schließlich verweigerte. Der Unterschied zwischen der exterminatorischen Verfolgungswelle des Jahres 1941 und der Verweigerung der Deportationen Ende 1942 ist auf den Sachverhalt zurückzuführen, dass man die Juden in »Alt-Rumänien« trotz ihrer Ausplünderung, Schikanierung und Heranziehung zur Zwangsarbeit als Rumänen betrachtete, während dies für die »neu-rumänischen Juden« nicht zutraf. Maßgeblich indes dürfte die Intention der Regierung gewesen sein, das Überleben der »alt-rumänischen Juden« bei einem Sieg der Alliierten als »Faustpfand« zu nutzen, zumal sich Deportationen wie Morde im rumänischen Kernland nicht verschleiern ließen.

Die Gesamtopferzahl der rumänischen Juden wird auf über 400 000 geschätzt. Die diesbezüglichen Angaben weichen häufig voneinander ab, weil die Gebietsverluste (Süddobrudscha, Nordsiebenbürgen) sowie die Gebietszuwächse (Transnistrien) Rumäniens eine Berechnung schwierig machen. Erschwerend kommt hinzu, dass es sich bezogen auf die im

Jahr 1930 in Rumänien lebenden 750 000 Juden um unterschiedliche Täterländer (Ungarn und Rumänien) handelt und sich die Frage stellt, ob die während des Zweiten Weltkriegs von Rumänien in okkupierten Gebieten getöteten Juden einbezogen werden sollen. Unabhängig von den Schwierigkeiten einer Opferstatistik der Shoah bleibt als Tatbestand festzuhalten, dass Rumänien eines derjenigen Länder war, das sich am stärksten am Judenmord kollaborierend beteiligte und dabei höchst eigeninitiativ agierte. Rumänien trug die Verantwortung für die im Juli und August in Bessarabien und der Bukowina ermordeten Juden, für die nach Transnistrien deportierten Juden, für die Opfer von Pogromen wie die von Iaşi, d. h. für insgesamt ca. 280 000 Opfer, während Ungarn die Verantwortung für ca. 120 000 Juden in Nordsiebenbürgen trägt. Bei dieser Feststellung darf indes nicht die Haupttäterschaft der Deutschen aus dem Blick geraten, die das Morden inspirierten, in deutschen Vernichtungslagern nach erfolgter Deportation durchführten oder die wie in Odessa mit dem rumänischen Bündnispartner gemeinsam Juden erschossen.

4.3 Griechenland – Das Schicksal der Juden in drei Zonen

Im Jahr 1936 führten die Parlamentswahlen in Griechenland zu keinem klaren Ergebnis. König Georg II. (1890–1947) nutzte die Situation, um mit dem General Ioannis Metaxas (1871–1941) einen expliziten Demokratiegegner zum Ministerpräsidenten zu ernennen. Obwohl Metaxas seinerseits mit dem nationalsozialistischen Deutschland sowie mit dem faschistischen Italien sympathisierte, überfiel Italien im Oktober 1940 Griechenland. Den Truppen Mussolinis gelang kein nennenswerter militärischer Erfolg, sodass im Winter der Frontverlauf zum Stillstand kam. Hitler sah sich gezwungen Mussolini beizustehen, sodass im April 1941 die Truppen der deutschen Wehrmacht Jugoslawien angriffen und über Bulgarien nach Griechenland einmarschierten. Der König und die griechische Armee flohen nach Kreta, das im Mai 1941 von deutschen Luftlandetruppen erobert wurde. Das eroberte Griechenland wurde in drei Besatzungszonen aufgeteilt: eine bulgarische (Teile Makedoniens, Thrakien), eine italienische (Zentralgriechenland mit Athen, Thessalien, Epirus, Peloponnes, die ionischen Inseln) sowie eine deutsche Zone (Mittelmakedonien mit Saloniki, das östliche Thrakien).

Im Mai 1941 lebten 77 000 Juden in Griechenland als die deutsche Wehrmacht Athen eroberte. In der deutschen Zone setzten die antisemitischen Übergriffe in Gestalt von Beraubungen sowie Demütigungen der jüdischen Bevölkerung unmittelbar nach dem Überfall auf Griechenland ein. Bereits im Herbst 1941 verständigten sich die nationalsozialistischen Führer sowie der Generalstab der deutschen Wehrmacht auf die Deportation der Juden Salonikis. Im Februar 1943 wurden die »Nürnberger Gesetze« in der deutschen Besatzungszone eingeführt. Die Juden Salonikis wurden in drei Ghettos interniert. Von März bis August 1943 deportierten die Deutschen nahezu die gesamte jüdische Bevölkerung Salonikis in das KZ Auschwitz-Birkenau. Von den deportierten Juden überlebten nur einige wenige zumal viele bereits unmittelbar nach ihrer Ankunft in den Gaskammern ermordet wurden. Weitere Juden aus dem Großraum Thrakien kamen zu den verschleppten Juden Salonikis hinzu. Von den insgesamt 48 000 deportierten Juden wurden 37 000 unmittelbar nach ihrer Ankunft in den Gaskammern von Auschwitz ermordet, während 11 000 Juden in das Arbeitslager gelangten. Im August 1943 brachte der letzte Deportationszug aus Saloniki den »Judenrat« nach Bergen-Belsen. In Saloniki wie in Athen kam es zu Protesten gegen die Deportationen. In Athen intervenierten der Erzbischof sowie die Rektoren der Hochschulen. Wegen der Deportationen versuchten mehrere Hundert Juden in die italienisch besetzte Zone zu fliehen, in der die Juden bis zur Kapitulation Italiens weitgehend geschützt waren. In Saloniki verhalfen Angehörige des italienischen Konsulats mit Hilfe gefälschter italienischer Dokumente Juden zur Flucht in die italienische Zone. Durch die Kapitulation Italiens im September 1943 gelangten auch die Juden Zentralgriechenlands, Thessaliens, des Peloponnes sowie der ionischen Inseln unter die Gewalt der Deutschen. Ab September 1943 wurden Tausende weitere Juden aus Zentralgriechenland in deutsche Vernichtungslager deportiert. Die Juden der Inseln Rhodos und Kos wurden im Sommer 1944 als einer der letzten Transporte nach Auschwitz-Birkenau verschleppt.

Im Unterschied zur italienisch besetzten Zone entsprach die Vernichtungspolitik in der bulgarischen Zone den Maßnahmen der deutschen Zone, sodass auch von dort 11 384 Juden deportiert wurden, die überwiegend im Vernichtungslager Treblinka ermordet wurden. Von den 77 000 griechischen Juden wurden ca. 58 800 Opfer der Shoah, alleine 54 533 Juden Griechenlands wurden in das Vernichtungslager Auschwitz deportiert. Diejenigen griechischen Juden, welche bis 1945 überlebten, wurden am 17. Januar von Auschwitz aus auf Todesmärsche u. a. nach Mauthausen, Bergen-Belsen oder Stutthof geschickt. Von den Deportierten überlebten weniger als 2000 Menschen. Durch die Machtübernahme der Deutschen auch in der vormals italienischen Zone wurden ca. 75 % der Juden Griechenlands ermordet, der Großteil davon in Auschwitz.

4.4 Albanien - Einfache Leute helfen selbstlos

Albanien erlangte nach jahrhundertelanger Herrschaft der Osmanen erst im Jahr 1912 die Unabhängigkeit, geriet indes rasch in Abhängigkeit Italiens, welches das Balkanland im April 1939 besetzte. Reinhard Heydrichs Aufstellung der europäischen Juden für die Wannsee-Konferenz gab die Zahl der albanischen Juden mit 200 an und bezog diese so in das Mordprogramm ein. Die Angabe aus dem Jahr 1942 stammte vermutlich aus einer albanischen Volkszählung, die am 25. Mai 1930 die Anzahl der Juden mit 204 bezifferte. Die Zahl der albanischen Juden dürfte jedoch bereits Ende der 1930er-Jahre deutlich größer gewesen sein. Zum Zeitpunkt der Besetzung Albaniens durch italienische Truppen im April 1939 waren vermutlich ca. 2000 Juden im Land, zumal eine größere Anzahl österreichischer Juden hierhin geflohen war. Bis zur italienischen Invasion verfuhr Albanien bei der Ausstellung von Visa recht großzügig und wurde als Adriaanrainerstaat zur Flucht nach Übersee genutzt. Nach dem Einmarsch der Italiener wurden antijüdische Gesetze kaum umgesetzt, sodass auch albanische Juden aus dem jugoslawischen Kosovo hierhin flohen. Nach dem Balkanfeldzug gelangten Teile Jugoslawiens an Albanien, sodass die Anzahl albanischer Juden erneut stieg, zumal weitere Juden Jugoslawiens nach Albanien flohen, wo sich noch zahlreiche Flüchtlinge aus Deutschland und Österreich befanden, denen eine Passage nach Übersee nicht gelungen war.

Juden existierten auf dem Gebiet Albaniens bereits seit dem 12. Jahrhundert, wobei es sich um Zuwanderer aus Saloniki handelte. Zu ihnen gesellten sich im 15. und 16. Jahrhundert jüdische Flüchtlinge aus Spanien und Portugal, die sich im Osmanischen Reich niederließen. Im 19. und 20. Jahrhundert führten zahlreiche Aufstände, der griechische Freiheitskampf sowie gewalttätige Auseinandersetzungen zwischen christlich-orthodoxen und muslimischen Albanern zur jüdischen Abwanderung. Bedingt durch die historische Entwicklung im Kontext der osmanischen Herrschaft konnte der albanische Antisemitismus nicht auf eine ungebrochene Traditionslinie zurückblicken und war nur schwach ausgeprägt, was sich für die Juden Albaniens als vorteilhaft erweisen sollte.

Die italienischen »Rassengesetze« vom November 1938 erlangten in Albanien ab dem 12. April 1939 Gültigkeit. Im Verlauf des Jahres 1942 übten deutsche Stellen wachsenden Druck auf Italien aus, um auch die albanischen Juden auszuliefern. Die diesbezügliche Bereitschaft Italiens war eher verhalten, sodass von deutscher Seite von »Sabotage« der Judendeportation aus dem italienischen Herrschaftsbereich gesprochen wurde. Da Italien bereits vor Beginn des Zweiten Weltkriegs Albanien eingenommen hatte, betrachtete es die albanischen Juden im Sinne der erfolgten Annexion als italienische Staatsbürger. Schwieriger gestaltete sich die Lage derjenigen Juden, die bedingt durch Kriegshandlungen beziehungsweise staatliche Gebietsveränderungen erst 1941 nach Albanien gelangten, was für die Juden des Kosovo nach dem Jugoslawienfeldzug der deutschen Wehrmacht im April 1941 galt. Auch aus anderen Teilen Jugoslawiens gelangten Juden nach Albanien. Flüchtlinge aus Serbien, Montenegro und Bosnien wurden in Lagern interniert und zum Missfallen der Deutschen 1942 nach Italien deportiert. Jüdische Flüchtlinge aus dem Kosovo, aber auch aus Deutschland und Polen, wurden von italienischen Beamten mit gefälschten albanischen Pässen versorgt, um diese in Sicherheit zu bringen. Die Auslieferung wurde von den italienischen Behörden bewusst hintertrieben, sodass viele Juden dem Mordprogramm entgingen. Auf Grund des deutschen Drucks im Frühjahr 1942 lieferte der italienische Militärkommandant im Kosovo indes 51 Juden aus, die von den Deutschen erschossen wurden.

Zwar wies Italien die in Tirana eingesetzte Marionettenregierung an, die Juden Albaniens auszuweisen, doch der Krieg gegen Griechenland besaß höhere Priorität, sodass die Maßnahme nicht energisch verfolgt wurde. Gefährlich wurde die Lage für die Mehrzahl der Juden erst, als die deutsche Wehrmacht Albanien nach der Kapitulation Italiens im September 1943 besetzte. Zu diesem Zeitpunkt konzentrierten sich die deutschen Truppen jedoch bereits auf die Verhinderung einer alliierten Invasion an der Mittelmeerküste und waren personell bereits zu schwach, um das ganze Land zu kontrollieren. Vieles scheiterte auch an der relativen Eigenständigkeit der albanischen Regierung, welche die Erstellung und Übergabe von »Judenlisten« ablehnte und rettende Aktivitäten der Bevölkerung nicht ahndete, sodass sich örtliche Polizeieinheiten passiv verhielten. Zwar gab es auch in Albanien Kollaborateure, die bei der Bewachung der ehemaligen albanisch-italienischen Internierungslager halfen, doch die Breite der Bevölkerung verhielt sich eher unterstützend als ambivalent oder gar kollaborierend, zumal der Versuch, in Albanien eine prodeutsche Marionettenregierung zu installieren, scheiterte. Für das kleine Albanien stellen die 73 aufgeführten AlbanerInnen in der »Liste der Gerechten unter den Völkern« folglich eine beeindruckende Anzahl dar. Stellvertretend für die Geehrten sei an dieser Stelle die Geschichte von Lime Balla wiedergegeben, die zusammen mit ihrem Mann Destan am 4. Oktober 1992 als »Gerechte unter den Völkern« anerkannt wurde:

> »Ich wurde 1910 geboren. Im Jahr 1943, zur Zeit des Ramadan, kamen 17 Leute aus Tirana in unser Dorf, Shengjergji. Sie waren alle auf der Flucht vor den Deutschen. Am Anfang wusste ich nicht, dass sie Juden waren. Wir teilten sie unter den Dorfbewohnern auf. Wir nahmen drei Brüder namens Lazar auf. Wir waren arm – wir hatten nicht einmal einen Esstisch – aber wir erlaubten ihnen kein einziges Mal, für Essen oder Unterkunft zu bezahlen. Ich ging in den Wald um Holz zu hacken und Wasser zu holen. Wir zogen Gemüse in unserem Garten, so hatten wir jede Menge zu essen. Die Juden blieben für 15 Monate in unserem Dorf versteckt. Wir kleideten sie wie Bauern, wie uns selbst. Sogar die Ortspolizei wusste, dass das Dorf Juden versteckte. Ich kann mich erinnern, dass sie viele verschiedene Sprachen sprachen. Im Dezember 1944 verließen die Juden unser Dorf und gingen nach Priština, wo unser Neffe, der bei den Partisanen war, ihnen half. Danach verloren wir jeden Kontakt mit den Brüdern Lazar. Erst im Jahr 1990, fünfundvierzig Jahre später, nahmen Sollomon und Mordehaj Lazar von Israel aus Kontakt mit uns auf.« (yadvashem.org/yv/de/exhibitions/besa/balla.asp)

Gegen Kriegsende radikalisierte sich die Politik der Besatzer, die nunmehr die Ansicht vertraten, Rücksichtnahme auf »örtliche Befindlichkeiten« sei nicht mehr angebracht. Am 16. April 1944 verhaftete die SS-Division »Skanderberg« über 300 Juden in Priština, in anderen Teilen des Landes nahm die Heeresgruppe F Juden gefangen, von denen 249 deportiert wurden. Im April 1944 wurden aus dem Durchgangslager Priština 300 Juden nach Bergen-Belsen deportiert, von denen über die Hälfte umkamen. Die Zahl der insgesamt aus Albanien Deportierten lässt sich auf ca. 600 Juden schätzen, darunter überwiegend Flüchtlinge aus Deutschland und Österreich. Legt man eine Zahl von 2000 Juden im Jahr 1939 zugrunde, so ermordeten die Deutschen ca. 22 % der Juden Albaniens.

4.5 Ungarn – Täter nicht Opfer

Die Geschichte der Shoah in Ungarn lässt sich chronologisch betrachtet in fünf Phasen einteilen. Die *erste Phase* umfasst die Jahre nach dem Ersten Weltkrieg bis Ende 1937. Die *zweite Phase* bilden die »Judengesetze« und Verordnungen der Jahre 1938/39 sowie die damit einhergehende massive Entrechtung der Juden. Die *dritte Phase* stellt die Transformation des »christlichen Ungarn« in einen rassistischen Staat in Gestalt des sogenannten dritten »Judengesetzes« vom August 1941 dar. Die Deportation von Juden ohne ungarische Staatsangehörigkeit im Juli 1941, ihre schutzlose Auslieferung an ihre deutschen Mörder sowie das Pogrom von Nový Sad im Januar 1942 zählen als zentrale Ereignisse dieser Phase bereits zur Shoah. Die *vierte Phase* bildet der Einmarsch der deutschen Truppen in Ungarn am 19. März 1944 und die unmittelbar danach einsetzende Deportation der ungarischen Juden aus der Provinz. Die *fünfte Phase* erstreckt sich von der Machtübernahme der Pfeilkreuzler am 15. Oktober 1944 bis zur endgültigen Befreiung der ungarischen Hauptstadt am 13. Februar 1945.

Nach dem Ersten Weltkrieg betrachtete sich Ungarn auf Grund seiner hohen Gebietsverluste als Opfer des Friedensvertrags von Versailles beziehungsweise des Nachfolgevertrags von Trianon. In den 1920er-Jahren erhielten nationalistische, rechtsextremistische wie explizit antisemitische Gruppierungen starken Zulauf. Bereits in der Zwischenkriegszeit war der ungarische Antisemitismus in hohem Maß ausgeprägt. Rechtsextreme Agitatoren machten die Juden für die ungarische Räterepublik verantwortlich und stießen auf willige Zuhörer. Unmittelbar nach der Niederschlagung der kommunistischen Räterepublik ereigneten sich antijüdische Gewaltakte. Alle Juden – unabhängig ob diese für oder gegen die Räterepublik gewesen waren – wurden für kommunistische Politiker jüdischer Herkunft wie Béla Kun (1886–1938) in Kollektivhaft genommen. Bedingt durch die hohe Akademikerarbeitslosigkeit verbreiteten sich insbesondere in der Intelligenz antisemitische Stimmungen. Am 26. September 1920 führte das ungarische Parlament einen Numerus clausus ein. Die Protagonisten der Maßnahme erhofften sich auf diese Weise ihrer »jüdischen Konkurrenz« zu entledigen. Zwar vermied das Gesetz den Terminus »Jude«, gleichwohl war es deutlich gegen wen sich die Festlegung von Obergrenzen richtete, die den jeweiligen proportionalen ethnischen Anteil innerhalb der ungarischen Gesellschaft spiegeln sollten. Bedingt durch den Numerus clausus fiel der Anteil jüdischer Studenten von 36 % auf 8–10 %. Der alltägliche Antisemitismus breitete sich durch diese Maßnahme an ungarischen Universitäten in rasantem Maß aus. Rechtsgerichtete Studentenverbände verwehrten jüdischen Kommilitonen mit Gewalt den Zutritt zu Hörsälen und versuchten diese allenthalben der Lächerlichkeit preis zu geben. Zwar wurde aufgrund internationaler Proteste das Gesetz im Jahr 1928 einer Revision unterzogen, gleichwohl blieb die antisemitische Ausrichtung seitens der Universitätsverwaltungen bei Immatrikulationen bestehen.

Antisemitische Übergriffe in Erzsébetváros (»Elisabethstadt«), dem VII. Budapester Bezirk und Zentrum der jüdischen Gemeinde, waren in der Zwischenkriegszeit keine Seltenheit. Bei einem Bombenattentat auf den demokratischen Club starben am 3. April 1922 neun Personen, 23 weitere wurden schwer verletzt. Opfer alltäglicher Attacken waren u. a. jüdische Politiker sowie gläubige Juden, die als solche erkennbar waren. Mit der Machtübernahme des deutschen Nationalsozialismus sahen sich antisemitische Kräfte in Ungarn gestärkt. Im Jahr 1933 bildeten sich gleich drei neue nationalsozialistische Parteien. Innerhalb Europas war Ungarn Anfang der 1930er-Jahre dasjenige Land, dessen rechtsextreme, faschistoide sowie offen faschistische Bewegungen am stärksten waren. Derlei Kräfte wie Gruppen verfügten in der Bevölkerung über eine breite Unterstützung.

Langjähriges Staatsoberhaupt Ungarns war der ungarische Politiker Miklós Horthy (1868–1957), der das Amt des Reichsverwesers seit der Niederschlagung der ungarischen Räterepublik im Jahr 1920 bis zur Machtübernahme der Pfeilkreuzler 1944 bekleidete. Bereits Anfang der 1930er-Jahre waren in Ungarn die Rechtsradikalen derart stark, das Horthy am 1. Oktober 1932 Gyula Gömbös (1886–1936) zum Ministerpräsidenten ernannte, der bis zu seinem Tod im Jahr 1936 das Ziel verfolgte, Ungarn zu einem faschistischen Staat nach Vorbild Mussolinis zu bilden und das Land außenpolitisch eng an das faschistische Italien, den klerikal-faschistoiden österreichischen Ständestaat sowie an das nationalsozialistische Deutschland zu binden. Zwar scheiterte der Versuch von Gömbös, mittels der Gründung einer ungarischen Staatspartei ein faschistisches Ungarn zu etablieren wegen seines frühen Todes, die aktive Bereitschaft Ungarns an einer Zusammenarbeit mit dem Deutschen Reich blieb indes bestehen und war dem Interesse an einer Revision des Vertrags von Trianon geschuldet.

Den Beginn der *zweiten Phase* markiert das sogenannte erste antijüdische Gesetz des Jahres 1938. Das Jahr 1938 lässt sich als Wendejahr betrachten, insofern der ungarische Staat mit der systematischen Entrechtung seiner jüdischen Bürger in Gestalt diverser antijüdischer Erlasse und Verordnungen begann. Die Gesetze bewirkten die wachsende politische, ökonomische, soziale wie kulturelle Isolation der Juden und verfolgten darüber hinaus die Intention, sich eines Teils der Juden zu entledigen, insofern sie deren ungarische Staatsangehörigkeit in Frage stellten. Neben der Einschränkung politischer Rechte wurden Quotenregelungen eingeführt, die u. a. freie Berufe betrafen. Die Obergrenze für Juden in bestimmten Wirtschaftsbereichen sowie bei diversen intellektuellen Berufen legte das sogenannte erste jüdische Gesetz auf 20 % fest. Durch derlei Erlasse verloren bereits Tausende Juden und Jüdinnen ihre Existenzgrundlage. In einem Zeugnis der »Shiel Brothers Ltd.«, einer Seidenfabrik der Stadt Kispest, die seit dem 1. Januar 1950 den neunzehnten Budapester Bezirk bildet, heißt es:

> »Certificate – in which we confirmed that Ms. Márta Barna, born in Szombatheley on August 17, 1917, have been in service at our company from 13 January 1937 until December 31, 1938, as an official. Lady Márta Barna proved to be well-trained, very

clever and diligent official during her employment, who earned the most our recognition for her work. We were forced to dismiss Ms. Márta Barna from our service by virtue of the provisions of the Act on the Restoration of Social Balance [das sogenannte erste antijüdische Gesetz von 1938, d. Verf.]. As an absolutely trustworthy and very clever officer, we can recommend her to everyone.« (Dokument der Bürgerinitiative »Szabadság tér«, ausgestelltes Schriftstück auf dem Freiheitsplatz in Budapest)

Während der zweiten Amtszeit des ungarischen Ministerpräsidenten Pál Teleki (1879–1941) wurde auch der Numerus clausus in höheren Bildungseinrichtungen wieder eingeführt. Die Erlangung der ungarischen Staatsbürgerschaft blieb Juden nicht nur verwehrt, nichtungarische Juden wurden gezwungen das Land zu verlassen. Ungarische Juden, die nicht imstande waren, den Nachweis zu erbringen, dass sämtliche ihrer Vorfahren sich bereits seit 1867 in Ungarn befanden, deklarierte man zu Staatsbürgern zweiter Klasse und schloss sie vom aktiven wie passiven Wahlrecht aus. Die antisemitische Gesetzeswelle der Jahre 1938/1939, die noch keinem deutschen Druck geschuldet war, sondern eigenen Antrieben folgte und sich der ungarischen Rechten beugte, befeuerte die unmittelbare Gewaltspirale. Am 3. Februar 1939 warfen Täter im Umfeld der ungarischen nationalsozialistischen Partei des Offiziers Ferenc Szálasi (1897–1946) drei Handgranaten in die Menge, welche die Große Synagoge verließ, und verletzten 13 Personen schwer.

Nach der Zerschlagung der Tschechoslowakei schienen sich die revisionistischen Ambitionen Ungarns mit dem »Ersten Wiener Schiedsspruch« zu erfüllen. In der am 2. November 1938 im Wiener Belvedere stattfindenden Konferenz sprachen Hitler und Mussolini Gebiete mit ungarischer Bevölkerungsmehrheit Ungarn zu, sodass sowohl die Juden in der Südslowakei wie in der westlichen Karpatenukraine unter ungarische Herrschaft gelangten. Die Anzahl der ungarischen Juden erhöhte sich durch die Einverleibung der Gebiete um 67 000. Im März 1939 besetzten ungarische Truppen das gesamte Gebiet der Karpatenukraine (»Transkarpatien«), die unter der Bezeichnung Kárpátalja zu einem territorialen Teil Ungarns erklärt wurde. Im Jahr 1939 verfügte die Karpatenukraine, die nach dem Ersten Weltkrieg als vormals ungarisches Gebiet an die Tschechoslowakei gelangt war, über eine halbe

Million Einwohner, darunter ca. 15 % Juden. Durch den militärischen Akt wuchs die Anzahl der Juden Ungarns um weitere 78 000 an. Im August 1940 erzwangen Hitler und Mussolini im »Zweiten Wiener Schiedsspruch« von Rumänien die Abtretung nördlicher wie östlicher Teile Siebenbürgens an Ungarn, wodurch sich die Gesamtzahl ungarischer Juden nochmals um 164 000 erhöhte. Der nationalistische Traum von einem »Großungarn« schien Wirklichkeit zu werden und sollte der »Achse Berlin-Rom« die Bündnistreue Ungarns sichern. Ungarn trat dem am 27. September 1940 geschlossenen Dreimächtepakt im November 1940 bei. Im April 1941 besetzte die deutsche Wehrmacht Jugoslawien. Die ungarische Armee unterstützte den deutschen Balkanfeldzug und erhielt als »militärische Beute« die Batschka mit der Stadt Nový Sad, welche heute die zweitgrößte Stadt Serbiens und Hauptstadt der autonomen Provinz Vojvodina bildet. Durch die Einverleibung der Batschka erhöhte sich die jüdische Bevölkerung Ungarns nochmals um 20 000. Dem ungarischen Zensus des Jahres 1941 zur Folge lebten ca. 825 000 Juden in Ungarn, unter ihnen auch Tausende Juden aus Deutschland, Österreich, Polen und der Tschechei, die zwischen 1939 und 1941 nach Ungarn geflohen waren.

Den Beginn der *dritten Phase* markiert der Überfall der deutschen Wehrmacht auf die Sowjetunion am 22. Juni 1941, an dem sich Ungarn mit eigenen Einheiten beteiligte. Weite Gebiete der Ukrainischen Sozialistischen Sowjetrepublik gelangten so unter die Kontrolle Ungarns. Das ungarische Kabinett gedachte die »Gunst der Stunde« zu nutzen, um Juden ohne ungarische Staatsangehörigkeit in die eroberten Gebiete zu deportieren. Die Deportation der Juden in die Westukraine wurde vom Staatsoberhaupt Horthy explizit genehmigt. Die Anzahl der im Juli 1941 Verschleppten, die zuvor von ungarischen Milizionären beraubt wurden, betrug ca. 18 000 Personen. Die überwiegend nach Kamenez-Podolsk Deportierten gelangten unter deutsche Herrschaft und wurden Ende August 1941 Opfer des Massakers von Kamenez-Podolsk, das bis dato die größte Mordaktion der Shoah darstellte. An der Ermordung von insgesamt 23 600 Juden trägt die ungarische Regierung eine essentielle Mitverantwortung insofern sie den Deutschen die ihr unterstellten Juden schutzlos auslieferte. Die neue Qualität des Antisemitismus verdeutlicht gleichfalls die Übernahme der deutschen »Rassengesetze« in Gestalt des dritten antijüdischen Gesetzes vom 8. August 1941. Das vormals »christliche Ungarn« begann sich in einen Staat zu transformieren, der sich das Programm einer neuen rassistischen Ordnung gab, welche eugenische Maßnahmen einschloss. Während das sogenannte zweite antijüdische Gesetz des Jahres 1939 »Jüdischsein« noch auf Basis der Religion definierte und diejenigen nicht als Juden betrachtete, die vor August 1919 konvertierten, erklärte das dritte antijüdische Gesetz alle Personen zu Juden, die über zwei oder mehr jüdische Großelternteile verfügten. Das Gesetz verbot Ehen zwischen Juden und Nichtjuden und stellte diesbezüglichen Sexualverkehr unter Strafe.

Als Reaktion auf die Aktivitäten jugoslawischer Partisanen ereignete sich 1942 in Nový Sad ein vom ungarischen Generalstabschef angeordnetes Pogrom, an dem sich sowohl die ungarische Polizei als auch Gendarmerie- und Heimwehreinheiten beteiligten. Vom 21. bis 23. Januar 1942 wurden in Nový Sad über 800 Menschen ermordet, darunter 550 Juden. Bereits im Jahr 1942 sprach der ungarische Premierminister Miklós Kállay (1887–1967) von einer »Endlösung« der noch über 800 000 Juden in Ungarn, die »Umsiedelung« sollte jedoch auf die Zeit nach dem Krieg verschoben werden. Die ungarische Regierung verschärfte die Lage der Juden indes stetig. Der lückenlosen Registrierung der Juden folgte ihre nahezu vollständige Verdrängung aus dem wirtschaftlichen wie kulturellen Leben des Landes. Das sogenannte vierte unter Kállay erlassene antijüdische Gesetz verbot Juden Land zu besitzen, enteignete jüdische Landbesitzer und hob den Status des Judentums als staatlicherseits anerkannte Religionsgemeinschaft auf. Zwar führte die Niederlage von Stalingrad im Februar 1943 zur Aufnahme von Geheimverhandlungen Ungarns mit den westlichen Alliierten, die Lage der Juden besserte sich dadurch indes nicht.

Auf der Basis eines Gesetzes vom 11. März 1939 wurden Juden im wehrfähigen Alter, d. h. zwischen 20 und 48 Jahren zum Arbeitsdienst verpflichtet. Die einem nichtjüdischen Armeeoffizier unterstellten jüdischen Einheiten des Arbeitsdienstes wurden im Bergbau, beim Bau von Befestigungsanlagen sowie beim Räumen von Minenfeldern eingesetzt. Zu Beginn des Zweiten Weltkriegs sahen sich die Juden im Arbeitsdienst vielfältigen Diskriminierungen ausgesetzt, die von schlechter Verpflegung und Bekleidung, körperlicher Gewalt bis hin zum Zwang reichte, gelbe Armbinden zu tragen. Dramatisch gestaltete sich die Lage für diejenigen Einheiten, die an der ukrainischen Front eingesetzt wurden, was von den insgesamt 100 000 zwangsverpflichteten jüdischen Männern für jeden zweiten galt. Die Zahl der Opfer wird auf 40 000 Personen geschätzt, die bis Ende 1943 bei militärischen Kämpfen getötet wurden, auf Grund von Krankheiten oder Hunger starben, von judenfeindlichen Soldaten beim Rückzug der ungarischen Truppen ausgeraubt und ermordet oder von deutschen SS-Einheiten im Kessel von Stalingrad erschossen wurden. Da Ungarn die Batschka formell annektierte, galten auch für diesen westlichen Teil der Provinz Vojvodina die von der Regierung in Budapest erlassenen antisemitischen Gesetze, sodass auch die wehrfähigen Juden der Batschka Zwangsarbeit in Arbeitsbataillonen leisten mussten. Nach der Besetzung Ungarns durch die deutsche Wehrmacht im März 1944 wurden sie interniert und ab Mai 1944 nach Auschwitz deportiert.

Den Ausgangspunkt der *vierten Phase* bildete der Einmarsch der deutschen Truppen in Ungarn am 19. März 1944. Der Einmarsch der deutschen Wehrmacht führte zur Einsetzung einer »Marionettenregierung«. Reichsverweser Horthy, der im Amt blieb, wählte für den Posten des Ministerpräsidenten den Militär und Diplomaten Döme Sztójay (1883–1946). Nach ihrer Ankunft begannen die deutschen Besatzer unverzüglich mit der Vorbereitung der Deportation und Ermordung der jüdischen Bevölkerung der ungarischen Provinz. Aktiv unterstützt wurden sie von der ungarischen Verwaltung, der örtlichen Polizei sowie von lokalen Kollaborateuren. Hierfür errichtet wurden fünf Zonen: Transkarpatien bildete Zone I, Nordsiebenbürgen Zone II, Nordwestungarn Zone III, Südungarn Zone IV sowie Transdanubien und die Vorstädte von Budapest Zone V. Folgt man den Angaben des deutschen Reichsbevollmächtigten für Ungarn, SS-Brigadeführer Edmund Veesenmayer (1904–1977), so wurden bis zum 9. Juli 1944 insgesamt 437 402 Juden überwiegend nach Auschwitz-Birkenau deportiert. Da Eichmann nur über einen begrenzten Stab verfügte und wegen der angespannten Kriegslage die deutsche Wehrmacht nicht mehr in nennenswertem Umfang eingespannt werden konnte, waren Deportationen eines solchen Umfangs – zumal innerhalb einer derart kurzen Zeitspanne – ohne die umfassende Mitwirkung der ungarischen Verwaltung sowie der ungarischen Polizei nicht zu realisieren. Der im Jahr 1928 in Sziget geborene Schriftsteller Elie Wiesel (1928–2016) schreibt:

> »Über die ungarische Polizei kann man gar nicht genug Schlechtes sagen. Sie setzt den Eichmann-Plan mit einer Brutalität und einem Eifer in die Tat um, die dem ungarischen Volk und seiner Armee für immer zur Schande gereichen werden. Sind alle Polizisten Antisemiten oder Parteigänger der faschistischen Nyilas [Pfeilkreuzler, d. Verf.]? Wie sonst lassen sich ihre Grausamkeit und ihr Sadismus erklären? Sie schlagen Frauen und Kinder, treten Kranke und Greise. Sie erfüllen ihre Aufgabe so gründlich, dass die Einrichtung eines Ghettos beinahe mit Erleichterung aufgenommen wird.« (Wiesel 1995: 87)

Den ersten Schritt vor der Verschleppung bildete die Internierung der Juden der ungarischen Provinz in Ghettos sowie die Etablierung von »Judenräten«, die zur Mitwirkung bei der Umsetzung antijüdischer Gesetze sowie bei der Enteignung beziehungsweise Beraubung ungarischer Juden verpflichtet wurden. Das Tragen des Judensterns wurde am 31. März 1944 Pflicht. Am 15. Mai 1944 begannen die Deportationen der Juden aus der Provinz. Elie Wiesel berichtet:

> »Der schwarze Samstag kam im Mai. (…) Ein Gerücht verbreitet sich wie ein Lauffeuer [im Ghetto, d. Verf.]: Die Juden sollen abtransportiert werden. Der erste Zug soll am nächsten Morgen abfahren, aber wir sind noch nicht dabei. Die Nacht über helfen wir Freunden und Nachbarn bei den Reisevorbereitungen. ›Brauchen Sie Mehl, Zwieback, Eier? Oder Kleider?‹ Die Abschiedsszenen voller Verzweiflung, Trennungsschmerz aber auch voller Zärtlichkeit sind unvergesslich. Ich klopfe an die Tür der Nachbarn, murmele unhörbare Worte, drücke Hände. (…) Überall wird gebacken. Überall bereitet man sich auf eine lange Reise vor, überall versucht man sich zu trösten: Wir werden nicht lange weg sein, nach dem Kriege sehen wir uns wieder.« (Wiesel 1995: 94/95)

Der Großteil der ungarischen Juden wurde unmittelbar nach ihrer Ankunft in den Gaskammern von Auschwitz ermordet. Die als »arbeitsfähig« Eingestuften wurden auf das weit verzweigte Netz der Außenlager verteilt. Im Protokoll des ungarischen Ministerrats vom 24. Juni 1944 heißt es bezüglich der Deportationen:

> »Laut dem Minister für Landwirtschaft sollten wir betonen, dass der Abtransport der Juden deshalb geschehe, um den Deutschen Arbeitskräfte zur Verfügung zu stellen. Deutschland habe Arbeitskräfte angefordert und wir haben Arbeitskräfte zusammen mit ihren Familien übergeben. Er [der Landwirtschaftsminister, d. Verf.] weist darauf hin, dass die Judenfrage in Ungarn auf dem Lande heute bereits gelöst sei. Es bleibe heute nur noch Budapest übrig. (…) Der Finanzminister verweist darauf, dass man die Juden nur ohne ihr Vermögen herauslassen dürfe. (…) Auch der Ministerpräsident bringt die Meinung zum Ausdruck, dass, wenn schon Juden in Ungarn zum Arbeitsdienst zurückbleiben würden, dann sollten diejenigen bleiben, die getauft wurden. (…) Der Innenminister verlangt in der Angelegenheit eine rasche Entscheidung, weil es ansonsten zu Schwierigkeiten kommen werde. Das Judentum sei eine Frage der Arbeitskapazität. Wohin die Juden gingen, interessiere uns letztlich nicht. Es sei das Interesse des Landes, die Juden schnell zu entfernen. Die Frage sei rasch zu erledigen, und zwar auf dem Wege von Verhandlungen mit den Deutschen.« (Carl-Lutz-Stiftung [Hrsg.]: 1944 – Glashaus – Gedenkzimmer, o.J.: 9–10)

Nach der Verschleppung der Juden aus der Provinz plante die deutsche Besatzungsmacht die Deportation der ca. 200 000 verbliebenen Budapester Juden. Die Budapester Juden wurden in sogenannte »Judenhäuser« konzentriert, die mit einem gelben Stern gekennzeichnet waren und sich über die ganze Stadt verteilten. Die räumliche Verteilung der »Judenhäuser« instrumentalisierte die Budapester Regierung gegenüber den Alliierten als Argument, um diese von einer Bombardierung der Hauptstadt abzuhalten. Das Dekret vom 16. Juni 1944 zwang die Budapester Juden zum Umzug in ihre vorherbestimmten Quartiere bis zum 24. Juni. Gemäß des Zensus des Jahres 1941 betraf dies 220 000 Personen, d. h. 21 % der Bewohner der ungarischen Hauptstadt. Ein Augenzeuge des digitalen Projekts »Yellowstarhouses« berichtet:

> »My name is John Hajdu and I live in London, having escaped from Budapest after the Hungarian Revolution in November 1956. Having checked your map I recognised the star at Vaci Ut 4

and the story is as follows: In June 1944 we were ordered to leave our home at 24 Hollan Erno utca and had to move into a yellow star house. By coincidence my cousin and her family lived on the third floor at 4 Vaci ut, so we decided to go there at night, despite a strict curfew. There were armed anti-Jewish elements patrolling the streets, ready to shoot any Jews they came across. In normal circumstances this should have taken no more than 20 minutes but in fact it took much longer as we had to keep hiding in doorways along the way. We were soon joined by my aunt and uncle and his wife and my grandfather. By October all the men were rounded up and taken away. It was then the turn of the women. Each flat was searched and the women were herded together in the courtyard. However my aunt spoke to a non-Jewish family on the same floor and they agreed to hide us, which unquestionably saved my life. My mother with all the other women were taken away to Mauthausen.« (www.yellowstarhouses.org/testimonies)

Bedingt durch die herannahende Rote Armee sowie durch die sich abzeichnende Niederlage der Achsenmächte gab es eine gewisse Bereitschaft einem Teil der Juden die Ausreise zu gestatten, die etlichen Betroffenen das Leben rettete. Von ungarischer Seite betrachtete man diese Juden als »Faustpfand«, um nach dem Zweiten Weltkrieg wieder in den Kreis der »ehrenwerten Nationen« aufgenommen zu werden. Im Protokoll des ungarischen Ministerrats vom 24. Juni 1944 heißt es:

»Die geplante radikale Lösung der [jüdischen] Frage stellt für Ungarn und für die ungarische Regierung eine schwere Belastung dar, die auf der internationalen Ebene im Verlaufe des Krieges mit unumgänglichen Nachteilen einhergehen wird. Welches Ausmaß sie annehmen werden und wie lange sie sich auswirken werden, kann im Voraus nicht gesagt werden, ich [es spricht der Ministerpräsident, d. Verf.] halte es aber nicht für ausgeschlossen, dass in dem einen oder anderen Land, wo die Propaganda das Übergewicht gewinnt, auch Stimmen laut werden, die diplomatischen Beziehungen zur ungarischen Regierung abzubrechen. So wie diese Staaten, ganz gleich, wie der Krieg ausgeht, weiter bestehen werden, so wird das ungarische Volk auf alle Fälle mit

> einer solchen Last in den Reihen der Nationen auftreten, aufgrund derer sie in allen Bereichen des internationalen Lebens mit tausend Schwierigkeiten wird kämpfen müssen. Um das zu vermeiden und der auf diesem Gebiet sich immer stärker verdichtenden, auf uns gerichteten verachtungsvollen Abneigung zu entgehen, bin ich so frei dem Ministerrat hochachtungsvoll zu empfehlen, dass wir ein Ventil öffnen sollten, mittels welchem wir die obigen Gefahren ableiten und auf der internationalen Ebene eine erträgliche Atmosphäre herstellen können.« (Carl-Lutz-Stiftung [Hrsg.]: 1944 – Glashaus – Gedenkzimmer, o. J.: 18)

Zwecks Verhinderung der Bombardierung von Budapest, potentieller Heimführung ungarischer Kriegsgefangener aus der Sowjetunion sowie um der »verachtungsvollen Abneigung zu entgehen« öffneten sich Spielräume für die Rettung der Budapester Juden, deren Deportation aufgrund internationaler Proteste verschoben wurde. Im August 1944 gab die ungarische Regierung dem Wunsch diverser Diplomaten neutraler Staaten nach, Juden bei der Emigration behilflich zu sein und während des dafür erforderlichen Zeitraums die Ausstellung einer gewissen Anzahl von Schutzpapieren zu akzeptieren. Schutzbriefe und Schutzpässe bewahrten ihre Besitzer zumeist vor Verfolgung und Verschleppung. Dies änderte sich jedoch als plündernde und mordende Banden von Pfeilkreuzlern durch Budapest zogen und selbst die mit derlei Papieren ausgestatteten Juden nicht mehr sicher waren. Gleichwohl bewahrten sie viele ihrer Träger davor, in die Donau geschossen zu werden. Schutzbriefe beziehungsweise Schutzpässe existierten seitens des schwedischen sowie des internationalen Roten Kreuzes, der schweizerischen sowie der schwedischen Botschaft, dem Vatikanstaat sowie dem spanischen Königreich. Mittels derlei Ausweise versahen die Schweiz 7880, Schweden 4500, der Vatikanstaat 2500, Portugal 698 sowie Spanien 100 Juden beziehungsweise Jüdinnen. Die inoffizielle Anzahl der Schutzbriefe sowie Schutzpässe dürfte indes wesentlich höher gewesen sein, da u. a. zionistische Widerstandsorganisationen die Dokumente fälschten. Die mit Schutzbriefen beziehungsweise Schutzpässen ausgestatteten Juden wurden bis zu ihrer Ausreise in geschützten Häusern untergebracht, von denen Portugal drei, Spanien acht, die Schweiz über 70, Schweden über 30, der Vatikanstaat sechs, das internationale Rote Kreuz zwei sowie das schwedische

Rote Kreuz ein Haus unterhielten. Nach der Machtübernahme der Pfeilkreuzler stellten auch Portugal sowie Argentinien Schutzhäuser bereit. Insgesamt belief sich die Anzahl der Schutzhäuser auf ca. 130 Objekte. Die ungarische Philosophin Ágnes Heller (1929–2019) schreibt in ihren autobiographischen Erinnerungen *Der Wert des Zufalls*:

> »Ich glaubte, es sei besser, mit einem Schutzbrief im internationalen Ghetto in Újlipótváros [gemeint ist die sogenannte neue Leopoldstadt, ein Distrikt, der sich nördlich von der Leopoldstadt am Ostufer der Donau befindet, d. Verf.] zu leben als im allgemeinen Ghetto. Ich fragte eine Freundin im sechsten Stock, was wir tun könnten, weil wir keinen Schutzpass hätten. Sie sagte: ›Du und deine Mutter, kommt mit.‹ Sie führte uns zu einem Haus, fragte nach unseren Namen und Geburtsdaten und sperrte uns in einer Wohnung im Badezimmer ein. Nach einer halben Stunde kam sie mit frischen Schutzpässen zurück. Zionisten hatten uns falsche Schutzbriefe ausgestellt. Die Schweizer wussten natürlich, dass viele Schutzpässe gefälscht waren, aber sie deckten das.« (Heller 2018: 45/46)

Die *fünfte Phase* begann mit der Machtübernahme der Pfeilkreuzler am 15. Oktober 1944. Nach erfolgreichem Putsch gegen Reichsverweser Miklós Horthy amtierte in der Endphase des Zweiten Weltkriegs vom 16. Oktober 1944 bis zum 28. März 1945 als Regierungschef und Staatsoberhaupt Ferenc Szálasi, der Parteiführer der Pfeilkreuzler, der sich als »Führer der Nation« bezeichnete und aufs engste mit Nazideutschland kollaborierte. Den Budapester Juden drohte damit unmittelbar dasselbe Schicksal wie den ca. 424 000 nach Auschwitz-Birkenau Deportierten aus den ländlichen Regionen Ungarns, deren übergroße Mehrzahl zu diesem Zeitpunkt bereits ermordet war. Unter der »Marionettenregierung Szálasi« plante Eichmann die zweite Deportationswelle, in der die Budapester Juden Opfer der Shoah werden sollten. Kriegsbedingt standen Ende 1944 jedoch bereits keine Züge oder sonstigen Transportmittel mehr zur Verfügung. Als Vorstufe der geplanten neuen Deportationswelle wurde per Erlass der ungarischen Regierung am 29. November 1944 das Budapester Ghetto errichtet, welches bis zum 17. Januar 1945 bestand. Das Gebiet des Budapester Ghettos umfasste mehrere Straßen züge des alten jüdischen Stadtteils mit der Großen Synagoge in der Dohány utca sowie der orthodoxen Synagoge in der Kazinczy utca und war von einem hohen Zaun sowie einer Steinmauer umgeben. Das hoffnungslos überfüllte Ghetto wurde staatlicherseits weder mit Lebensmitteln versorgt noch wurden Müll und Unrat beseitigt. Die im Ghetto verbliebenen 70 000 Bewohner sollten an Hunger oder Typhus sterben. Am 8. Januar 1945 beziffert das Register die Anzahl der Ghettobewohner mit 62 949 Erwachsenen und 6759 Kindern. Wie viele bis dahin und noch in den kommenden Tagen bis zur Befreiung starben ist schwer zu schätzen. Bei einer touristischen Besichtigung der Großen Synagoge in der Dohány utca ist das Grauen des Budapester Ghettos präsent. Betritt man den Hof der Synagoge, so nimmt man wahr, dass der Bereich vor dem Jüdischen Museum ein Massengrab ist. Als das Ghetto am 18. Januar 1945 befreit wurde, lagen hier mehrere Tausend nicht bestattete Tote. Obwohl es der jüdische Brauch untersagt, Tote im Hof einer Synagoge zu beerdigen, wusste man sich angesichts der Anzahl der Leichen nicht anders zu helfen. Zahllose Gedenksteine, die Angehörige an den Massengräbern anbrachten, zeugen davon, dass alleine im Hof der Synagoge 2281 Juden bestattet sind, die im Winter 1944/1945 aufgrund des Mordterrors der Pfeilkreuzler, aus Hunger oder auf Grund von Seuchen wie Typhus starben, die sich wegen der elenden Bedingungen im Ghetto ausbreiteten. Die Problematik nach der Befreiung Budapests spiegelt ein Bericht der autonomen orthodoxen Jüdischen Gemeinde vom 10. März 1946:

> »[…] Bodies lay around everywhere on the streets and in houses. It was a difficult task to manage to bury them all, for we did not have the proper manpower, and we had no vehicles at all to transfer the corpses to the cemetery. Temporarily, some of the dead were buried in the courtyard of 25 Dob Street, and in many other cases, funerals were performed in basements or on public squares.« (Jüdisches Museum der Großen Synagoge in Budapest, Dauerausstellung zum Budapester Ghetto)

Übergriffe der Pfeilkreuzler auf das Ghetto, um zu plündern und zu morden, mehrten sich gegen Ende des Jahres 1944. Die erste Chronik des Budapester Ghettos beziffert allein die Anzahl derjenigen, die noch nach der Befreiung an den Folgen der elenden Bedingungen sowie der sich ausbreitenden Krankheiten starben mit 7503 Opfern. Unter ihnen befanden sich auch etliche, die Selbstmord begingen, da sie die erlittenen Erlebnisse nicht verkrafteten.

Als Ágnes Heller mit ihrer Mutter in einem der »geschützten Häuser« im internationalen Ghetto unterkam, war Hellers Vater bereits von der Gestapo verhaftet und in die Gestapo-Zentrale gebracht worden, die sich im Hotel Majestic in der Karthauzi utca befand. Ágnes Heller sah ihren Vater nie wieder. Insofern im internationalen Ghetto, in dessen Nähe sich viele Botschaften befanden, auch ausländische Botschaftsangehörige wohnten, konnten die dortigen Juden leichter an lebenswichtige Informationen gelangen, wie etwa über bevorstehende Razzien. Hellers Autobiographie verdeutlicht, dass angesichts marodierender Banden der Pfeilkreuzler auch die Bewohner des internationalen Ghettos vor Beraubung, Deportation und Erschießung nicht mehr sicher waren. Kurz vor der Befreiung war das internationale Ghetto aufgrund seiner Lage gegenüber der Margareteninsel sogar gefährlicher. Der Glaube, das internationale Ghetto sei sicherer als das allgemeine, erwies sich, so Heller, als falsch:

> »Die Pfeilkreuzler begannen, systematisch Juden zu erschießen. Sie hatten beschlossen, vor dem Einmarsch der sowjetischen Truppen alle Juden zu töten, doch im großen Ghetto war es schwierig, die vielen Leichen abzutransportieren. Im internationalen Ghetto hingegen war die Entsorgung der Leichen einfach, weil nebenan die Donau floss. Drei Mal wurden wir an der Donau aufgestellt. Beim ersten Mal begannen die Erschießungen planmäßig. Die Mörder kamen immer näher. Ich hatte überhaupt keine Angst, ich dachte nur daran, in die Donau zu springen, bevor ich an der Reihe war. Doch dann hörten sie auf. Beim zweiten und dritten Mal wurden wir an der Donau aufgestellt, ohne dass jemand erschossen wurde. Wir wussten nicht, was passieren würde. Wir wurden nicht bedroht, aber auch nicht informiert – sie sagten nichts.« (Heller 2018: 48/49)

Letztendlich sei sie, so Heller, durch reines Glück einer Verschleppung und Ermordung entgangen.

Als die Rote Armee bereits die Budapester Vorstädte befreite, wurden parallel zur Errichtung des Budapester Ghettos noch 76 000 jüdische

Zwangsarbeiter auf Todesmärsche in Richtung österreichische Grenze geschickt, um Sklavenarbeit bei Schanzarbeiten am »Südostwall« oder in Konzentrationslagern wie Mauthausen zu verrichten. Bereits unmittelbar nach der Machtübernahme der Pfeilkreuzler hatten deutsche Stellen von der ungarischen Regierung die Bereitstellung von 100 000 Juden gefordert, die Zwangsarbeit im Deutschen Reich verrichten sollten. Die Anfang November auf Todesmärsche Geschickten wurden weder mit Nahrungsmitteln und Wasser versehen noch in elementarer Weise medizinisch versorgt. Aufgrund der Umstände sowie der Grausamkeit der Bewacher starb bereits ein Fünftel von ihnen auf der 170 Kilometer langen Etappe von Budapest nach dem an der Grenze zu Österreich liegenden Ort Hegyeshalom. Von den nach Mauthausen und anderen Konzentrationslagern Verschleppten überlebten wegen der Arbeitsbedingungen sowie auf Grund von Massenerschießungen beim Vorrücken der Roten Armee nur wenige. Im November 1944 überfielen Pfeilkreuzler ebenso zahlreiche »geschützte Häuser«, um auch die dort lebenden Personen auf Todesmärsche zu schicken und verschleppten sie in die Ziegelei von Obúda, wo bereits Tausende Juden ausharrten, um ins Deutsche Reich deportiert zu werden. Das Ende der Verschleppungen am 1. Dezember 1944 bedeutete indes noch immer nicht das Ende des Mordens. Die in die Tausende gehende Zahl der noch bis zur endgültigen Befreiung Budapests am 13. Februar 1945 durch Einheiten der Pfeilkreuzler sowie diversen fanatischen Antisemiten Ermordeten lässt sich nur schwer schätzen. Pfeilkreuzler und deutsche Besatzer stritten sich dabei häufig um das den Juden noch verbliebene Hab und Gut. Zu den Pfeilkreuzlern zählte auch der römisch-katholische Priester des Franziskanerordens András Kun (1911–1945), der als Kommandeur einer Todesbrigade nach der deutschen Besatzung mit Soutane, Pistole mit Holster und einer Armbinde der Pfeilkreuzler mordend durch Budapest zog. Zu seinen Taten, für die er 1945 zum Tode verurteilt wurde, zählt u. a. am 12. Januar 1945 die Ermordung von über 100 jüdischen Patienten und Ärzten eines jüdischen Krankenhauses in der Maros utca, welches unter dem Schutz des internationalen Roten Kreuzes stand. Am 14. Januar 1945 ermordeten die Todesschwadronen der Pfeilkreuzler 160 Patienten, Doktoren und Krankenschwestern des Krankenhauses der orthodoxen israelitischen Gemeinde von Budapest in der Városmajor utca. Die Einheit von Kun drang auch in sogenannte geschützte Häuser ein und ermordete dort ca. 500 Juden und ihre Beschützer. Kun und seine Einheit folterten diejenigen Personen, welche Juden versteckten, und exekutierten sie anschließend. Die Exekutionen befahl Kun mit den Worten: »In Christi Namen – Feuer!« Die Zahl derjenigen Juden, welche alleine zwischen 1944 und 1945 von Pfeilkreuzlern am Donauufer erschossen, erschlagen oder ertränkt wurden, wird auf 3600 Opfer geschätzt. Viele von ihnen wurden von den Pfeilkreuzlern auch aus sogenannten »geschützten Häusern« umliegender, donaunaher Straßenzüge gezerrt. Das Shoah-Mahnmal »Schuhe am Donauufer« – auf der Pester Seite am Ostufer der Donau gelegen – gedenkt seit 2005 der jüdischen Opfer.

In den Grenzen von »Großungarn« lebten in den Jahren 1941 bis 1945 ca. 825 000 Menschen, die im Sinne der rassistischen Definitionskriterien als Juden galten, von ihnen erlebten 260 000 die Befreiung, während etwa 565 000 ungarische Juden ums Leben kamen, d. h. ca. 70 %. Der Großteil davon wurde in den Gaskammern von Auschwitz ermordet. Die Anzahl der Juden, die bereits vor der deutschen Invasion diversen Massakern sowie der Zwangsarbeit beziehungsweise dem Arbeitsdienst zum Opfer fielen wird auf über 60 000 Personen geschätzt. Aktive Mithilfe bei der Ermordung der ungarischen Juden leisteten nicht nur die Pfeilkreuzler, sondern bereits das Regime unter Miklós Horthy, dessen sterbliche Überreste 1993 aus dem portugiesischen Seebad Estoril nach Ungarn überführt und in einem quasi Staatsakt feierlich beigesetzt wurden.

4.6 Jugoslawien – Wehrmacht und Ustascha

Jugoslawien wurde im Jahr 1918 mit gut 15 Millionen Einwohnern unabhängig und bestand aus Serbien, Montenegro sowie aus Gebieten, die ehemals zur österreichisch-ungarischen Doppelmonarchie gehörten wie Kroatien und die Batschka. Der Anteil der Juden an der Gesamtbevölkerung des Vielvölkerstaats, der sich durch starke ethnische Spannungen auszeichnete, betrug lediglich 0,5 %. Außenpolitische Konflikte existierten mit Italien und Ungarn, die ihre im Kontext der Versailler Verträge an den jugoslawischen Staat abgetretenen Gebiete zurückverlangten. Am 6. April 1941 griff die deutsche Wehrmacht Jugoslawien gemeinsam mit den Verbündeten Italien, Ungarn und Bulgarien an; am 18. April 1941 brach die jugoslawische Armee zusammen. Die deutsche Regierung sah für Jugoslawien die Zerschlagung des Staatsgebiets sowie die Aufteilung des Landes vor. Deutschland annektierte Teile von Slowenien. Bulgarien erhielt Makedonien, der Bündnispartner Ungarn bekam die Batschka. Italien eignete sich das Gebiet um Ljubljana an, herrschte fortan über große Teile der Adriaküste sowie über Montenegro. Kroatien wurde ein eigenständiger Staat, in Serbien etablierten die Deutschen eine Militärverwaltung, der eine Marionettenregierung zur Seite stand.

Auf dem Gebiet des nach dem Ersten Weltkrieg gegründeten Jugoslawien blickte das Judentum auf eine lange Tradition zurück, die an der dalmatinischen Küste bis zur römischen Antike zurückreichte. Die Vertreibung der Juden aus Spanien und Portugal führte zur Bildung sephardischer Gemeinden u. a. in Belgrad und Sarajewo. Im österreichisch-ungarischen Herrschaftsgebiet erlangten die Juden im Jahr 1873 die rechtliche Gleichstellung. Über die Jahrhunderte sahen sich die Juden im jugoslawischen Raum der Judenfeindlichkeit ausgesetzt, die von Vertreibungen wie 1456 in Kroatien und Serbien bis hin zu körperlichen Übergriffen reichte. In den 1930er-Jahren verzeichnete der Antisemitismus auch in Jugoslawien einen Anstieg als sich faschistoide Gruppen herausbildeten und klerikal-nationalistische Kräfte judenfeindliche Pejorative bemühten. Bereits vor dem Einmarsch der deutschen Truppen verabschiedete die jugoslawische Regierung ein Gesetz, das die Zahl der Juden in den höheren Schulen wie an den Universitäten begrenzte. Ein weiteres Gesetz schränkte den Handel jüdischer Kaufleute ein. Beide Gesetze stießen in der Öffentlichkeit auf Kritik. Vor dem Einmarsch der Deutschen betrug die Anzahl der jugoslawischen Juden ca. 80 000, davon entfielen auf Kroatien 40 000, auf Serbien 16 000, auf Makedonien 8000 sowie auf die Batschka 16 000 Juden. Bedingt durch die Zerschlagung des jugoslawischen Staates im Jahr 1941 gestaltete sich der Prozess der Shoah bezüglich des Verlaufs, der involvierten Täter wie der Opferzahlen höchst unterschiedlich.

In Serbien, das nach dem Ersten Weltkrieg zu einer Republik des neu gegründeten Königreichs Jugoslawien wurde, lebten im Jahr 1941 von den 16 000 Juden 11 000 in Belgrad, das den Mittelpunkt des jüdischen Lebens in kultureller wie in religiöser Hinsicht bildete. Nach der Kapitulation der jugoslawischen Armee im April 1941 wurde der serbische Teil Jugoslawiens von der deutschen Wehrmacht eingenommen. In den

Monaten Mai bis August 1941 erfolgten umfassende Vorschriften und Anordnungen gegen Juden, die sich mit gelben Armbinden zu kennzeichnen hatten und von Berufsverboten, Ausgehverboten und Zwangsarbeit betroffen waren. Die jüdische Bevölkerung wurde mittels einer Zählung erfasst, wobei die »Nürnberger Gesetze« zugrunde gelegt wurden. In Belgrad durften Juden nur noch in bestimmten Gebieten wohnen. Die eingeleitete »Arisierung« betraf über 900 jüdische Betriebe. Die Konfiszierung umfasste ebenso das Privatvermögen der Juden, deren Konten gesperrt wurden. Zu den Zentren des Terrors wurden das Belgrader Konzentrationslager Sajmište sowie das KZ Banjica, das anfänglich ausschließlich für serbische Juden gedacht war, später aber auch nichtjüdische Gegner der serbischen Marionettenregierung unter Milan Nedić (1878–1946) aufnahm. In Serbien wurden die Juden nicht deportiert, sondern zumeist von deutschen Wehrmachtsangehörigen erschossen. Serbische Polizei sowie serbische Landwehr halfen den Deutschen bei der Ergreifung von Juden. Nach dem Überfall auf die Sowjetunion kam es im Juli 1941 zu einem serbischen Volksaufstand, der von Seiten der deutschen Wehrmacht mit brutalem Terror niedergeschlagen wurde. Erschießungen von Geiseln waren an der Tagesordnung. Die deutsche Wehrmachtsführung gab die Juden als Aufständische beziehungsweise Partisanen aus, als Drahtzieher des Aufstands und nutzte die Erhebung als Vorwand, um alle jüdischen Männer in ganz Serbien in Konzentrationslager zu verschleppen. Bereits im August 1941 wurden jüdische Männer als »Vergeltungsmaßnahme« für Partisanenangriffe ermordet. Anfang Oktober 1941 begannen die Massenerschießungen, die sich bis zum Dezember 1941 erstreckten. Die in die Konzentrationslager verschleppten jüdischen Männer waren bereits Ende 1941 alle tot. Im Dezember 1941 wurden die jüdischen Frauen und Kinder im KZ Sajmište interniert. In den Monaten März, April und Mai 1942 wurden 8000 Juden des Konzentrationslagers – darunter überwiegend Frauen und Kinder – in einem Gaswagen ermordet. Im Juni 1942 meldete die SS dem Reichssicherheitshauptamt, Serbien sei »judenfrei«. Neben deutschen Verwaltungsbeamten trug der Militärbefehlshaber Franz Böhme (1892–1944) maßgeblich die Verantwortung für die Ermordung der Juden sowie der Roma Serbiens.

Am 10. April 1941 wurde Kroatien zu einem unabhängigen Staat und umfasste das Gebiet des heutigen Kroatien sowie Bosnien und die

Herzegowina. Kroatien verfügte über 6,3 Millionen Einwohner, darunter 40 000 Juden. Unter dem faschistischen Diktator Ante Pavelić (1889–1959) war Kroatien ein Satellitenstaat Deutschlands, der eine faschistische Politik ethnischer Homogenisierung betrieb. Kroatien verfügte mit 1,9 Millionen über eine starke serbische Minderheit, die im Unterschied zu den 3,3 Millionen katholischen Kroaten der orthodoxen Kirche angehörte. Der zum Staatsoberhaupt Kroatiens ernannte Führer der Ustascha-Bewegung verfolgte eine Politik der Vertreibung sowie der physischen Vernichtung ethnischer Minderheiten des Landes, zu denen auch 30 000 Sinti und Roma gehörten. Zu den Opfern der Terrorherrschaft zählte allein eine halbe Million ermordeter Serben. Pavelić stützte sein Terrorregime auf die Ustascha-Milizen, die Geheimpolizei sowie ein System von Konzentrationslagern, darunter das Konzentrations- und Vernichtungslager Jasenovac, das 100 Kilometer südlich der kroatischen Hauptstadt Zagreb lag und im August 1941 errichtet wurde.

Die kroatischen Juden, die sich in den großen Städten wie Zagreb und Sarajevo konzentrierten, wurden von der Ustascha-Bewegung als Fremde betrachtet, die es zu beseitigen galt. Ermuntert durch die Deutschen, die in Kroatien bei der Verfolgung und Ermordung der Juden steuernd wie regulierend eingriffen, erließ die Ustascha-Regierung unmittelbar nach ihrer Machtübernahme die ersten antisemitischen Verordnungen, die gemäß der »Nürnberger Gesetze« definierten, wer als Jude galt. Die Bürgerrechte für Juden wurden weitgehend eingeschränkt. In den kommenden Monaten unterstützte eine Vielzahl von Gesetzen die systematische Enteignung der Juden. Jüdische Geschäfte und Betriebe wurden »arisiert« beziehungsweise verstaatlicht. Der kroatische Staat entließ seine jüdischen Beamten und untersagte jüdischen Ärzten wie jüdischen Anwälten beruflich für Nichtjuden tätig zu sein. Beraubungen von Juden, an denen sich große Teile der Bevölkerung beteiligten, gehörten zum kroatischen Alltag. Von den Enteignungen profitierten Organisationen, Vereine, Polizei und Armee sowie Kommunen und der kroatische Staat. Weitere antisemitische Gesetze beabsichtigten die soziale Isolation der Juden. Das Tragen des sogenannten »Judensterns« wurde im Mai 1941 in Form des Buchstabens Z für Zidow (»Jude«) Pflicht. Ganze jüdische Gemeinden wurden zur Zahlung von Zwangsgeldern genötigt. Neben der Pflicht zur Registrierung wurden Juden auch zur Zwangsarbeit herangezogen.

Während in den ersten Monaten Juden noch überwiegend aus politischen Gründen verhaftet wurden, insofern es sich bei ihnen um Mitglieder linker Parteien beziehungsweise sozialistischer oder kommunistischer Organisationen handelte, änderte sich dies spätestens nach dem deutschen Überfall auf die Sowjetunion als sich die Widerstandsbewegung im Land verstärkte. Am 26. Juni 1943 verabschiedete die Ustascha-Regierung ein Gesetz, das die landesweite Verhaftung und Verschleppung von Juden legitimierte. Die Regierung machte Juden für Sabotageakte sowie für Lebensmittelengpässe verantwortlich. Bereits im Frühsommer 1941 wurden Zagreber Juden aus ihren Wohnungen geholt, auf den Straßen festgenommen und nach Jasenovac deportiert. Es folgte eine Verhaftungswelle von Juden im ganzen Land, ihre Verschleppung und Internierung in diversen Konzentrationslagern. Allein die Opferzahl der im KZ Jasenovac ermordeten Serben, Juden, Roma und kroatischen Oppositionellen betrug bis zu 100 000 Menschen, darunter mehr als 20 000 Juden. Die Mehrzahl der verschleppten Juden wurde unmittelbar nach ihrer Ankunft in kroatischen Konzentrationslagern ermordet. Bereits ein Jahr vor der Wannsee-Konferenz begannen die Ustascha-Milizen mit dem planmäßigen Völkermord an den Juden. Zwar war der formell unabhängige Staat Kroatien von den Besatzungsmächten Deutschland und Italien abhängig, das systematische Morden seitens des Ustascha-Regimes erfolgte jedoch weitgehend eigenständig, insofern die kroatische Regierung ein umfassendes Völkermordprogramm verfolgte. Einen Vernichtungsantisemitismus praktizierte Pavelić u. a. auch um sich der Gunst Hitlers zu erfreuen sowie zwecks Bereicherung am jüdischen Vermögen der Ermordeten, das die kroatische Regierung requirierte.

Zu Jahresbeginn 1942 waren bereits zwei Drittel der kroatischen Juden von kroatischen Bürgern in kroatischen Konzentrationslagern ermordet worden als sich bedingt durch die militärischen Erfolge der Roten Armee, die den Sieg der Achsenmächte in Frage stellten, das Tempo des Mordens verlangsamte. Auf der Wannsee-Konferenz im Januar 1942 beschlossen die Deutschen daraufhin die Übernahme der Organisation wie der Durchführung der Ermordung der noch lebenden kroatischen Juden. Ein diesbezügliches Abkommen wurde mit der kroatischen Regierung im Frühjahr 1942 geschlossen. Ab Sommer 1942 rollten auch in Kroatien die Deportationszüge nach Auschwitz; über 7000 Juden u. a. aus

Jasenovac wurden in deutsche Vernichtungslager des Ostens deportiert. Bei den Deportationen übernahm die kroatische Polizei die Verhaftungen sowie den Transport der Juden zum Bahnhof. Mehrfach verlangten die deutsche Regierung sowie Pavelić die Auslieferung der geflüchteten kroatischen Juden von Italien; diese wurden zwar in Italien interniert, ihre Auslieferung erfolgte bis zur Kapitulation Italiens im September 1943 jedoch nicht. Die meisten kroatischen Juden, welche die Shoah überlebten, verdankten dies der italienischen Regierung.

Legt man für das Jahr 1941 eine Gesamtzahl der jüdischen Bevölkerung Jugoslawiens von 80 000 Menschen zugrunde, so wurden 66 000 Juden ermordet, womit ca. 82 % der jugoslawischen Juden Opfer der Shoah wurden. Von den 40 000 kroatischen Juden sind 30 000 Opfer zu beklagen, d. h. ca. 75 %; von den 16 000 serbischen Juden 15 000, d. h. ca. 94 %; von den 8000 makedonischen Juden 7000, d. h. ca. 88 % und von den 16 000 Juden der Batschka, die nach dem Zusammenbruch Jugoslawiens an Ungarn fiel, 14 000, d. h. ca. 87 %. Es überlebten zwischen 10 000 und 14 000 Juden zumeist in Mischehen oder aber durch ihre Flucht nach Italien beziehungsweise in die unter italienischer Herrschaft stehenden Gebiete.

4.7 Italien – Ein Papst schweigt wider besseren Wissens

Das italienische Judentum ist das älteste in der westlichen Welt, die jüdische Gemeinde Roms die älteste Gemeinde des Okzidents. Die italienische Nationalstaatsbildung erfolgte wie die deutsche relativ spät. Im Jahr 1848 erreichten die Juden im Königreich Sardinien die rechtliche Gleichstellung, ab 1870 erfolgte die jüdische Emanzipation in ganz Italien. Bereits seit Jahrhunderten sahen sich die Juden mit Antisemitismus konfrontiert, der auf der italienischen Halbinsel u. a. zu den Vertreibungen von 1492 und 1541 führte. Wer als Tourist auf Sizilien das alte Judenviertel von Syrakus besichtigt wird sich der Kultur und Bedeutung des mittelalterlichen sizilianischen Judentums bewusst sowie des Sachverhalts, dass die Juden im Jahr 1492 nicht nur in Spanien, sondern im gesamten Herrschaftsbereich der spanischen Könige vertrieben wurden, wozu im 15. Jahrhundert auch Sizilien gehörte. Die Vertreibung aus dem politischen Machtbereich Ferdinands von Aragon und Isabellas von Kastilien sowie die Verbannung der Juden aus dem Kirchenstaat im Jahr 1541 bewirkten, dass sich die Juden in Italien geographisch höchst ungleich verteilten. Der größere Teil der Juden wohnte im italienischen Norden wie in Venedig und Mailand, nur ein geringer Teil lebte im Mezzogiorno. Dieser Sachverhalt sollte sich bei der Verfolgung und Ermordung der italienischen Juden als nachteilig erweisen, insofern bei der Landung der Alliierten auf Sizilien nur der kleinere Teil der Juden befreit wurde, während der größere Teil erst noch unter den Machtbereich der Deutschen geriet.

Im Jahr 1922 begeisterten sich die Antisemiten in Deutschland wie auch in anderen Ländern für den Marsch auf Rom des italienischen Faschistenführers Benito Amilcare Andrea Mussolini (1883–1945). Die Machtübernahme der Faschisten am 30. Oktober 1922 beflügelte weltweit die Judenfeinde, obwohl das Wesen des italienischen Faschismus im Unterschied zum deutschen Nationalsozialismus weniger in dessen Antisemitismus bestand, sodass sich in den kommenden zehn Jahren für die italienischen Juden zunächst relativ wenig änderte. Ein Wandel zeichnete sich erst ab als Adolf Hitler in Deutschland an die Macht gelangte und sich während des italienischen Kriegs in Äthiopien antisemitische Töne Gehör verschafften. Bereits vor seinem Ausschluss aus der sozialistischen Partei Italiens hatte der Redakteur Mussolini in der Zeitung *Il Popolo d'Italia* in militanter Weise gegen den »englischen Zionismus« gewettert, während er als Ministerpräsident nunmehr das »internationale Judentum« bezichtigte mit Frankreich und England verbündet zu sein und sich gegen Italien verschworen zu haben, um ihm durch wirtschaftliche Sanktionen zu schaden. Das Jahr 1936 bildete den Wendepunkt auf dem Weg zur Diskriminierung und Verfolgung der Juden. Die verbalen Attacken häuften sich, vor allem die Presse verschärfte den Tonfall ihrer antisemitischen Auslassungen. Gleichfalls gewannen Positionen an Boden, welche die Existenz, Ungleichheit wie ungleiche Wertigkeit »menschlicher Rassen« postulierten sowie die Höherwertigkeit einer vermeintlich rein gebliebenen »italienischen Ur-Rasse«, die unvermischt geblieben sei und sich durch die orientalische »jüdische Rasse« einer Gefährdung ausgesetzt sehe.

Die italienischen »Rassengesetze« (*Leggi razziali)* des Jahres 1938 stellen bereits den Beginn einer neuen Phase in der Judenpolitik des faschistischen Italien dar. Die ideologische Neuausrichtung Mussolinis, der Judentum und »italienische Rasse« von nun an zu inkompatiblen Größen erklärte, verdeutlichte das *Manifesto degli scienzati razzisti*, das der *Il Giorne d'Italia* am 14. Juli 1938 vor dem Erlass der italienischen »Rassengesetze« veröffentlichte. Das vom Duce in Auftrag gegebene Manifest rassistischer Wissenschaftler formulierte die Eckpfeiler des italienischen Staatsantisemitismus und praktizierte den Schulterschluss zum nationalsozialistischen Deutschland in der sogenannten »Rassenfrage«. Das Manifest beabsichtigte die Bevölkerung auf die italienischen »Rassengesetze« einzustimmen und sollte den *Leggi razziali* durch seine »Rassenlehre« eine pseudowissenschaftliche Grundlage geben. Die *Leggi razziali* erhoben das Völkisch-Biologistische zur Leitmaxime der faschistischen Judenpolitik und eröffneten in ganz Italien die Phase offener Diskriminierung. Die Serie der italienischen »Rassengesetze« begann mit dem *Gesetz zur Verteidigung der Rasse* in den Schulen vom 5. September 1938, das jüdische Lehrkräfte aus den Schulen vertrieb. Am 7. September 1938 ordnete ein Gesetz die Ausweisung »ausländischer Juden« an, am 22. September 1938 folgte ein Gesetz, das jüdische Offiziere aus dem Militärdienst verbannte. Das Gesetz vom 15. November 1938 sah die Entlassung jüdischer Professoren, Lehrer, Schüler und Studenten von den Schulen und Universitäten des Landes vor. Am 17. November 1938 wurden Eheschließungen mit Juden untersagt. Berufs- und Ausbildungsverbote, Ausschlüsse aus Kammern, Vereinen und Verbänden führten zur umfassenden Ausgrenzung der Juden aus dem öffentlichen Leben. Den ausländischen Juden wurde per Verordnung befohlen das Land zu verlassen. Das faschistische Italien, das anfänglich den deutschen Rassenlehren distanziert gegenüberstand, zumal angesichts der pseudobiologischen Aufwertung des »Nordischen« auf Kosten des »Südländischen«, traf mit den *Leggi razziali* angesichts des drohenden Kriegs auch in ideologischer Hinsicht seine Wahl zugunsten des Achsenpartners Berlin.

Eine qualitative Verschärfung der Lage erfolgte mit dem Kriegseintritt Italiens am 10. Juni 1940. Italien begann erstmals damit, Konzentrationslager zu errichten, in denen auch ausländische Juden interniert werden sollten, die das Land noch nicht verlassen hatten. Es folgte eine wahre Verhaftungswelle, die zur Internierung Tausender ausländischer Juden führte. Der militärische Schulterschluss mit Berlin bedingte eine neuerliche Verschärfung der antisemitischen Kampagne, insofern auch in Italien die Juden bezichtigt wurden die eigentlichen Kriegstreiber zu sein. Der Sachverhalt, dass die meisten Internierungslager – darunter mit Ferramonti di Tarsia das größte – sich im Süden Italiens befanden, sollte sich im weiteren Kriegsverlauf als günstiger Umstand erweisen. Insofern die italienischen Lager nicht mit deutschen Konzentrationslagern vergleichbar waren existierte keine unmittelbare körperliche Bedrohung der Juden. Im Mai 1942 wurde ein Arbeitsdienst für alle Juden im Alter von 18 bis 55 Jahren verfügt. Die Umsetzung der Zwangsarbeitspflicht erfolgte indes eher sporadisch und wurde gebietsweise recht unterschiedlich gehandhabt. Bis zu diesem Zeitpunkt lehnte die italienische Regierung die Deportation italienischer Juden in deutsche Vernichtungslager des Ostens ab und sorgte dafür, dass gefährdete Juden innerhalb ihres Herrschaftsbereichs auf die italienische Halbinsel verbracht wurden.

Eine unmittelbare körperliche Bedrohung der Juden existierte trotz der zahllosen antisemitischen Gesetze, Verordnungen und Verfügungen, die ab 1938 erlassen wurden, erst ab dem 8. September 1943 als das von Marshall Pietro Badoglio (1871–1956) mit den Alliierten bereits am 3. September unterzeichnete Waffenstillstandsabkommen bekannt gegeben wurde. Zu diesem Zeitpunkt lebten in Italien einschließlich der italienischen Insel Rhodos ca. 40 000 Juden, darunter ca. 12 000 ausländische. Bereits am 12. September 1943 wurde der für abgesetzt erklärte Mussolini durch ein deutsches Fallschirmjäger-Bataillon befreit und nach der deutschen Besetzung Italiens im September 1943 von Hitler zum neuen italienischen Regierungschef einer Marionettenregierung ernannt. Der nunmehr von Hitlers Gnaden abhängige Mussolini leistete gegen die Mordpläne der Deutschen bezüglich der Juden Italiens keinen Widerstand mehr.

Hitler seinerseits gedachte die deutsche Kontrolle Mittel- und Norditaliens zu nutzen, um den Massenmord an den italienischen Juden in Gang zu bringen, sodass unverzüglich eine großangelegte Verhaftungswelle einsetzte, bei der die deutschen Kräfte von der italienischen Polizei als auch von der italienischen Armee unterstützt wurden. Im Oktober 1943 verhafteten deutsche Sicherheitskräfte bei groß angelegten Razzien tausende Juden in nord- und mittelitalienischen Städten und verschleppten sie in Konzentrationslager wie Fossoli und Bolzano. Bis zum April 1945 dauerten die Razzien an, sodass es den Schergen Himmlers und

Eichmanns gelang, jedem fünften Juden Italiens habhaft zu werden. Von den Festgenommenen wurden zwischen 7000 und 8000 Juden in deutsche Vernichtungslager des Ostens deportiert. Von den Deportationen betroffen waren auch 837 Juden aus Triest sowie die Juden der italienischen Insel Rhodos. Trotz starker Abwanderung in der Vorkriegszeit lebten auf Rhodos noch 2000 Juden, von denen 1674 Juden interniert und am 16. August 1944 zusammen mit 120 Juden aus Kos über Athen nach Auschwitz deportiert wurden. Die Deportationen wurden von Mordaktionen deutscher Kräfte auf italienischem Boden begleitet, denen alleine über 170 Juden zum Opfer fielen. Massaker ereigneten sich u. a. in der Nähe von Rom sowie am Lago Maggiore. In der Zeit zwischen dem italienischen Waffenstillstand und dem Zusammenbruch des faschistischen Regimes wurden die deutsche Wehrmacht, deutsche Polizeikräfte sowie SS-Einheiten in hohem Ausmaß von italienischen Kollaborateuren sowie der italienisch-faschistischen Polizei unterstützt.

In Rom lebten im September 1943 ca. 12 000 Juden, deren Leben mit dem Einmarsch der deutschen Truppen unmittelbar gefährdet war. Bereits am 23. September 1943 informierte Himmler den Kommandeur der SIPO und des SD in Rom, dass alle Juden unverzüglich zu verhaften und zu deportieren seien. Obwohl die Ermordung der italienischen wie speziell der römischen Juden in greifbare Nähe rückte, schwieg Papst Pius XII., obwohl selbst der Leiter der deutschen Botschaft in Rom um Eingreifen bat. Die Verzögerung der Deportation der römischen Juden erfolgte nicht aufgrund von Protesten des Vatikans, sondern war dem Sachverhalt geschuldet, dass angesichts des Vormarsches der Alliierten sich die deutsche Wehrmacht nicht mehr imstande sah, unterstützende Kräfte zur Verfügung zu stellen sowie aufgrund des Tatbestands, dass die SS-Täter das Interesse besaßen, die römischen Juden zuvor umfassend zu berauben und ihnen alles abzupressen, was diese noch besaßen. Nach erfolgter Beraubung konfiszierte die SS am 29. September Adressenlisten von Juden und benutzte diese am 16. Oktober 1943 zur Durchführung einer großangelegten Razzia. Von den Verhafteten wurden 1035 nach Auschwitz deportiert. Etlichen Juden gelang es zuvor oder in den darauffolgenden Tagen noch rechtzeitig unterzutauchen. Gleichwohl gelang es den Deutschen bei weiteren Razzien noch weitere 1084 römische Juden zu verhaften bevor Rom am 4. Juni 1944 von der US-amerikanischen Armee befreit wurde.

Von den ca. 40 000 italienischen Juden des Jahres 1943 wurden 8369 in Vernichtungslager deportiert, darunter ca. 2500 ausländische Juden. Von den Deportierten wurden ca. 7700 ermordet. Während ein Fünftel der Juden die Shoah mit ihrem Leben bezahlte, überlebten vier Fünftel der Juden Italiens. Der vergleichsweise hohe Prozentsatz der Überlebenden ist dem Sachverhalt geschuldet, dass sich die Deutschen zwar auf eine große Anzahl von Kollaborateuren bei der faschistischen Polizei sowie der Armee stützen konnten, die Mehrheit der Italiener den eliminatorischen Antisemitismus der Deutschen indes ablehnte und angesichts der sich verdichtenden Informationen über das Schicksal, das ihre Landsleute sowie die ausländischen Juden im Osten erwartete, bereit war, Hilfe zu leisten, sodass viele Juden in Privatwohnungen, in Klöstern und Kirchen untertauchen und überleben konnten. Während der Papst und die Kurie versagten und in der Phase der deutschen Besatzung Mussolini und dessen Marionettenregierung bereit waren, die Juden preiszugeben, riskierten etliche Menschen, darunter auch viele Geistliche, ihr Leben und halfen. Die Deutschen hatten durchaus Kenntnis von dieser Bereitschaft, sodass es in Italien weder zur Errichtung von Ghettos kam noch das Tragen eines »Judensterns« angeordnet wurde. Ebenso sahen die Deutschen davon ab, einen »Judenrat« zu etablieren, weil sie befürchteten, derlei Maßnahmen könnten die italienische Abneigung gegenüber dem deutschen Agieren noch verstärken. Auch für den italienischen Widerstand stellte die Ermordung der Juden keineswegs ein »Randproblem« dar. Dergestalt bildet Italien einen Sonderfall.

4.8 Der Maghreb – Die Macht von Vichy in Nordafrika

Die singuläre Besonderheit der Shoah verdeutlicht der Wahn der Nationalsozialisten sämtliche Juden zu verfolgen und zu vernichten, denen man auf direkte oder indirekte Weise habhaft werden konnte. Hierzu zählen nicht nur die Juden derjenigen europäischen Länder, die im Vernichtungsprotokoll der Wannsee-Konferenz aufgelistet wurden, sondern ebenso die Juden Nordafrikas. In Marokko, Algerien und Tunesien lebten im Jahr 1939 gut 400 000 Juden sowie in Libyen gut 30 000. Von den Verfolgungsmaßnahmen des deutschen Nationalsozialismus blieben auch die maghrebinischen Juden nicht verschont. Die Wannsee-Konferenz subsummierte die Juden Marokkos, Algeriens und Tunesiens unter die Kategorie »Frankreich«.

Seit 1912 war Marokko französisches Protektorat. Kleinere Gebiete des Landes wie Tanger und Ceuta standen unter spanischem Einfluss. Im französisch kontrollierten Teil Marokkos lebten Mitte der 1930er-Jahre über 160 000 Juden. Das Judentum konnte auf eine lange Tradition zurückblicken, die bis auf die Römerzeit zurückreicht. Besichtigt man als Tourist den jüdischen Friedhof von Marrakesch im alten historischen Judenviertel, der Mellah, so verdeutlicht dessen Größe die einstige Blüte des Judentums am Fuße des Atlasgebirges. Die Etablierung der französischen Kolonialregierung verschlechterte die bislang eher verträglichen Beziehungen zwischen Juden und Muslimen. Während der jüdische Bevölkerungsteil Marokkos der französischen Herrschaft gegenüber durchaus nicht abgeneigt war, verstärkten sich unter den Muslimen nationalistische wie panarabische Stimmungen, welche die Befreiung von der französischen Herrschaft anstrebten und die Juden bezichtigten, Nutznießer der französischen Präsenz zu sein und von den Franzosen bevorzugt zu werden. Antisemitische Stimmungen verbreiteten ebenso die deutsche sowie die italienische Propaganda, die bestrebt waren, den gegen Frankreich gerichteten Antikolonialismus mit antijüdischen Ressentiments zu verbinden. Die Juden wurden in der Propaganda als »koloniale Agenten« Frankreichs im Pakt mit den Briten diffamiert. Auch spielte bereits in den 1930er-Jahren die »Palästina-Frage« bei den Spannungen zwischen Juden und Moslems eine wachsende Rolle. Entscheidender indes war, dass die marokkanischen Moslems sich als Gegner Frankreichs betrachteten und die marokkanischen Juden angesichts des Nazi-Regimes zugunsten der Französischen Republik Partei ergriffen, was seinen Ausdruck darin fand, dass etliche Juden sich bei Kriegsausbruch als Freiwillige bei der französischen Armee meldeten, was die Muslime als »nationalen Affront« werteten. Die politische Haltung bezüglich des Konflikts zwischen Deutschland und Frankreich sowie die Frage, ob das Deutsche Reich als antikolonialer Verbündeter oder als antisemitischer Kriegstreiber zu betrachten sei, spaltete die marokkanische Bevölkerung zunehmend in Juden und Moslems. Judenfeindlich motivierte Zusammenstöße zwischen den beiden Bevölkerungsgruppen mehrten sich, zumal diese durch antisemitisch gesinnte maghrebinische Franzosen genährt wurden, die aus ihren Sympathien für Nazi-Deutschland keinen Hehl machten.

Im Oktober 1940 erließ das Vichy-Regime, welches die Bewohner des Protektorats Marokko nicht zu seinen französischen Staatsbürgern zählte, antisemitische Verordnungen. Das *Statut des Juifs* Marokkos definierte Juden ausschließlich durch ihre Zugehörigkeit zur israelitischen Kultusgemeinde und untersagte die Tätigkeit von Juden in der Verwaltung, in der Presse sowie als Lehrer. Weitere Verordnungen führten einen Numerus clausus im Bildungsbereich sowie bei freien Berufen ein. Juden, die nicht in den traditionellen jüdischen Vierteln marokkanischer Städte, den Mellahs, wohnten, mussten umziehen. Der marokkanische Sultan hatte die antisemitischen Dekrete, welche die Vichy-Regierung erließ, zu vollstrecken. Wieweit der in Fès geborene Mohammed V. (1909–1961) Spielräume zugunsten der Juden nutzte, ist umstritten. Antisemitische Gesetze wie das von der Vichy-Regierung erlassene Zugangsverbot für Juden im Bereich des Rechts sowie der Medizin wurden indes höchst zögerlich umgesetzt.

Der militärische Zusammenbruch Frankreichs führte zur Flucht Tausender Juden, die das besetzte Frankreich in der Hoffnung auf eine Passage nach Übersee noch rechtzeitig verlassen konnten, nach Marokko. Etliche Flüchtlinge wurden in Internierungslager gebracht. Besonders hart traf es diejenigen Juden, die sich freiwillig zur französischen Armee gemeldet hatten. Unter dem Vichy-Regime mussten sie beim Bau einer Eisenbahntrasse durch die Sahara an der marokkanisch-algerischen Grenze unter unmenschlichen Bedingungen Zwangsarbeit leisten, was für 2100 jüdische Internierte galt. Die Bedingungen des Lagers sowie die Härte der Arbeit überlebten viele nicht. Für die in den Jahren 1941 und 1942 erbaute Trans-Sahara-Eisenbahnlinie existierten in Marokko diverse Arbeitslager deren Bedingungen denen von Konzentrationslagern durchaus glichen. Die Invasion US-amerikanischer Streitkräfte und das nahende Ende des Vichy-Regimes führten zu einem Anwachsen antisemitischer Übergriffe rechtsextremistischer Franzosen, die in den jüdischen Altstadtvierteln ihren Hass und ihre Enttäuschung über den Kriegsverlauf an Juden ausließen. Französische Verwaltungsbeamte des Vichy-Regimes stachelten nichtjüdische Marokkaner zu Übergriffen auf jüdische Einrichtungen wie auf Juden an oder signalisierten, dass sie bei Plünderungen, Beraubungen und Schändungen nicht einschreiten würden. Es dauerte noch bis zum Frühjahr und Sommer 1943 bis die Internierungslager in Südmarokko aufgelöst wurden.

Das von Frankreich in der ersten Hälfte des 19. Jahrhunderts eroberte Algerien gehörte während des Zweiten Weltkriegs zum unbesetzten Teil Frankreichs und verfügte mit ca. 120 000 Personen über eine starke jüdische Minderheit, die ca. 1,5 % der Gesamtbevölkerung bildete. Der französische Justizminister Adolphe Crémieux (1796–1880) und der Innenminister Léon Gambetta (1838–1882) unterzeichneten im Jahr 1870 das *Décret Crémieux*, wodurch die Juden der französischen Kolonie Algerien die Staatsbürgerschaft Frankreichs erhielten. Juden lebten in Algerien seit der Römerzeit und wurden unter moslemischer Herrschaft toleriert und offiziell beschützt, wenngleich es auch negative Episoden gab. Die Einverleibung der ehemaligen französischen Kolonie in das französische Staatsgebiet erfuhren die Juden als Besserung ihrer Situation, insofern ihnen die französischen Bürgerrechte gewährt wurden und sich ihre ökonomische Lage verbesserte. Ihre Gleichstellung führte zu Spannungen mit der muslimischen Bevölkerung, welche die Juden als Begünstigte der Franzosen betrachtete sowie als Gegner der antikolonialen Bewegung, die in ganz Nordafrika an Stärke gewann. Ein von heterogenen Kräften geschürter Antizionismus mischte sich wie in Marokko mit Antikolonialismus und führte für die Juden zu einer bedrohlichen Stimmungslage, die sich in antijüdischen Gewalttätigkeiten entlud.

Die Etablierung des Vichy-Regimes unter Marshall Pétain, der im Maghreb unter den dortigen eher rechtsgerichteten Franzosen wie namentlich unter der französischen Beamtenschaft über eine nennenswerte Anhängerzahl verfügte, verschlechterte in gravierender Weise die Lage der Juden. Bereits am 7. Oktober 1940 wurde das *Décret Crémieux* abgeschafft, sodass die algerischen Juden befürchteten, der Entzug ihrer französischen Staatsbürgerschaft werde nur der erste Schritt ihrer Ausgrenzung und Entrechtung sein. Bereits kurz darauf wurde das algerische *Statut des Juifs* erlassen, das auf rassistische Weise eine Person als Jude definierte, die über drei jüdische Großelternteile verfügte. Als Juden galten ebenso Personen mit einem jüdischen Ehegatten und zwei jüdischen Großeltern. Auf der Grundlage dieser Definition folgte der Ausschluss von Juden aus der öffentlichen Verwaltung sowie aus Schlüsselstellungen der Wirtschaft. Die Berufsverbote umfassten den Bankensektor, die Börse wie die Immobilien- und Versicherungsbranche, medizinische und juristische Berufe, die Armee, die Medien ebenso wie den Kulturbetrieb. Jüdische Hochschullehrer verloren ihre Stellungen, für jüdische Schüler und Studierende wurde ein Quotensystem eingeführt, bis man diese vom öffentlichen Bildungswesen ganz ausschloss. Zahlreiche weitere Verordnungen folgten, die das *Commissariat Général aux Question Juifs* erließ. Die Vichy-Regierung ordnete die Einrichtung eines »Arisierungs-Amtes« an, das jüdische Unternehmer zum Verkauf nötigte sowie jüdisches Eigentum beschlagnahmte. Die antijüdische Gesetzgebung in Algerien entsprach der Kollaborationsbereitschaft vieler antisemitisch gesinnter maghrebinischer Franzosen und stellte den Versuch dar, die moslemische Bevölkerung auf Kosten der Juden für die Interessen Pétains zu vereinnahmen.

Von den algerischen Juden wurden über 2000 in diversen Arbeitslagern interniert, die auf algerischer Seite für den Bau der Trans-Sahara-Eisenbahnlinie Zwangsarbeit leisten mussten. Vermutlich nur durch die Befreiung Algeriens seitens der Alliierten im November 1942 wurde Schlimmeres verhütet, zumal die Vichy-Regierung die Juden bei der Volkszählung im Jahr 1941 erfassen ließ und bereits dazu übergegangen war nach deutschem Vorbild sogenannte »Judenräte« zu bilden, um weitere Maßnahmen umzusetzen. Die Eroberung Algeriens durch US-amerikanische Truppen führte indes keineswegs zur sofortigen Verbesserung der Lage der Juden, insofern das Vichy-Regime, wenn auch bereits geschwächt, in Algerien fortbestand. Zwar wurden am 14. März 1943 die französischen »Rassengesetze« annulliert, die Aberkennung der französischen Staatsbürgerschaft der Juden wurde jedoch nicht rückgängig gemacht. Auch unter General Charles de Gaulle (1890–1970), der am 3. Mai 1943 die Macht in Algerien übernahm, dauerte es noch Monate bis der Crémieux-Erlass wieder in Kraft gesetzt wurde und die letzten jüdischen Flüchtlinge die Internierungslager verlassen konnten.

In Tunesien, das im Jahr 1881 französisches Protektorat wurde und dies während des Zweiten Weltkriegs blieb, lebten 85 000 Juden, die 2,7 % der Gesamtbevölkerung des Landes bildeten. Die Hälfte der tunesischen Juden wohnte in der Hauptstadt Tunis. Das tunesische Judentum blickte auf eine über 2000-jährige Tradition zurück. Sephardische Juden wanderten nach ihrer Vertreibung aus Spanien und Portugal ein. In jüngerer Zeit immigrierten italienische Juden aus Süditalien, die kulturell Italien verbunden blieben und über die italienische Staatsbürgerschaft verfügten. Nach 1881 verwehrten die französischen Behörden den tunesischen Juden die Staatsbürgerschaft. Vor dem Ersten Weltkrieg verlieh

Frankreich lediglich denjenigen Juden die Bürgerrechte, die in der Armee dienten oder in der französischen Verwaltung arbeiteten. Zu Beginn des Zweiten Weltkriegs kam es zu Solidaritätsbekundungen der tunesischen Juden mit der Französischen Republik. Angesichts der Kenntnisse über die Situation der Juden in Deutschland hofften viele auf den Sieg Frankreichs über Nazideutschland, wofür Rabbiner Gebete sprachen.

Nach dem militärischen Zusammenbruch Frankreichs waren auch die Juden Tunesiens von der Einführung antisemitischer Gesetze unter der Vichy-Regierung betroffen. Als günstiger Umstand erwies sich der Sachverhalt, dass weder der Generalgouverneur des Vichy-Regimes, Jean-Pierre Estéva (1880–1951), noch der tunesische Herrscher Ahmed II. Bey (1862–1942) Antisemiten waren, judenfeindliche Verordnungen des *Statut des Juifs* und diesbezügliche Fristen eher verschleppten. Relevant war ebenso der Sachverhalt, dass Italien als Achsenmacht sich mit den 5000 tunesischen Juden, welche die italienische Staatsbürgerschaft besaßen, verbunden fühlte und gegen die drohende »Arisierung« ihres Eigentums entschieden protestierte. Als es diesbezüglich zu einem Streit zwischen Frankreich und Italien kam und die Deutschen sich gezwungen sahen, zugunsten ihres Achsenpartners einzugreifen, musste die französische Verwaltung die »Arisierung« stoppen. Die Niederlage Frankreichs stärkte die antikoloniale Bewegung Tunesiens als auch den Antisemitismus von Teilen der muslimischen Bevölkerung, welche wie in Marokko und Algerien die Juden als »koloniale Verbündete« der Franzosen sahen, die von diesen protegiert würden.

Nach der Invasion der Alliierten in Algerien und Marokko änderte sich die Situation der Juden Tunesiens gravierend als deutsche und italienische Truppen am 9. November 1942 in Tunesien einmarschierten. Die Hoffnung der Muslime auf eine Anerkennung der Unabhängigkeit Tunesiens von deutscher Seite erwies sich als politischer Trugschluss. Die Deutschen zeigten keinerlei Interesse daran, die Verwaltungsstrukturen des Vichy-Regimes in Tunesien zu ändern. Am 23. November 1942 leitete die Verhaftung von jüdischen Gemeindeführern die antisemitischen Maßnahmen der Deutschen ein. Jean-Pierre Estéva als auch der moslemische Bürgermeister von Tunis protestierten dagegen zunächst erfolgreich. Die Deutschen beanspruchten daraufhin die alleinige Zuständigkeit in »Judenfragen«, lösten den jüdischen Gemeinderat auf und setzten zwangsweise einen »Judenrat« ein, der sogleich den Befehl erhielt, Juden zur Zwangsarbeit zu rekrutieren. Geiselnahmen, Massenfestnahmen sowie weitere Drohungen sollten der Forderung Nachdruck verleihen. In den kommenden Monaten mussten 5000 Juden Zwangsarbeit in diversen Lagern leisten. Neben der Rekrutierung von Zwangsarbeitern erpressten die deutschen Besatzer größere Summen Geldes sowie Gold von der jüdischen Bevölkerung. Von den Juden Tunesiens wurden 20 Juden in Vernichtungslager deportiert und dort ermordet. Nur der prekären militärischen Lage und der knapper werdenden Personaldecke der Deutschen war es zu verdanken, dass es nicht zu Massendeportationen kam. Das Schlimmste konnte in Tunesien durch die alliierte Landung in Nordafrika und die Befreiung des Landes im April/Mai 1943 verhindert werden. Am 7. Mai 1943 wurde die Hauptstadt Tunis von der britischen Armee befreit. Von den 85 000 Juden Tunesiens sind als unmittelbare Opfer der sechs Monate währenden Herrschaft der Deutschen zwischen November 1942 und Mai 1943 die 20 nach Deutschland deportierten Juden zu zählen.

In Libyen, das von 1911 bis 1943 unter italienischer Herrschaft stand, lebten vor Beginn des Zweiten Weltkriegs 30 387 Juden, was ca. 4,5 % der Gesamtbevölkerung entsprach, womit Libyen über den höchsten prozentualen Anteil an Juden verfügte. Juden lebten bereits seit dem 2. Jahrhundert in Libyen und siedelten vor allem in den größeren Städten wie Tripolis, Benghasi und Cyrene. Die Situation der libyschen Juden verschlechterte sich als die *Leggi razziali*, die italienischen »Rassengesetze« des Jahres 1938, in Libyen umgesetzt wurden. Die Pässe der libyschen Juden mussten nunmehr den Vermerk »jüdische Rasse« enthalten. Als halbwegs günstiger Umstand erwies es sich, dass der libysche Gouverneur, Marshall Italo Balbo (1896–1940), nicht zu den Antisemiten zählte und die Durchsetzung der italienischen »Rassengesetze« zumindest abzuschwächen versuchte oder aber ihre Umsetzung verzögerte. So wurden jüdische Schüler beispielsweise nicht vom öffentlichen Schulsystem ausgeschlossen, sondern in Parallelklassen unterrichtet. Mit dem Kriegseintritt Italiens verschlechterte sich die Lage der Juden mit britischer und französischer Staatsbürgerschaft durch ihre Internierung im Lager Giado. Als ungünstiger Umstand erwies sich für die Juden der frühe Tod von Marshall Balbo bei einem Flugzeugunfall. Von Herbst 1940 bis zum Januar 1943 dominierten mal die italienischen und deutschen, mal die britischen Truppen Teile Libyens. In der Konstellation alternierender Vorherrschaft bezichtigte die italienische Regierung die Juden der »Kollaboration« und des »Verrats« sowie der Spionage für die Briten, was zur Festnahme von Juden führte. Die französischen Juden wurden schließlich nach Tunesien deportiert, die britischen Juden nach Italien. Die internierten britischen Juden wurden nach der deutschen Besetzung Italiens nach Bergen-Belsen sowie nach Dachau deportiert. Über 3000 libysche Juden der Cyrenaica wurden in das Lager Giado verschleppt. Alle männlichen Juden zwischen 18 und 45 Jahren wurden zur Zwangsarbeit verpflichtet. Am 9. Oktober 1942 wurden die *Leggi razziali* in Libyen verschärft. Juden durften weder Banken noch Versicherungen oder Transportunternehmen besitzen oder leiten. Die Veröffentlichung von Publikationen wurde Juden bis auf religiöse Schriften verboten. Von den Juden mit libyscher Staatsbürgerschaft, die ab Januar 1942 per Lastwagen überwiegend in das Konzentrationslager Giado verschleppt wurden, starben etliche Insassen an den Bedingungen der Haft bevor das Lager am 24. Januar 1943 von der britischen Armee befreit wurde. Von den gut 30 000 libyschen Juden erlebten 562 die Befreiung nicht.

4.9 Zusammenfassung

Im bulgarischen Okkupationsgebiet lebten vor Beginn der Deportationen 11 840 Juden, davon wurden 11 393 Juden deportiert, darunter 4057 Juden aus Thrakien und 7160 Juden aus Makedonien. Während die Juden aus den bulgarisch besetzten Gebieten nahezu zu 100 % ermordet wurden, erwies es sich für die Juden »Alt-Bulgariens« als günstiger Umstand, dass sich Tausende ausländische Juden im Land aufhielten, die nach Palästina emigrieren wollten. Die diesbezügliche Aufmerksamkeit der Weltöffentlichkeit, u. a. des Internationalen Roten Kreuzes, wirkte sich rettend aus. Gesuche der Schweiz und Großbritanniens, 5000 Juden nach Palästina ausreisen zu lassen, lehnte die bulgarische Regierung aufgrund deutschen Drucks zwar ab, bemühte sich angesichts des militärischen Kriegsverlaufs indes zugleich darum, den Interessen der Alliierten nachzukommen. Die Deportationspläne bezüglich der Juden »Alt-Bulgariens« wurden so gestoppt, zumal auch die bulgarisch-orthodoxe Kirche scharf protestierte. Die Juden »Alt-Bulgariens« konnten bis auf 142 Personen gerettet werden.

Die Gesamtopferzahl der rumänischen Juden wird auf 400 000 geschätzt. Bezogen auf die im Jahr 1930 in Rumänien lebenden 750 000 Juden trägt Rumänien die Verantwortung für die in Bessarabien und der Bukowina ermordeten Juden, für die nach Transnistrien deportierten Juden sowie für die Opfer von Pogromen wie die von Iași, d. h. für insgesamt ca. 280 000 Juden, während Ungarn verantwortlich ist für ca. 120 000 Juden Nordsiebenbürgens. Der rumänische Antisemitismus in Gestalt der »Eisernen Garde« als antisemitischer Massenbewegung führte zur hochgradigen Involvierung Rumäniens in das Mordprogramm der Deutschen. Befehle zum Morden wie beim Iași-Pogrom sowie bei Massenerschießungen gingen dabei direkt vom Diktator Antonescu aus. Im Unterschied zu den »neu-rumänischen Juden« wurden die Juden »Alt-Rumäniens« nicht deportiert und fielen so dem Morden nicht zum Opfer. Wie auch die Juden »Alt-Bulgariens« waren sie indes von einer Vielzahl antisemitischer Verordnungen sowie von Zwangsarbeit betroffen.

In Griechenland lebten zum Zeitpunkt der Eroberung durch die deutsche Wehrmacht 77 000 Juden, von denen ca. 58 800 Opfer der Shoah wurden. In das Vernichtungslager Auschwitz wurden 54 533 Juden Griechenlands deportiert. Diejenigen, die nicht sofort in den Gaskammern ermordet wurden und in das Arbeitslager gelangten sowie bis 1945 überlebten, schickte die SS am 17. Januar von Auschwitz aus auf Todesmärsche. Von den deportierten Juden Griechenlands überlebten weniger als 2000 Personen. Gegen die Deportationen der Juden Salonikis protestierten u. a. der Athener Erzbischof sowie die Hochschulintelligenz. Etlichen Juden gelang es, sich den Partisanen anzuschließen.

Im April 1939 befanden sich vermutlich bis zu 2000 Juden in Albanien, als das Land von italienischen Truppen besetzt wurde. Antisemitische Verordnungen der italienischen Regierung galten zwar auch für sie, doch ihr Leben war erst gefährdet als die deutsche Wehrmacht am 8. September 1943 einmarschierte. Die Zahl der von den Deutschen deportierten Juden Albaniens wird auf ca. 600 geschätzt, von denen ca. 150 überlebten.

Ungarn zeichnete sich in den 1930er-Jahren durch hochgradigen Antisemitismus aus. Im Jahr 1941 belief sich die Anzahl der Juden auf 825 000 Menschen. Alleine 565 000 ungarische Juden wurden ermordet, der Großteil davon in Auschwitz. An der Ermordung der Juden tragen das Regime unter Miklós Horthy sowie die faschistischen Pfeilkreuzler Verantwortung als Mittäter sowie als Täter. Bereits vor dem deutschen Einmarsch fielen in Ungarn über 60 000 Juden Massakern wie dem in Nový Sad, dem Arbeitsdienst an der Kriegsfront sowie der Zwangsarbeit zum Opfer. Die Pfeilkreuzler ermordeten nach ihrer Machtübernahme am 15. Oktober 1944 bis zur Befreiung noch Tausende Juden. Alleine am Budapester Donauufer erschossen sie ca. 3600 Juden und stießen die Leichname in den Fluss.

Nach dem Angriff der deutschen Wehrmacht und ihrer Verbündeten am 6. April 1941 brach die jugoslawische Armee zusammen. Das jugoslawische Staatsgebiet wurde zerschlagen. In Serbien etablierten die Deutschen eine Militärverwaltung. Serbien stellt insofern einen Spezialfall dar, da die Juden auf serbischem Gebiet nicht deportiert, sondern zumeist von der deutschen Wehrmacht erschossen wurden, deren Agieren dem der Einsatzgruppen im Osten vergleichbar war. Im Dezember 1941 wurden jüdische Frauen und Kinder ebenso in einem Gaswagen ermordet. Serbien wurde im Juni 1942 von der SS als »judenfrei« gemeldet. Kroatien war von April 1941 bis zur Befreiung Jugoslawiens ein eigenständiger Staat unter dem faschistischen Diktator Ante Pavelić. Die Terrorherrschaft des faschistischen Regimes verfolgte ein planmäßiges Völkermordprogramm, das sämtliche ethnische Minderheiten betraf. Die Ustascha-Milizen mordeten dabei weitgehend eigenständig. Die verschleppten Juden wurden zumeist unmittelbar nach ihrer Ankunft in kroatischen Konzentrationslagern ermordet. Von den 40 000 kroatischen Juden sind 30 000 Opfer zu beklagen, von den 16 000 serbischen Juden 15 000, von den 8000 makedonischen Juden 7000 und von den 16 000 Juden der Batschka 14 000. Von den insgesamt 80 000 Juden Jugoslawiens im Jahr 1941 wurden ca. 66 000 Juden ermordet.

In Italien übernahmen die Faschisten am 30. Oktober 1922 die Macht. Zwar waren Rassenlehre und Antisemitismus für den italienischen Faschismus weniger bestimmend, gleichwohl sollten die italienischen »Rassengesetze« des Jahres 1938 für den Schulterschluss mit dem Nazi-Regime sorgen. Das Gros der Juden Italiens war indes erst mit der deutschen Besetzung Italiens im September 1943 physisch gefährdet. Bis dato verweigerte die italienische Regierung die Deportation ihrer Juden und schützte bis auf Ausnahmen sogar weitgehend die Juden in den besetzten Gebieten. Von den 40 000 italienischen Juden des Jahres 1943 wurden 8369 in deutsche Vernichtungslager deportiert, wovon ca. 7700 ermordet wurden. Ein Fünftel der Juden Italiens bezahlte die Shoah mit ihrem Leben. Vier Fünftel überlebten und dies im Land des engsten Bündnispartners des Nazi-Regimes.

Bei den maghrebinischen Ländern Marokko, Algerien und Tunesien handelte es sich um französische Protektorate, die zum unbesetzten Teil Frankreichs gehörten und der antisemitischen Gesetzgebung des Vichy-Regimes unterworfen waren. Von den Juden Tunesiens wurden 20 Juden in Vernichtungslager deportiert und dort ermordet. Von den Juden Libyens erlebten 562 die Befreiung nicht. In Marokko und Algerien waren durch Zwangsarbeit und antisemitische Übergriffe gleichfalls Opfer zu beklagen.

5. DIE ROLLE DER ALLIIERTEN UND DER NEUTRALEN LÄNDER

Aufgrund ihrer Beistandsverpflichtungen für Polen erklärten Großbritannien und Frankreich dem Deutschen Reich am 3. September 1939 den Krieg. Zu diesem Zeitpunkt war die Außenpolitik der USA noch stark vom Isolationismus geprägt. Antisemitische Stimmungen hatten im Kontext der Wirtschaftskrise der 1930er-Jahre stark an Boden gewonnen. Die Politik des »New Deal« der liberalen Regierung Roosevelt wurde als »Jew Deal« diffamiert, die Juden bezichtigte man, die USA in einen kontinentalen Krieg hineinziehen zu wollen. Antisemitische Stimmungen sowie die Verweigerungshaltung der USA bezüglich des Ergreifens von Maßnahmen für die Rettung der europäischen Juden änderten sich auch nach dem Kriegseintritt der USA im Dezember 1941 nicht. Die Alliierten verhielten sich gegenüber der Rettung der Juden weitgehend gleichgültig, die Befreiung der Juden aus NS-Vernichtungs- und Konzentrationslagern stellte kein Kriegsziel der Alliierten dar und wurde – wenn überhaupt – lediglich am Rande thematisiert. Die öffentliche Erklärung der Alliierten vom 17. Dezember 1942, die im Namen zahlreicher Staaten die »bestialische Politik kaltblütiger Ausrottung« der Juden verurteilte, täuscht darüber hinweg, dass Äußerungen der Alliierten zur Shoah singulärer Natur waren, Nachrichten über die Shoah eher zurückgehalten und konkrete Rettungsschritte durch symbolische Gesten ersetzt wurden. Eine Ausnahme bildete die von Großbritannien unterstützte »Kinderrettungsaktion« sowie die von den USA finanzierte Initiative zur Rettung ungarischer Juden gegen Kriegsende.

Kritisch zu bewerten ist gleichfalls die Rolle der neutralen Staaten, deren hauptsächliches Interesse darin bestand, möglichst wenige jüdische Flüchtlinge aufzunehmen sowie ihre Wirtschaftsbeziehungen zum

Deutschen Reich nicht zu gefährden. Symptomatisch hierfür ist, dass die Schweiz im April 1938 mit Deutschland Verhandlungen aufnahm, die zur Kennzeichnung der Pässe deutscher Juden mit einem »J«-Stempel führten und es Schweden war, das als vermutlich erstes Land einen derartigen Wunsch äußerte. Während Schweden kriegswichtige Güter wie Eisenerz an Deutschland lieferte, agierte die Schweiz als Hehler des Deutschen Reichs, dienten schweizerische Banken als Abwickler internationaler Finanzoperationen Nazi-Deutschlands. Im Unterschied zur Schweiz, deren restriktive Flüchtlingspolitik bis Kriegsende nahezu unverändert blieb, und die auch nicht davor zurückschreckte, jüdische Flüchtlinge an ihren Grenzen abzuweisen, beteiligte sich Schweden aktiv an der Rettungsaktion der dänischen Juden und unterbreitete ebenso Norwegen und Finnland Angebote zur Aufnahme jüdischer Flüchtlinge. Begünstigende, ausbleibende oder mangelnde Aktivitäten trugen auch auf Seiten der »neutralen Staaten« Spanien, Portugal und Türkei mit dazu bei, das ganze Ausmaß der Shoah erst zu ermöglichen. Gleichfalls bleibt die Apathie der Sowjetunion wie der Alliierten insgesamt gegenüber dem Warschauer Ghettoaufstand verstörend.

5.1 Die Alliierten – Stopp der Shoah kein Kriegsziel

Zu einem tragischen Symbol für die Politik der USA gegenüber den europäischen Juden ist die Irrfahrt des Passagierschiffs St. Louis geworden. Als das Schiff am 13. Mai 1939 den Hamburger Hafen verließ, hofften die 937 Passagiere an Bord mit ihren Visa in Kuba einreisen zu dürfen. Als das Schiff in Havanna ankam, verweigerte die kubanische Regierung auf der Grundlage neuer Visabestimmungen den Flüchtlingen die Einreise und zwang das Schiff, den kubanischen Hafen zu verlassen. Der US-amerikanische Präsident Roosevelt lehnte gleichfalls eine Einreise der Flüchtlinge ab, sodass das Schiff unverrichteter Dinge nach Europa zurückkehren musste. Großbritannien, Frankreich, die Niederlande und Belgien einigten sich schließlich auf die Aufnahme der Flüchtlinge. Bedingt durch die spätere deutsche Besetzung der Niederlande, Belgiens und Frankreichs wurden 254 Passagiere der St. Louis Opfer der Shoah. Gustav Schröder, der deutsche Kapitän der St. Louis, setzte sich für die Flüchtlinge ein; ihm gelang es durchzusetzen, dass zumindest

29 Passagiere in Havanna von Bord gehen durften. Die durch Schröders Bemühungen auf die vier Länder aufgeteilten Flüchtlinge durften schließlich in Antwerpen nach mehrwöchiger Irrfahrt an Land gehen. Für seinen Einsatz wurde Gustav Schröder (1885–1959) posthum von Yad Vashem im Jahr 1993 geehrt. Die Irrfahrt der St. Louis ist zu einem Symbol geworden für die Abschottungspolitik der USA gegenüber den jüdischen Flüchtlingen, denen von der stärksten Wirtschaftsmacht der Welt kein sicherer Hafen geboten wurde.

Die hohe Zahl der Shoah-Opfer ist so mittelbar auch das Resultat einer rigiden US-amerikanischen Einwanderungspolitik, die selbst in der Zeit des deutschen Nationalsozialismus am *Immigration Act* festhielt. Der *Immigration Act* des Jahres 1924 legte Einwanderungsquoten fest, die der Bewertungspraxis ethnischer Gruppen seitens der Verfasser »rassentheoretischer Werke« wie eines Madison Grant (1865–1937) oder eines Lothrop Stoddard (1883–1950) folgten, welche die Juden wegen ihrer vermeintlichen »biologischen Minderwertigkeit« von der Immigration auszuschließen gedachten. In den Jahren von 1933 bis 1938 waren die USA nicht einmal das bevorzugte Land jüdischer Flüchtlinge, die zumeist in die angrenzenden Nachbarländer Deutschlands flohen, da sie auf einen baldigen Zusammenbruch des Nazi-Regimes hofften, sodass die deutsche Quote des *Immigration Act* nicht ausgeschöpft wurde. Erst nach dem Anschluss Österreichs im März 1938 sowie durch die Novemberpogrome des Jahres 1938 stieg die Zahl der Visaanträge sprunghaft an. Charakteristisch für die US-amerikanische Politik gegenüber den Juden ist der Sachverhalt, dass die »deutsche Quote« auch in den Folgejahren nicht gänzlich ausgeschöpft wurde, da die Einwanderung jüdischer Flüchtlinge aus Deutschland durch diverse Regelungen wie dem Erfordernis eines zweiten Affidavits sowie durch diffizile Anordnungen, die potentielle Bürgen einschüchtern sollten, unterbunden wurde. Um in die USA zu gelangen, entwickelten sich die Affidavits zu einer hohen Hürde für jüdische Flüchtlinge. Diverse Anforderungen dienten als Regulierungsinstrument, um die Juden von den USA fernzuhalten; ständig neue prozessuale Bestimmungen der US-amerikanischen Behörden zielten darauf ab, die Erteilung von Visa zu erschweren. Die USA ließen die europäischen Juden aufgrund des Antisemitismus im eigenen Land sowie der Befürchtung von wachsender Arbeitslosigkeit trotz unmittelbarer physischer Bedrohung der Exilsuchenden im Stich.

Die Haltung der USA offenbarte sich auf der Konferenz von Évian, welche einer Initiative des US-amerikanischen Präsidenten Roosevelt geschuldet war. Vom 6. bis 15. Juli 1938 berieten 32 Staaten am Südufer des Genfer Sees, im französischen Évian-les-Bains, über die jüdische Flüchtlingsproblematik. Da nach dem Anschluss Österreichs die Flüchtlingszahlen von Juden aus Deutschland und Österreich auch in den USA deutlich anstiegen, bestand das Interesse Roosevelts im Verteilen der Asylsuchenden. Die Intention der US-amerikanischen Initiative lag nicht darin, alle Staaten zur humanitären Hilfe für Menschen zu mahnen, deren Leben existentiell bedroht war. Die Konferenz endete ergebnislos, da von 32 Staaten nur der Vertreter der Dominikanischen Republik die Bereitschaft seines Landes bekundete, mehr jüdischen Flüchtlingen Asyl zu gewähren. Die später realisierten Aufnahmezahlen blieben indes weit hinter der gemachten Ankündigung zurück. Nahezu unbekannt ist die zweite Flüchtlingskonferenz auf Bermuda im April 1943, die gleichfalls keinerlei nennenswerte Ergebnisse zeitigte. Wie hochgradig die USA noch im Frühjahr 1943 gewillt waren, an ihren strikten Einwanderungsquoten festzuhalten, zeigt sich am Sachverhalt, dass der dort unterbreitete Vorschlag, leere Schiffe auf dem Weg zu US-Häfen zum Transport jüdischer Flüchtlinge einzusetzen, die in Spanien oder Lissabon festsaßen, auf Ablehnung stieß. Die Aufrechterhaltung der restriktiven Politik der USA wiegt umso schwerer, bedenkt man, dass die Vereinigten Staaten während der Shoah jährlich nicht einmal 30 000 Juden aufnahmen. Seit Öffnung US-amerikanischer Archive im Jahr 1998 gilt der Tatbestand als belegt, dass die US-amerikanische Regierung über die Ermordung der europäischen Juden bereits zu Beginn des Jahres 1942 informiert war. Seitdem steht die Frage im Raum, warum die USA ihre Stimme gegen die Shoah nicht deutlicher vernehmen ließen, warum sie es versäumten, alles nur Erdenkliche zu tun, um möglichst viele europäische Juden durch Aufnahme in ihr Land zu retten. Irritierend bleibt der Sachverhalt, dass die Alliierten keinerlei Versuche unternahmen, um den logistischen Transport zu den Massenvernichtungslagern in geeigneter Weise zu unterbinden. Zwar mag es fraglich sein, ob das Bombardieren der Zufahrtswege nach Auschwitz das Morden effektiv ins Stocken gebracht hätte, indes bleibt es befremdend, dass dies nicht einmal ernsthaft erwogen wurde und keine Debatte darüber stattfand, wie sich der öffentliche Druck auf Nazideutschland erhöhen ließe. Das Stoppen der

Shoah gehörte nicht zu den alliierten Kriegszielen. Gleichfalls bleibt es verwunderlich, dass in Teheran, Casablanca und Jalta, d. h. auf den alliierten Konferenzen, wo über die Nachkriegsordnung debattiert wurde, die Shoah weder Erwähnung fand noch eine Verständigung darüber erfolgte, wie man die überlebenden Juden nach Kriegsende unterstützen könne etwa angesichts des Problems Tausender Juden, die als »Displaced Persons« dringend Hilfe benötigten.

Wieviel den Alliierten über die Shoah bekannt war offenbarte der britische Außenminister Anthony Eden (1897–1977) am 17. Dezember 1942 im Londoner Unterhaus. Auf die Frage eines Labour-Abgeordneten, welche Informationen der Regierung hinsichtlich kursierender Gerüchte über die Deportation und Ermordung aller Juden aus den von Nazi-Deutschland besetzten Territorien vorlägen, antwortete Eden:

> »The attention (…) has been drawn to numerous reports from Europe that the German authorities, not content with denying to persons of Jewish race in all the territories over which their barbarous rule has been extended the most elementary human rights, are now carrying into effect Hitler's repeated intention to exterminate the Jewish people in Europe. From all the occupied countries Jews are being transported in conditions of appalling horror and brutality to Eastern Europe. In Poland, which has been made the principal Nazi slaughterhouse, the ghettos established by the German invader are being systematically emptied of all Jews except a few highly skilled workers required for war industries. None of those taken away are ever heard of again. The able-bodied are slowly worked to death in labor camps. The infirm are left to die of exposure and starvation or are deliberately massacred in mass executions. The number of victims of these bloody cruelties is reckoned in many hundreds of thousands of entirely innocent men, women and children.« (The New York Times, 18. Dezember 1942)

Was Eden im Unterhaus verlas, wurde am selben Tag noch vom US-amerikanischen Außenminister der Presse übergeben und am Folgetag als *Interalliierte Erklärung zur Vernichtung der Juden* publiziert. Die Stellungnahme wurde von zwölf Regierungen getragen, die sich darin verpflichteten, die für die Verbrechen verantwortlichen Personen nach dem

Krieg zur Rechenschaft zu ziehen, sowie ihre Anstrengungen zur Niederwerfung des Nazi-Regimes zu beschleunigen. Zu den Herausgebern der interalliierten Erklärung zählten Belgien, Griechenland, Großbritannien, Luxemburg, die Niederlande, Norwegen, Polen, die Tschechoslowakei, die UdSSR, die Vereinigten Staaten, Jugoslawien sowie das französische Nationalkomitee. Das Statement kam maßgeblich durch die Intervention Edens zustande, dem bereits Monate zuvor Informationen über das Ausmaß der Shoah vorlagen. Zu den Berichten, die Eden kannte, gehörte der *Grojanowski-Report* über die massenhafte Ermordung polnischer Juden im Vernichtungslager Chełmo. Der Bericht stammte von zwei entflohenen jüdischen Häftlingen und war der britischen Regierung seit Juni 1942 bekannt. Der Report der Augenzeugen wurde im August 1942 durch ein Telegramm Gerhart Riegners (1911–2001) gestützt, der als Büroleiter des Jüdischen Weltkongresses in Genf sowohl London als auch Washington telegraphisch darüber informierte, dass der deutsche Industrielle Eduard Schulte Folgendes mitgeteilt hatte:

> »Received alarming report that in Fuhrers Headquarters plan discussed and under consideration all Jews in countries occupied or controlled Germany number 3½ to 4 million should after deportation and concentration in East at one blow exterminated to resolve once for all Jewish question in Europe. Action reported planned for autumn methods under discussion including prussic acid. We transmit information with all necessary reservation as exactitude cannot be confirmed. Informant stated to have close connections [im Original connexions, d. Verf.] with highest German [im Original Germen, d. Verf.] authorities and his reports generally reliable. [im Original statt Punkt jeweils STOP, d. Verf.] Inform and consult New York.« (Jäckel 1993: 1227)

Zwar mögen derartige Berichte bei den Alliierten anfangs durchaus auf Skepsis gestoßen sein, die *Interalliierte Erklärung zur Vernichtung der Juden* vom Dezember 1942 belegt indes, dass sich die Vielzahl einzelner Berichte zu einem Gesamtbild verdichtete, dem Ende 1942 Glauben geschenkt wurde. Die Alliierten waren somit bereits recht früh über die Shoah informiert. Dieser Sachverhalt gilt gleichfalls für die Weltöffentlichkeit, da die Erklärung in der Presse zahlreicher Länder wie beispielsweise der *The New York Times* am 18. Dezember 1942 abgedruckt wurde.

Im Unterschied zu den USA leistete Großbritannien nach den Novemberpogromen von 1938 vergleichsweise mehr für jüdische Flüchtlinge. In Relation zur Bevölkerungszahl und Größe nahm Großbritannien eine hohe Anzahl von Juden auf. Während sich das Land bedingt durch die Appeasement Politik in den Jahren vor 1938 eher zurückhaltend verhielt, führte der wachsende Druck ansteigender Flüchtlingszahlen nach den Novemberpogromen zu einer Lockerung der britischen Einwanderungspolitik. Hintergrund des Tatbestands bildete die »Palästina-Frage«, d. h. die Angst der britischen Regierung als Mandatsmacht vor einer Masseneinwanderung jüdischer Flüchtlinge in das »gelobte Land« sowie das Scheitern der »Beschwichtigungs-Politik«. Während die Insel ihre Tore partiell öffnete, erwies sich die Einwanderungsbegrenzung Großbritanniens in Palästina als relevantes Hindernis bei der Rettung europäischer Juden und kostete zahllose Juden das Leben; sie ist auch nicht durch den Sachverhalt zu rechtfertigen, dass die Einlasssperre nicht aus antisemitischen Motiven erfolgte, sondern aus der Furcht, arabische Länder an die Seite der Achsenmächte zu treiben. Immerhin nahm England nach den Novemberpogromen Juden, die im KZ gewesen waren, die Verwandte in England hatten oder Anträge auf Ausweisung in andere Länder vorweisen konnten vergleichsweise unbürokratisch auf. Der deutsche Westfeldzug führte indes bedingt durch die Besetzung Frankreichs, Belgiens und der Niederlande zu sinkenden Flüchtlingszahlen, da die Flucht über den Ärmelkanal aufgrund fehlender Passagen versperrt war und Großbritannien nur noch über neutrale Länder erreicht werden konnte.

Bezüglich des britischen Engagements darf der »Kindertransport« nicht unerwähnt bleiben. Nach den Novemberpogromen 1938 bis zum Kriegsbeginn am 1. September 1939 konnten Kinder ohne Begleitung ihrer Eltern aus bedrohten Ländern auf diese Weise gerettet werden. Dank der Rettungsaktion des britischen Staatsbürgers Nicholas Winton (1909–2015) überlebten beispielsweise 669 Kinder aus Prag (»tschechischer Kindertransport«). Über das Schicksal ihrer Eltern erfuhren die Kinder zumeist erst nach Kriegsende, was viele traumatisierte und mit Schuldgefühlen allein ließ. Die Anzahl der durch die *Refugee Children Movement* geretteten Kinder aus Deutschland, Österreich, Polen sowie der Tschechoslowakei, die überwiegend nach England gebracht wurden, wird auf 10 000 geschätzt, darunter waren 70 % jüdische Kinder beziehungsweise Kinder, die gemäß der verfolgungsrelevanten Kriterien der »Nürnberger Gesetze« als Juden galten. Angesichts der Dimension der Shoah stellt sich indes auch für Großbritannien die Frage, ob genügend getan wurde, um potentielle Opfer zu retten, was etwa für die Jahre zwischen 1933 bis 1938 gilt, als die nach dem Ersten Weltkrieg erlassenen Einwanderungsgesetze nicht gelockert wurden sowie bezüglich der britischen Palästina-Politik.

Australien schloss sich bei Kriegsbeginn den Alliierten an. Australische Soldaten kämpften in Frankreich, in Italien, im Nahen Osten sowie im Pazifik. Trotz früher Kenntnis über die systematische Ermordung der polnischen Juden, blieb die australische Regierung weitgehend passiv. Flüchtlinge aus Deutschland, Österreich und Ungarn wurden als »feindliche Ausländer« betrachtet, durften sich nur innerhalb eines eng begrenzten Gebiets aufhalten, mussten sich regelmäßig bei der örtlichen Polizei melden und durften über keine Rundfunkgeräte verfügen. Die Anzahl jüdischer Flüchtlinge, die zwischen 1933 und 1945 in Australien Schutz suchten, wird auf 8200 Personen geschätzt. Trotz der vielfältigen Bitten jüdischer Vereinigungen, mehr Juden aufzunehmen, änderte sich die reservierte Haltung der australischen Regierung im Laufe des Krieges nicht.

Im Jahr 2018 äußerte anlässlich des 80. Jahrestags der Pogromnacht der kanadische Premierminister Justin Trudeau die Worte: »Wir entschuldigen uns bei all jenen, die den Preis für unser Nichtstun bezahlt haben. Die wir zu dem Horror der Todeslager verdammt haben.« Auch Kanada gehörte zu den Staaten, welche die jüdischen Flüchtlinge an Bord der MS St. Louis abwies. In den 1930er-Jahren, als europäische Juden in Übersee Zuflucht suchten, verschärfte Kanada seine Einreisebestimmungen und lehnte auf der Évian-Konferenz 1938 eine Beteiligung an der Aufnahme jüdischer Flüchtlinge kategorisch ab. Vor Kriegsbeginn änderte Kanada seine Haltung nicht. Während des Kriegs nahm das Land lediglich mehrere Hundert jüdische Flüchtlinge aus Spanien und Portugal auf und dies auch nur auf Grund internationalen Drucks.

5.2 Schweden – Der doppelte Wallenberg

Erst zu Beginn des 21. Jahrhunderts öffnete sich Schweden kritischen Fragen bezüglich seiner Rolle während des Zweiten Weltkriegs. Zuvor war das Selbstbildnis davon bestimmt gewesen, dasjenige Land zu sein, das im Oktober 1943 die dänischen Juden nach ihrer Flucht über den Öresund, das Kattegat und die Ostseeinsel Bornholm aufnahm. Kritische Fragen bezüglich der Rolle Schwedens bei der Shoah betreffen u. a. auch die Abweisung jüdischer Flüchtlinge an der schwedischen Grenze. Zwar wurde Schweden zur Zufluchtsstätte vieler jüdischer Emigranten wie Bertolt Brecht (1898–1956), der ein Jahr in Schweden blieb, Lise Meitner (1878–1968), Nelly Sachs (1891–1970) und Peter Weiss (1916–1982), doch zur ganzen Wahrheit gehört auch der Sachverhalt, dass es Schweden war, das als vermutlich erstes Land den Wunsch äußerte, das Deutsche Reich möge die Pässe deutscher Juden mit einem »J« kennzeichnen. Ein Begehren, das den Zweck verfolgte, jüdische Flüchtlinge umso einfacher an der Grenze abweisen zu können. In den Jahren von 1933 bis 1939 ist die schwedische Immigrationspolitik als restriktiv zu bezeichnen. Der Tatbestand des schwedischen Drängens auf rassistische Kennzeichnung deutscher Pässe verweist auf die Ungleichbehandlung nichtjüdischer und jüdischer Flüchtlinge an der schwedischen Landesgrenze.

Für Aufsehen sorgte das im Jahr 2014 erschienene Buch *Hitlers svenska SS-soldater* (»Hitlers schwedische SS-Soldaten«) des schwedischen Historikers Bosse Schön, der Briefe wie Tagebücher von Schweden untersuchte, die aktiv an der Ermordung von Juden beteiligt waren. Die Anzahl schwedischer Staatsbürger, die in den Jahren zwischen 1940 und 1944 in der Waffen-SS dienten, wird auf 500 Personen geschätzt. Bosse Schön hatte bereits im Jahr 2000 das Buch *Svenskarna som stred för Hitler* (»Schweden, die für Hitler kämpften«) veröffentlicht, welches offenlegte, dass schwedische Staatsbürger als Wachpersonal in Konzentrationslagern tätig waren. Der ranghöchste Schwede war SS-Hauptsturmführer Hans-Gösta Pehrsson (1910–1974), dessen Division »Nordland« im April 1944 die Order zur Verteidigung Berlins erhielt. Pehrsson wurde dabei verwundet und gefangen genommen, konnte jedoch bereits im Juni 1945 aus russischer Gefangenschaft fliehen. Keiner derjenigen Schweden, die sich mit Begeisterung der SS freiwillig anboten, wurde in

Schweden je offiziell angeklagt oder auch nur gesellschaftlich geschnitten. So starb auch Pehrsson im Jahr 1974 unbehelligt in Stockholm.

Die historische wie politische Aufarbeitung der schwedischen Rolle bei der Shoah umfasst indes nicht nur die schwedische Immigrationspolitik, die Geschichte der Schweden, die für Hitler kämpften, sowie Personen, die mit Nazideutschland kollaborierten, sondern ebenso die Vielzahl schwedischer Warenlieferungen, die sich das Land von Hitler mit Gold bezahlen ließ und dessen unbekannte Herkunft man billigend in Kauf nahm. Die »Januskȫpfigkeit« der Rolle Schwedens wird daran ersichtlich, dass zur schwedischen Familie Wallenberg nicht nur der »Judenretter« Raoul Wallenberg gehörte, sondern ebenso Jacob Wallenberg (1892–1980), der seinen Reichtum durch Tausch von Schwedenstahl gegen Nazigold mehrte, was ohne unterstützende Mitwirkung der schwedischen Regierung sowie der schwedischen Reichsbank unmöglich gewesen wäre. Die Enskilda-Bank des Wallenberg-Imperiums sowie dessen Unternehmen spielten eine entscheidende Rolle bei schwedischen Warenlieferungen an das Deutsche Reich, das während des Zweiten Weltkriegs zum wichtigsten Handelspartner des Landes avancierte. Die Tatsache, dass auch Schweden zu den Hehlern Nazideutschlands zählte, demontiert den Mythos von der entschlossenen Neutralität des Landes. Bereits Ende der 1990er-Jahre bezifferte man die Menge des Nazi-Goldes nach einer ersten Bilanz auf 23 Tonnen, ein relevanter Teil des Goldes stammte von jüdischen Opfern. Die schwedischen Eisenerzlieferungen sowie die Kugellagerlieferungen an die deutsche Wehrmacht halfen den Krieg zu verlängern und wurden noch im Juni 1944 mit 1,5 Tonnen Goldmünzen bezahlt als dem agilen Handelspartner Nazideutschlands spätestens klar gewesen sein muss, woher ein Großteil der Bezahlung stammte. Zum Gesamtbild gehört auch, dass deutsche Firmen in Schweden ihre jüdischen Mitarbeiter entlassen durften und dass schwedische Firmen in Deutschland Zwangsarbeiter beschäftigten. Im Jahr 1997 veröffentlichten die schwedischen Historiker Ingvar Svanberg und Mattias Tydén ihre Studie *Sverige och förintelsen* (»Schweden und die Shoah«) und stellten die Frage: »Was wussten die Schweden von der Shoah?« Auf Basis zahlreicher Dokumente gelangten sie zum Schluss, dass der schwedischen Regierung bereits Anfang der 1940er-Jahre umfangreiche und aussagekräftige Informationen vorlagen.

Gleichwohl bleibt die in der Geschichte der Shoah singuläre Rettungsaktion der dänischen Juden ein Teil des Gesamtbildes wie die Rolle, die der schwedische Diplomat Raoul Wallenberg bei der Rettung ungarischer Juden spielte. Wallenberg trat am 9. Juli 1944 als 31-jähriger das Amt des Legationssekretärs an der schwedischen Gesandtschaft in Budapest an und verfügte über eine Namensliste von ca. 800 ungarischen Juden, die in Beziehungen zu Schweden standen, gab schwedische Schutzpässe aus und etablierte darüber hinaus in Budapest ein ganzes Schutzsystem bestehend aus 32 Häusern, auf denen die schwedische Flagge wehte. Wallenberg versuchte gleichfalls Juden zu retten, indem er gezielt nach schwedischen Schutzpässen fragte und Namen von Personen auf imaginären Listen abhakte, die er erst posthum mit entsprechenden Dokumenten ausstattete. Wallenberg, der im Januar 1945 nach Moskau verschleppt wurde, weil man ihn vermutlich für einen US-amerikanischen Spion hielt und dessen Verbleib im GULAG sowie Umstände und Zeitpunkt seines Todes bis heute ungeklärt sind, bewahrte auf diese Weise Tausende ungarischer Juden vor ihrer Ermordung. Im Jahr 1966 wurde Wallenberg von der Gedenkstätte Yad Vashem als »Gerechter unter den Völkern« geehrt. Die schwedische Rettungsaktion, die maßgeblich von den USA finanziert wurde, war ursprünglich auf zwei Monate begrenzt und sollte nur diejenigen Juden nach Schweden in Sicherheit bringen, die auf den Listen standen. Wallenberg gab indes bis zu 4500 Schutzpässe aus und leistete umfassende Hilfe u. a. auch bei der Versorgung der in den Schutzhäusern Untergebrachten. Wallenberg ist nicht nur die Rettung Tausender Juden zu verdanken, sondern ebenso die Belieferung des Budapester Ghettos mit Lebensmitteln. Geht es um die Beurteilung der offiziellen Haltung Schwedens, so darf indes nicht außer Acht gelassen werden, dass Wallenberg seine Vorgaben bei weitem überschritt, was der autobiographische Roman *Die Juden-Schule* von János Nyiri verdeutlicht, wenn es heißt:

> »Statt mit ihm zu streiten, schickte ihn Mutter zu der Abteilung für jüdische Angelegenheiten bei der schwedischen Botschaft. Am nächsten Tag kam er mit leeren Händen zurück. Er hatte nicht einmal das Formular für den Antrag bekommen können. Die hundert jüdischen Hilfskräfte waren so überlastet, dass sie keine Zeit fanden, die vorgedruckten Formulare durch maschinengeschrie-

bene zu ersetzen. Gyula hatte nicht lockergelassen, bis ihm ein wütender Beamter die Anweisungen für das Botschaftspersonal in die Hand gedrückt hatte. Sie besagten klar und deutlich, dass nur zwei Kategorien von Menschen vorläufige Pässe erhalten konnten: Personen, die nahe Blutsverwandte in Schweden besaßen oder aber seit langem bestehende, umfassende Handelsbeziehungen mit Schweden unterhielten. Das Dokument mit diesen Bestimmungen trug die Unterschrift von Raoul Wallenberg, dem Sonderbeauftragten des schwedischen Königs. Mutter lachte bitter: ›Sie haben sehr viel Lärm um ein Paar Pässe gemacht, aber sie waren bemerkenswert still, als ihr König Gustav den deutschen Truppen erlaubte, schwedisches Territorium zu durchqueren und Norwegen in den Rücken zu fallen.‹« (Nyiri 1989: 491–492)

Neben der Hilfe für dänische und ungarische Juden gewährte Schweden auch 900 Juden Norwegens sowie 160 Juden Finnlands Asyl. Die Anzahl derjenigen Juden, die auf der Flucht vor Nazideutschland in Schweden Zuflucht fanden, ist auf bis zu 4000 Personen zu schätzen. Schweden gehörte schließlich auch zu denjenigen Staaten, die sich an der Kinderrettung beteiligten. Das Land nahm 500 jüdische Kinder auf.

Zu den schwedischen Persönlichkeiten, die sich rettend engagierten, gehörte auch Graf Folke Bernadotte (1895–1948), der im Frühjahr 1945 skandinavische Staatsbürger aus deutschen Konzentrationslagern mit »weißen Bussen« des schwedischen Roten Kreuzes nach Schweden brachte. Unter ihnen waren auch über 400 nach Theresienstadt deportierte dänische Juden. Nach ihrer Verhaftung hatte sich die dänische Regierung weiterhin um ihre jüdischen Staatsbürger gekümmert, Lebensmittelpakete nach Theresienstadt geschickt und sich für die Freilassung der Deportierten eingesetzt. Birgit Fischermann war fünf Jahre alt, als sie von den Deutschen gefasst wurde, weil ein Nachbar der Gestapo verriet, dass ihr Vater auf der Suche nach einem Boot für die Überfahrt nach Schweden war. Birgit Fischermann berichtet:

»Im Frühjahr 1944 kam eine dänische Kommission ins Lager. Sie sollte sehen, wie es die Gefangenen hatten. Das ganze Lager wurde fein in Ordnung gemacht. Alle Alten und Kranken kamen überhaupt nicht in die Nähe der Gäste. Es wurde eine Spielstube eingerichtet, rundum richtig fein. Wir durften sie nur benutzen, solange die Kommission anwesend war. (...) Eines Tages kam mein Vater zu mir. Er wollte mir einige weiße Omnibusse zeigen, die ein rotes Kreuz trugen. Er sagte, diese Busse würden uns heim nach Dänemark fahren. Am Tag darauf konnten wir mit den Bussen nach Hause kommen.« (Pundik 1994: 57)

Den Rückkehrern war es indes nicht erlaubt in Dänemark zu bleiben, sie mussten sofort weiter nach Schweden reisen. Erst vier Wochen später waren Birgit Fischermann und ihre Eltern wieder daheim. Die Zeit der deutschen Besatzung Dänemarks war vorbei.

5.3 Die Schweiz – Der Banker der Nazis

Von hoher Relevanz war gleichfalls die Rolle, welche die »neutrale Schweiz« spielte, zumal diese unmittelbar an Nazi-Deutschland angrenzte. Die Relevanz der Schweiz als Hehler sowie der schweizerischen Banken als Abwickler internationaler Finanzoperationen Nazi-Deutschlands rückte ins Blickfeld des öffentlichen Interesses als die *Jewish Agency* im Jahr 1987 beschloss nach »nachrichtenlosen Konten« zu suchen. Im Juni 1995 erschien ein Artikel des Journalisten Peter Gumbel zur Thematik der »Shoah-Gelder«, der im Februar 1996 zu einer Erklärung des Schweizerischen Bankvereins führte, in der die Anzahl nachrichtenloser Konten mit 775 sowie das Vermögen mit 8,7 Millionen Franken angegeben wurden. Noch im selben Jahr führte die Empörung darüber zu einer Sammelklage mit dem Ziel, die Freigabe der Gelder eingefrorener jüdischer Konten zu erzwingen. Die für internationales Aufsehen sorgende Diskussion um jüdisches Vermögen bei Schweizer Banken führte zu einem »Wiedergutmachungsprozess« (»Swissclaims«), der im August 1998 mit der Entschädigung verlorener jüdischer Vermögen in Form eines Vergleichs endete.

Die vermeintliche »Neutralität« der Schweiz weist dabei parallele Züge zu Schweden auf. So gehörte auch die Schweiz zu denjenigen Ländern, die eine Kennzeichnung der deutschen Pässe wünschten, um auf diese Weise Juden an der Grenze abweisen zu können. Als die systematische Ermordung der Juden im Jahr 1942 begann, öffnete die Schweiz keineswegs ihre Grenzen, sondern schloss diese vielmehr. Grenzübertritte wurden gestoppt, obwohl der Schweizer Bundesrat bereits über die Shoah informiert war. Erst im Juli 1944 wurde den Juden der Status als politischer Flüchtling anerkannt, zuvor galt »Jüdischsein« bei Schweizer Behörden nicht als hinreichender Asylgrund. Dieser Sachverhalt wiegt umso schwerer, da Ende Juli 1942 Robert Jezler (1907–1956), der stellvertretende Leiter der Polizeiabteilung des Justizdepartments, auf Basis fundierter Berichte über systematische Tötungen dem Bundesrat einen Bericht vorlegte, in dem er zum Schluss gelangte, man könne »eine Rückweisung kaum mehr verantworten«.

Im Jahr 1997 kam es in der Schweiz zu einem Eklat, nachdem Ueli Maurer, Politiker der rechtspopulistischen Schweizerischen Volkspartei (SVP Schweiz), in einem Interview erklärte, das »J« sei in den Pässen der deutschen Juden eingeführt worden, damit diese »nicht mehr aus der Schweiz ausgewiesen werden«. Bei dem Statement des Politikers, der im Jahr 2013 das Amt des Bundespräsidenten bekleidete, dürfte es sich nicht um mangelndes historisches Wissen handeln als vielmehr um bewusste Geschichtsklitterung. Im Jahr 2002 hatte bereits der »Bergier-Bericht« für die Zeit des Zweiten Weltkriegs das idealisierende Bild von der »heilen Schweiz« dementiert. Der nach fünf Jahren Arbeit vorgelegte Schlussbericht der *Unabhängigen Expertenkommission Schweiz – Zweiter Weltkrieg* enthält ein umfangreiches Kapitel zum Thema »Flüchtlinge und Flüchtlingspolitik« und stellte fest, dass die Schweiz bereits im April 1938 mit Deutschland Verhandlungen aufgenommen habe, die zur Kennzeichnung der Pässe deutscher Juden mit einem »J«-Stempel führten. Zwar sei die Maßnahme im Rahmen der Verhandlungen zwischen der Schweiz und Deutschland auf Grund eines Vorschlags der deutschen Behörden erfolgt, der Schweizer Bundesrat habe indes den »J«-Stempel einstimmig gutgeheißen.

> »Die im August 1938 beschlossenen Abwehrmaßnahmen wurden in aller Härte durchgeführt; trotz des Wissens um die ihnen drohende Gefahr wurden die Flüchtlinge oft direkt der deutschen Polizei übergeben. Es kam sogar vor, dass Grenzschutzsoldaten mit den Kolben ihrer Gewehre auf Flüchtlinge einschlugen, um sie am Grenzübertritt zu hindern. Trotzdem fanden mehrere Tausend österreichische Juden in der Schweiz Zuflucht. Viele hatten dies dem

> St. Galler Polizeihauptmann Paul Grüninger zu verdanken, der bis Anfang 1939 Hunderte von Personen entgegen den geltenden Bestimmungen einreisen ließ. Im Frühling 1939 wurde er entlassen und Ende 1940 vom St. Galler Bezirksgericht wegen Amtspflichtverletzung und Urkundenfälschung verurteilt.« (Bergier 2002: 111)

Paul Grüninger (1891–1972), der im Jahr 1971 den Ehrentitel »Gerechter unter den Völkern« erhielt, wurde im Jahr 1995 und somit erst Jahrzehnte nach seinem Tod juristisch rehabilitiert.

Zur Thematik »die Schweiz und die Shoah« gehören auch die Schweizer Opfer der Shoah, die meist keine Erwähnung finden. Diese lebten u. a. als Auslandsschweizer in Ländern, in denen Juden deportiert wurden. Exemplarisch sei hierfür die Ermordung der Schweizer Teenager Jula und Frédéric Rothschild erwähnt, die mit ihrer Mutter in Westfrankreich lebten und im Juli 1942 von der Gestapo in Zusammenarbeit mit der französischen Polizei festgenommen und bereits wenige Tage später nach Auschwitz deportiert wurden. Alle drei Schweizer Bürger fanden in Auschwitz-Birkenau den Tod. In vielen Fällen reagierten die zumeist unverzüglich eingeschalteten Konsulate nicht und verweigerten lebensrettende Hilfe.

Unrühmlich für die Schweiz bleibt schließlich auch, dass staatlicherseits die Leistungen des Diplomaten Carl Robert Lutz (1895–1975) zu dessen Lebzeiten keinerlei Anerkennung fanden, obwohl dieser zusammen mit seiner ersten Frau bereits im Jahr 1964 als »Gerechter unter den Völkern« von Yad Vashem geehrt wurde. Carl Lutz stellte als Leiter der Abteilung »Fremde Interessen« an der Schweizer Botschaft in Budapest ab Mai 1944 Schutzpässe und Schutzbriefe für Juden aus, die nach Palästina auswandern wollten, und kooperierte bei seinen Rettungsbemühungen mit Wallenberg, der die Vorgehensweise von Lutz kopierte. Da die Schweizer Schutzpässe sowohl von der ungarischen Gendarmerie wie von den Schergen Eichmanns respektiert wurden, gelang es Lutz auf diese Weise 62 000 ungarische Juden zu retten, womit es sich um die mit Abstand größte Rettungsaktion von Juden während des Zweiten Weltkriegs überhaupt handelt. Wallenberg vergleichbar deklarierte auch Lutz, der mit Widerstandskämpfern sowie mit der zionistischen Jugendwiderstandsbewegung Chalutzim kooperierte, Budapester Häuser als Schweizer Schutzhäuser, in denen er Juden bis zu ihrer Abreise unterbrachte.

Das größte unter Schweizer Diplomatenschutz stehende Gebäude war das »Glashaus« in der Vadász utca 29, ein Budapester Geschäfts- und Wohngebäude des jüdischen Fabrikanten Arthur Weiss (1897–1945), das dieser in den 1920er-Jahren im Bauhaus-Stil entwerfen ließ und in dem sich heute ein Gedenkraum der Carl-Lutz-Gesellschaft mit Dokumenten und Fotos der Rettungsaktion befindet. Arthur Weiss, der sich selbst aktiv an den Aktionen beteiligte, wurde am 1. Januar 1945 von Pfeilkreuzlern verschleppt, gefoltert und in die Donau geschossen.

5.4 Spanien – Repatriierung unerwünscht

Im Jahr 2005 nahm erstmals ein Regierungschef Spaniens, Ministerpräsident José Luis Rodríguez Zapatero, an einer Shoah-Gedenkfeier teil. Der Politiker der PSOE besuchte die KZ-Gedenkstätte Mauthausen, 20 Kilometer östlich von Linz gelegen. In dem größten nationalsozialistischen KZ auf österreichischem Gebiet wurden alleine 5000 spanische Oppositionelle ermordet. Nach 1945 gelang es dem Franco-Regime über derlei Sachverhalte nicht zuletzt dadurch hinwegzutäuschen, dass man sich als »Retter der Juden« stilisierte und hierfür u. a. die herausragende Leistung des Diplomaten Ángel Sanz Briz (1910–1980) instrumentalisierte, dem es gelang über 5000 ungarischen Juden, für die er spanische Pässe ausstellte, das Leben zu retten. Wegen seines energischen Intervenierens erhielt Briz die Erlaubnis der spanischen Regierung für sephardische Juden entsprechende Dokumente ausstellen zu dürfen. Die mit derlei Papieren versehenen Juden brachte Briz in Budapester Häusern unter, die er als Botschaftsgebäude kennzeichnen ließ. Der »Fall Briz« verdeutlicht die Ambivalenz der spanischen Politik durch den Sachverhalt, dass die Hilfsmaßnahme auf Juden mit spanischen Wurzeln beschränkt blieb und Spanien in der Spätphase des Krieges nicht mehr von einer Repatriierung der sephardischen Juden ausging, sondern vielmehr von deren Unterbringung und Versorgung bis zum Einmarsch der Roten Armee, die im Laufe des Jahres 1944 bereits vor den Toren Budapests stand. Der Antisemitismus der spanischen Regierung zeigte sich an ihrem Willen, keine Juden im eigenen Land aufzunehmen. Das engagierte Tun des Diplomaten Briz, dem für seine Taten im Jahr 1991 die Auszeichnung »Gerechter unter den Völkern« verliehen wurde, war seinem eigenen

Entsetzen über die von den Deutschen in Gang gesetzte Mordmaschinerie geschuldet. Sein Handlungsspielraum resultierte aus dem Sachverhalt, dass die »nichtkriegführende Nation« Spanien, die große Mengen Wolfram an Nazi-Deutschland lieferte und viele Kriegsfreiwillige stellte, die unter der Führung der deutschen Wehrmacht auf sowjetischem Territorium kämpften (»Blaue Division«), sich »Faustpfänder« für die Nachkriegsordnung sichern wollte.

Neben Briz wurde auch der spanische Diplomat Sebastián Romero Radigales als »Gerechter unter den Völkern« ausgezeichnet, der im April 1943 zum spanischen Generalkonsul von Athen und Thessaloniki ernannt wurde. Im selben Monat noch fiel die deutsche Wehrmacht in Griechenland ein, wodurch auch den griechischen Juden Deportation und Ermordung drohten, unter ihnen die sephardischen Juden Salonikis. Spanien hat sich an der Ermordung der Juden Thessalonikis durch den Sachverhalt mitschuldig gemacht, dass äußerst verhalten auf die bereits im Januar 1943 erfolgte deutsche Aufforderung reagiert wurde, spanische Juden aus Griechenland zu repatriieren. Zwar revidierte die spanische Regierung ihre Linie wenige Wochen später, doch der berechtigte Eindruck blieb auf Seiten der deutschen Stellen bestehen, dass Spanien diesbezüglich kein sonderliches Interesse zeige und folglich auch keine Rücksicht zu nehmen sei. Radigales hingegen versuchte durch sein aktives Engagement Juden zu retten und legte dabei die seitens der spanischen Regierung vorgegebenen Kriterien bezüglich des Vorhandenseins einer spanischen Staatsangehörigkeit großzügig aus.

Die Bemühungen und der Einsatz von Briz sind keineswegs charakteristisch für die Judenpolitik des Franco-Regimes, was der Tatbestand verdeutlicht, dass das Deutsche Reich der spanischen Regierung eine bewusste Verschleppung der Repatriierung vorwarf. Um der deutschen Position Nachdruck zu verleihen, wurden 367 sephardische Juden Salonikis am 2. August 1943 nach Bergen-Belsen deportiert, die Nazideutschland als »Austausch-« beziehungsweise »Vorzugsjuden« betrachtete, und die Spanien erst Anfang Februar 1944 repatriierte. Im Jahr 1943 wäre eine spanische Politik von Nöten gewesen, die unmissverständlich auf Repatriierung gedrängt und diese auch unmittelbar in die Wege geleitet hätte, um so Spielräume auch für die Rettung weiterer Juden zu nutzen. Die Realität hingegen zeichnete sich dadurch aus, dass die Rückführung gezielt verschleppt und keinerlei Interesse gezeigt wurde, Juden im eigenen Land aufzunehmen und dass Diplomaten wie Radigales, die sich ernsthaft bemühten, vom spanischen Außenministerium gar für ihre Aktivitäten gerügt wurden. Das unterschiedliche Agieren Spaniens in Griechenland in der ersten Jahreshälfte 1943 verglichen mit dem Handeln Spaniens in Ungarn in der zweiten Jahreshälfte 1944 ist dem Umstand geschuldet, dass die Niederlage der Achsenmächte zu diesem Zeitpunkt bereits offensichtlich war.

5.5 Portugal - Eine Gedenkplakette für Sousa Mendes

In der Metrostation *Parque* in Lissabon erblickt man vor dem Fahrkartenschalter eine kleine Säule, die man auf den ersten, schnellen Blick für einen Fahrkartenentwerter hält. Schaut man näher hin, so erkennt man, dass sich von zwei Seiten durch eine runde Glasscheibe in das Innere der Stele blicken lässt. Zu erkennen ist eine Gedenkplakette in Form einer goldfarbenen Münze, die Aristides de Sousa Mendes (1885–1954) ehrt, der als winzige Figur mit Hut am unteren Rand der Münze abgebildet ist. Eine scheinbare »Winzigkeit« wie die gezielte Aktivität einer einzelnen Person konnte in den Jahren der Shoah Vieles für die Rettung der Juden leisten, so lässt sich die Botschaft der Gedenkmünze deuten. Im Fall des Geehrten ist es dessen Engagement als portugiesischer Generalkonsul in Bordeaux. In den Zeiten als immer mehr Menschen auf der Flucht waren vor dem deutschen Nationalsozialismus, ermöglichte Portugal mittels Visa die Durchreise durch Spanien und konnte so auf dem Landweg erreicht werden. Lissabon wurde zur Hoffnung vieler Flüchtlinge, um von dort aus nach Übersee zu emigrieren. Intellektuelle, politische Flüchtlinge und Juden hofften hier eine der überteuerten Schiffspassagen zu ergattern, um sichere Länder anzusteuern. Das Schicksal eines deutschen Juden, für den die Küste Portugals zur Zuflucht wurde, hat der Schriftsteller Erich Maria Remarque (1898–1970), dessen deutsche Staatsbürgerschaft 1938 aberkannt wurde, im Roman *Die Nacht von Lissabon* geschildert.

Zwar blieb das autoritär-faschistoide Salazar-Regime während des Zweiten Weltkriegs neutral, doch es war darum bemüht seine Verbundenheit mit dem faschistischen Italien sowie Nazi-Deutschland unter Beweis zu stellen. Biologistische Rassentheorien gewannen jedoch in Portugal keine derartige Relevanz wie vergleichsweise in der Ideologie des deutschen Nationalsozialismus, was Spielräume für die Lage immigrierender Juden eröffnete. Am 13. November 1939 erteilte das Salazar-Regime in Gestalt des Rundschreibens *Circular 14* jedoch allen Diplomaten die Anweisung, keine Visa mehr an Staatenlose sowie an Juden zu erteilen, die man aus ihrem Herkunfts- oder Zufluchtsland vertrieben hatte. Die Order erfuhr am 14. Juni 1940 eine Verschärfung, insofern man nunmehr nur noch Personen mit gültigem Visum eines außereuropäischen Landes die Einreise gestattete. Aristides de Sousa Mendes ignorierte diese Anweisung und stellte mit seinen Mitarbeitern in Bordeaux weiterhin Visa aus, wobei er jüdische Personen darüber informierte, dass dies »ungeachtet der Nationalität, Rasse oder Religion« geschehe. Auf diese Weise blieb der Fluchtweg über Spanien nach Portugal noch tagelang offen. Die Aktivitäten von Sousa Mendes blieben indes nicht unentdeckt, sodass er am 20. Juni nach Lissabon beordert wurde. Vier Tage darauf erklärte das Salazar-Regime die in Bordeaux ausgestellten Visa für ungültig. An die antisemitische Politik der *limpieza de sangre* Ende des 15. Jahrhunderts anknüpfend erteilte die portugiesische Regierung die Order, Visa nur noch an *gente limpa* zu erteilen. Die Lage der in Südfrankreich verbliebenen Juden stellte sich nunmehr als nahezu ausweglos dar, doch Sousa Mendes' Tat hatte noch vielen Juden das Leben gerettet.

Der »Fall Portugal« verdeutlicht, dass Kooperationen mit dem Nazi-Regime sowie Unterlassungen »neutraler Staaten« mit dazu beitrugen, die Shoah in ihrer Dimension zu ermöglichen. Wäre die Haltung von Sousa Mendes offizielle Regierungspolitik Portugals gewesen, so hätten zahllose Juden gerettet werden können. Die winzige Gestalt auf der Gedenkmedaille hinter Glas stellt so auch ein Symbol dafür dar, dass ein portugiesischer Diplomat von seiner Regierung im Stich gelassen wurde, auf verlorenem Posten stand, als es galt, so viele Juden wie möglich vor Deportation und Ermordung zu retten. In Form eines Disziplinarverfahrens wurde Sousa Mendes nicht nur suspendiert, er verlor ebenso seine Pensionsansprüche wie seine Lizenz als Rechtsanwalt und erfuhr darüber hinaus in Portugal eine gesellschaftliche Ächtung. Die Rolle des Salazar-Regimes blieb gleichwohl widersprüchlich, wofür der Fall des portugiesischen Diplomaten Carlos Sampaio Garrido (1883–1960) steht, der wie de Sousa Mendes gleichfalls als »Gerechter unter den Völkern« geehrt wurde. Seit Oktober 1939 war Garrido als Botschafter in Ungarn tätig und gewährte im Frühjahr 1944 Juden Zuflucht in den Räumen der Botschaft. Obwohl es sich um das offizielle Gebäude der Botschaft Portugals handelte, nahm die Gestapo eine Hausdurchsuchung vor, verhaftete Garrido und die von ihm hier versteckten Juden. Der ultimativen Aufforderung seitens der deutschen Besatzer, das Land innerhalb von 48 Stunden zu verlassen leistete der Botschafter Folge, nahm indes die Namenslisten all derjenigen Juden mit, die um Asyl Portugals baten. Garrido wechselte an die portugiesische Botschaft in der Schweiz und sorgte dort dafür, dass ca. 1000 ungarische Juden einen portugiesischen Pass erhielten und so gerettet werden konnten. Im Unterschied zum Fall Sousa Mendes ließ Salazar, der zuvor hatte verlauten lassen, Juden mit Verbindungen nach Portugal seien zu retten, den Diplomaten gewähren, was dem Sachverhalt geschuldet war, dass sich in der Spätphase des Krieges die Niederlage Nazi-Deutschlands abzeichnete und sich die »neutralen Staaten« nunmehr auf die Seite der Sieger stellen wollten. Während die Rehabilitierung von Sousa Mendes unterblieb, brüstete sich Salazar nach dem Krieg mit dem Hinweis, er selbst habe durch großzügige Anweisungen Tausenden Juden das Leben gerettet. Erst im Jahr 1987 wurde unter dem sozialistischen Präsidenten Mário Soares (1924–2017) dem Antrag auf Rehabilitierung Sousa Mendes' stattgegeben.

5.6 Die Türkei – Die verlorenen Auslandstürken

Besucht man bei einem Wienbesuch den zweiten Wiener Gemeindebezirk, die Leopoldstadt, so entdeckt man in der Zirkusgasse unweit des Nestroyplatzes eine Gedenktafel für den Türkischen Tempel, die Synagoge der sephardischen Gemeinde, die in der Reichspogromnacht am 10. November 1938 von den Nazis zerstört wurde. Die Existenz einer türkisch-jüdischen Gemeinde in Wien wirft Fragen nach den türkisch-jüdischen Opfern der Shoah auf, nach denjenigen türkischen Staatsbürgern, die im Ausland lebten und verhaftet, deportiert und ermordet wurden sowie nach ehemaligen türkischen Staatsbürgern der zweiten oder dritten Generation, die der Shoah zum Opfer fielen. Angaben hierüber finden sich in Shoah-Studien meist nur selten. Erst im Jahr 2012 wurde in der Gedenkstätte Bergen-Belsen eine Gedenktafel enthüllt, die an das Schicksal der türkischen Shoah-Opfer erinnert.

Bekannt sind hingegen zumeist die Aktivitäten des türkischen Diplomaten Selahattin Ülkümen (1914–2003), der im Rahmen seiner Tätigkeit als Generalkonsul auf der Insel Rhodos ca. 50 Juden vor dem Tod in deutschen Vernichtungslagern bewahrte und hierfür im Jahr 1989 von Yad Vashem geehrt wurde. Als im Juli 1944 die deutschen Besatzer der italienischen Insel Rhodos mit der Deportation der dortigen 1700 Juden begannen, rettete Ülkümen 13 türkischen Staatsbürgern, Personen mit türkischen Verbindungen sowie ebenso weiteren Juden das Leben. Um Ehepartner türkischer Staatsbürger freizubekommen, die sich bereits in den Sammelstellen befanden, behauptete Ülkümen gegenüber der Gestapo, diese würden laut türkischem Recht ebenso als Türken gelten und verlangte auf eigene Initiative kategorisch deren Freilassung. Auf diese Weise gelang es ihm alle Personen zu retten, die er zuvor namentlich erfasst hatte.

Wie bei den anderen »neutralen Staaten«, so gilt auch für die Türkei, dass nach 1945 die zu würdigenden Taten einzelner dafür herhalten mussten, den Mythos von einer judenfreundlichen oder gar judenrettenden Politik zu konstruieren. Die Wirklichkeit sieht indes bei der Türkei eher bedrückend aus. So wird alleine die Zahl der Opfer unter den türkischen beziehungsweise türkischstämmigen Juden, die in deutschen Vernichtungslagern ermordet wurden, heute auf 2500 bis 3000 Personen geschätzt. Die im Jahr 2008 erschienene Studie der Turkologin Corry Guttstadt *Die Türkei, die Juden und der Holocaust* machte darauf aufmerksam, dass die Schutzlosigkeit der jüdischen Auslandstürken dem Sachverhalt geschuldet war, dass sich die nationalistische Monoethnisierung in der Türkei Ende der 1930er-Jahre auch gegen Juden richtete, die im Rahmen der »Türkisierungspolitik« verstärkt von Ausbürgerungen betroffen waren und als Staatenlose sodann deportiert und ermordet wurden. Guttstadt weist darauf hin, dass beispielsweise viele in Berlin lebende türkische Juden bereits ab 1938 ausgebürgert worden seien und als Staatenlose zu den ersten Opfern der Deportationen zählten. Auf Veranlassung Ankaras seien die Ausbürgerungen auf dem Weg der Amtshilfe durch Berliner Behörden durchgeführt worden. Das türkische Konsulat habe die Ausländerpolizei darum ersucht, türkische Juden vorzuladen und ihnen die Pässe abzunehmen. Insofern organisatorisch deutsche und nicht türkische Behörden die Ausbürgerungen vollzogen, hätte das Nazi-Regime automatisch über Namen und Adressen der nunmehr

Staatenlosen verfügt. Als Deutschland in den Jahren 1942 und 1943 der Türkei ein Ultimatum zur Repatriierung ihrer jüdischen Staatsbürger stellte, habe die türkische Regierung darauf nicht mit der Rettung der türkischen Juden reagiert, sondern vielmehr ihre Ausbürgerungspolitik fortgesetzt. Allein im besetzten Frankreich habe die Türkei mehreren tausend Juden die türkische Staatsbürgerschaft entzogen. Türkische Juden seien auf diese Weise massenhaft Opfer der NS-Verfolgung geworden. Die Anzahl der Juden mit entzogener türkischer Staatsangehörigkeit, die allein vom französischen Sammellager Drancy aus in den Osten deportiert wurden, wird auf über 1000 Personen geschätzt.

Jüdische Auslandstürken gab es bereits im 19. Jahrhundert, wie das Beispiel des zwischen 1885 und 1887 gebauten Türkischen Tempels in Wien belegt, ihre Anzahl stieg jedoch in den 1920er und 1930er-Jahren deutlich an. Zwischen einem Drittel und der Hälfte der türkischen Juden verließ das Land, als der Assimilationsdruck im Kontext der Türkisierungspolitik des noch jungen türkischen Nationalstaats wuchs. Die Zwangshomogenisierung erschien der türkischen Republik als geeignetes Mittel, um das aus dem Zerfall des Osmanischen Reichs entstandene Staatsgebilde zu festigen, was ethnische Minderheiten einem wachsenden Druck aussetzte. Die Juden, welche die Türkei verließen, wählten innerhalb Europas häufig Frankreich als neues Heimatland, ebenso Deutschland und Italien. Denjenigen Juden, die das Land verließen, wurde die Ausbürgerungspolitik der Türkei zum Verhängnis, die auch noch zu einem Zeitpunkt aufrechterhalten wurde, als die Regierung davon Kenntnis besaß, dass ihre ehemaligen Staatsbürger nicht »nur« von antijüdischer Diskriminierung betroffen waren, sondern ihnen Enteignung, Deportation und Ermordung drohten. Spätestens seit Sommer 1943 war auch die Türkei über die systematische Ermordung der Juden informiert. Türkische Juden und deren Nachkommen vor allem aus Frankreich und dem Deutschen Reich hätten gerettet werden können, wenn die türkische Regierung vom deutschen Repatriierungsultimatum Gebrauch gemacht und ihre jüdischen Staatsbürger beziehungsweise ehemaligen Landsleute rückgeführt hätte. Ein Interesse von türkischer Seite bestand auch dann nicht an der Rettung mehrerer Tausend Juden, als diesen der Tod in nationalsozialistischen Vernichtungslagern drohte.

Neben dem Entzug der Staatsbürgerschaft jüdischer Auslandstürken bestand die indirekte Mittäterschaft der Türkei ebenso im Verschluss ihrer

Häfen. Symptomatisch ist hierfür das Beispiel des bulgarischen Flüchtlingsschiffs Struma, welches über 791 Flüchtlinge – vorwiegend russische und rumänische Juden – an Bord hatte. Als das Schiff wegen einem Motorschaden im Istanbuler Hafen lag, wollte die türkische Regierung die Flüchtlinge nicht an Land lassen, während die britische Regierung sie nicht nach Palästina einreisen ließ. Das fahrunfähige Schiff wurde aufs offene Meer hinausgeschleppt und dort von einem Torpedo eines sowjetischen U-Boots versenkt, das den Schiffsverkehr »neutraler Staaten« im Schwarzen Meer unterbinden sollte.

Im Jahr 2015 lief in deutschen Programmkinos der Film »Haymatloz« der Regisseurin Eren Önzös, der an das Schicksal zahlreicher vormals verbeamteter Professoren, die ihre Stellungen nach 1933 verloren hatten, Intellektueller, politischer Flüchtlinge und Juden erinnerte, die in die Türkei flüchteten und dort aufgenommen wurden. Es ist ein Sachverhalt, der nicht vergessen werden darf. Wie in anderen Staaten, so waren indes auch in der Türkei zumeist diejenigen Personen willkommen, von denen sich das Aufnahmeland einen wirtschaftlichen oder sonstigen Vorteil versprach, für die jüdischen Auslandstürken galt dies offensichtlich nicht.

5.7 Zusammenfassung

Unterzieht man die aufgeführten Länder einer vergleichenden Betrachtung, so lautet die Frage, ob es sich bei dem jeweiligen alliierten oder neutralen Staat bezüglich der Shoah um einen Helfershelfer, einen freiwilligen oder unfreiwilligen Mittäter oder um einen Retter handelte. Antworten auf diese Frage fallen hochgradig ambivalent aus. Unstrittig ist, dass einzelne Staatsbürger als »Retter« zu bezeichnen sind; bei ihnen handelte es sich indes ausnahmslos um Einzelpersönlichkeiten, die zumeist für ihre Taten von Yad Vashem geehrt wurden. Die vergleichsweise hohe Anzahl der Diplomaten unter ihnen täuscht darüber hinweg, dass angesichts der existentiellen Bedrohung der Juden das internationale Diplomatenkorps versagte und weder bestehende Spielräume nutzte noch bereit dazu war hoheitliche Befugnisse zwecks rettender Hilfeleistung zu überschreiten. Unstrittig ist, dass es sich sowohl bei der »Kinderrettung« wie bei der von den USA über das *War Refugee Board* organisierten und vom amerikanisch-jüdischen *Joint Distribution Committee* finanzierten Rettungsaktion ungarischer Juden, bei der Raoul Wallenberg eine zentrale Rolle spielte, um Maßnahmen handelte, die Tausende Juden vor dem sicheren Tod bewahrten. Bezüglich der Alliierten bleibt indes der verstörende Sachverhalt bestehen, dass der Stopp der Shoah sowie die Befreiung der Juden aus Konzentrations- und Vernichtungslagern nicht zu den Kriegszielen zählten, die Ermordung der europäischen Juden auf alliierten Konferenzen kein Thema war und die USA die Aufnahme jüdischer Flüchtlinge mittels Quoten und diversen Bestimmungen begrenzte. Eine nennenswerte Bereitschaft der USA jüdische Flüchtlinge aufzunehmen existierte nicht, was die Évian-Konferenz, die Bermuda-Konferenz sowie die Beibehaltung des *Immigration Act* belegen. Der unstrittige Einsatz der USA für die ungarischen Juden ist so auch dem Sachverhalt geschuldet, dass gegen Kriegsende kurz vor der Befreiung Budapests durch die Rote Armee nicht mehr davon auszugehen war, dass die Rettungsaktion die Zahl jüdischer Flüchtlinge in den USA erhöhen würde. Kanada wiederum lehnte die Aufnahme jüdischer Flüchtlinge kategorisch ab und beugte sich diesbezüglich lediglich widerwillig internationalem Druck. Australien blieb bezüglich der Rettung der Juden während des Krieges weitgehend passiv.

Sowohl die USA als auch neutrale Länder wie etwa Schweden und die Schweiz kooperierten auf wirtschaftlichem Gebiet mit dem Deutschen Reich. Das Maß ökonomischer Kollaboration US-amerikanischer Firmen verdeutlicht das Buch des Journalisten Edwin Black *IBM and the Holocaust* aus dem Jahr 2001. Holerith-Maschinen der IBM waren an der Erfassung der Juden beteiligt; ein Sachverhalt, dessen sich das Unternehmen, welches Kenntnis davon besaß, wo genau und wofür seine Maschinen zum Einsatz gelangten, durchaus bewusst war. Es war jedoch keineswegs nur die IBM, die lukrative Geschäfte mit dem Nazi-Regime abwickelte. Die Liste der US-amerikanischen Firmen, die Nazideutschland mit unverzichtbaren Rüstungsgütern versorgten, ist lang. Zur Kriegsmaschinerie Hitlers zählten u. a. Ford und General Motors, Standard Oil, Du Pont sowie die Aluminium Company of America.

Der Antisemitismus des Franco-Regimes zeigte sich an der Haltung, keine Juden im eigenen Land aufzunehmen, sowie daran, einem unterbreiteten Repatriierungsangebot bezüglich der spanischen Juden Thessalonikis desinteressiert und unschlüssig zu begegnen. Angesichts der von spanischer Seite bewusst erfolgten Verzögerung der Repatriierung wurde die Grenze zur passiven Mittäterschaft überschritten zumal zu einem Zeitpunkt, wo über das weitere Schicksal, das den Juden Thessalonikis drohte, Klarheit herrschte. Das autoritär-faschistoide Salazar-Regime wiederum versperrte per Rundschreiben an seine Diplomaten vom 13. November 1939 den Fluchtweg über Spanien nach Portugal, obwohl Portugal für die flüchtenden Juden ohnehin nur eine Durchgangsstation nach Übersee war, sodass die Lage für Juden in der besetzten wie in der unbesetzten Zone Frankreichs prekär wurde. Spanien vergleichbar, hätte auch Portugal sephardische Juden retten können, wie etwa die Gruppe niederländischer Juden portugiesischer Abstammung, deren Deportation aus Westerbork lange Zeit zurückgestellt wurde. Diesbezügliche Aktivitäten unterblieben jedoch. Die Türkei wiederum hat sich mitschuldig gemacht durch die Ausbürgerung jüdischer Türken, die sich in Deutschland aufhielten, sowie durch die nicht erfolgte Repatriierung türkischer Juden und deren Nachkommen aus Frankreich und aus dem Deutschen Reich.

RESÜMEE

Rund sechs Millionen europäische Juden sowie Juden französischer Protektoratsländer in Nordafrika wurden ermordet. Gemeinhin umfasst die Opferzahl der Shoah nur die Anzahl der Ermordeten. Vergessen werden sollte indes nicht, dass Verfolgung und Entrechtung der Juden darüber hinaus weitere Millionen jüdischer Opfer betrifft. Juden, deren Existenz zerstört wurde, die enteignet wurden, deren Leben durch Flucht und Asyl aus den Fugen geriet, die sich um Bildungs- und Karrierechancen beraubt sahen, deren alltägliches Lebensglück zerstört wurde und die sich nach der Befreiung extremen psychischen Belastungen ausgesetzt sahen, weil ihre Familienangehörigen und Bekannten von den Deutschen ermordet wurden, das Erlebte und Erduldete nicht zu ertragen war und viele die Frage »Warum habe ich überlebt?« als persönliche Anklage erfuhren und seelisch nicht verkrafteten. Vergessen werden darf auch nicht die Folgegeneration, deren Eltern sich teils in Schweigen hüllten und für die sich gleichfalls schwierige Identitätsfragen stellten und vielfältige psychische Konflikte ergaben. Insofern endet die Geschichte der Shoah nicht mit der Befreiung, was bereits das Schicksal jüdischer »Displaced Persons« verdeutlicht.

Eine länderspezifische Darlegung der Shoah darf nicht darüber hinwegtäuschen, dass Ausgrenzung, Entrechtung und Ermordung der Juden nach einem einheitlichen Plan des Haupttäters verliefen. Allerspätestens im November/Dezember 1941 lag ein Beschluss der Deutschen bezüglich des geplanten Genozids an den europäischen Juden vor, wenn auch vermutlich kein ausdrücklicher, schriftlicher Befehl Hitlers. Die Modalitäten des Judenmordprogramms wurden auf der Wannsee-Konferenz am 20. Januar 1942 spezifiziert und koordiniert, zu einem Zeitpunkt als die Einsatzgruppen im Osten bereits Tausende Juden ermordet hatten und ein Bericht über die Aktivitäten der Einsatzgruppe A Ende 1941 für Estland bereits »judenfrei« vermerkte. Die Realisierung des Mordprogramms war nur möglich durch die Täterschaft von Millionen Deutschen, die als Verwaltungsbeamte die Beraubung, Enteignung, Ausbürgerung und Deportation bürokratisch organisierten, die als Bahnbeamte Züge zu den deutschen Vernichtungslagern bereitstellten oder fuhren, die als NS-Angehörige, als Polizisten oder Wehrmachtssoldaten Juden verhafteten, bewachten oder sich an Erschießungsaktionen beteiligten, die sich als Schauspieler und Künstler dem Nazi-Regime als willige Helfer andienten und bei Spielfilmen wie »Jud Süß« mitwirkten oder die als Bürger nicht danach fragten, wer eine Wohnung zuvor bewohnte und sich am Beutezug der »Volksgemeinschaft« beteiligten. Dergestalt betrachtet ist und bleibt die Shoah eine Tat des Haupttäters, die unerbittlich die Frage stellt: »Warum die Deutschen?« und deren Verbrechen die Deutschen für ihre Taten in Verantwortung nehmen.

Doch zur ganzen Wahrheit gehört auch, dass der immense Umfang der Shoah sowie ihr Geschehen in über 20 Ländern und an unzähligen Orten nur möglich waren durch ein europaweites Heer der Mittäter sowie durch diejenigen, die sich durch vielfältige Unterlassungen mitschuldig machten. Während sowohl die katholische wie die protestantische Kirche in Deutschland zumindest noch partiell gegen den Patientenmord (»Euthanasie«) protestierten, schwiegen sie dort zur Deportation wie zur Ermordung der europäischen Juden. Die Umsetzung des Mordprogramms war durch eine Vielzahl von Faktoren und Besonderheiten bedingt und gestaltete sich bezüglich der Aktivitäten und des Einbeziehungsgrads von Mittätern, des zeitlichen wie regionalen Umfangs sowie der Anzahl und Prozentzahl der ermordeten Juden höchst unterschiedlich. Ebenso divergierten das Maß des Widerstands, die Reaktionsweise der Juden sowie die Politik derjenigen Länder und Regierungen, die das Nazi-Regime in sein Mordprogramm einzubeziehen gedachte. Die Singularität der Shoah ist dergestalt betrachtet auch dadurch bedingt, dass es nicht nur den Haupttäter gibt, sondern dass Mittäter in über 20 weiteren Ländern namentlich benannt werden können. Das Mordprogramm des deutschen Haupttäters nimmt dergestalt betrachtet auch Europa als Ganzes und die USA sowie Kanada, die sich der Aufnahme jüdischer Flüchtlinge weitgehend verweigerten, in Verantwortung. Die Singularität der Shoah ist nicht zuletzt dem Sachverhalt geschuldet, dass weit über 20 Länder sowie unzählige Orte unmittelbar in die Geschehnisse involviert waren, sowie mittelbar viele weitere Staaten, dass die Verfolgung und Ermordung der europäischen Juden ein deutscher, ein europäischer sowie ein weltweiter Tatbestand war.

LITERATURVERZEICHNIS

Aalders, Gerard: Geraubt! Die Enteignung jüdischen Besitzes im Zweiten Weltkrieg, Köln 2000.

Adelson, Alan; Lapides, Robert: Lodz Ghetto. Inside a Community under Siege, New York 1989.

Altwegg, Jürg: Geisterzug in den Tod. Ein unbekanntes Kapitel der deutsch-französischen Geschichte 1944, Reinbek bei Hamburg 2001.

Aly, Götz: Europa gegen die Juden 1880–1945, Frankfurt a. M. 2017.

Aly, Götz: Warum die Deutschen? Warum die Juden? Frankfurt a. M. 2011.

Aly, Götz; Herbert, Ulrich; Heim, Susanne (Hg.): Die Verfolgung und Ermordung der europäischen Juden durch das nationalsozialistische Deutschland 1933 – 1945, München 2008ff..

Aly, Götz: Hitlers Volksstaat, Frankfurt a. M. 2005a.

Aly, Götz; Roth, Karl Heinz: Die restlose Erfassung, Frankfurt a. M. 2005b.

Aly, Götz; Gerlach, Christian: Das letzte Kapitel. Realpolitik, Ideologie und der Mord an den ungarischen Juden 1944/1945, Stuttgart 2002.

Aly, Götz: »Endlösung«, Frankfurt a. M. 1995.

Aly, Götz; Heim, Susanne: Vordenker der Vernichtung, Hamburg 1991.

Angrick, Andrej; Klein, Peter: Die »Endlösung« in Riga. Ausbeutung und Vernichtung 1941–1944, Darmstadt 2006.

Asmuss, Burkhard (Hg.): Holocaust. Der nationalsozialistische Völkermord und die Motive seiner Erinnerung, Berlin 2002.

Bauer, Kurt: Die dunklen Jahre. Politik und Alltag im nationalsozialistischen Österreich 1938–1945, Frankfurt a. M. 2017.

Bauer, Yehuda: Die dunkle Seite der Geschichte. Die Shoah in historischer Sicht, Frankfurt a. M. 2001.

Bajohr, Frank; Löw, Andrea (Hg.): Der Holocaust. Ergebnisse und neue Fragen der Forschung, Frankfurt a. M. 2015.

Barkow, Ben (Hg. u. a.): Novemberpogrom 1938, Frankfurt a. M. 2008.

Behar, Isaak: »Versprich mir, dass du am Leben bleibst«. Ein jüdisches Schicksal, Berlin 2009.

Bensoussan, Georges: Die Juden der arabischen Welt, Berlin 2019.

Ben-Tov, Arieh: Das Rote Kreuz kam zu spät. Die Ereignisse in Ungarn, Zürich 1990.

Benz, Wolfgang: Handbuch des Antisemitismus, Berlin 2011 ff.

Benz, Wolfgang; Distel, Barbara: Terror im Westen. Nationalsozialistische Lager in den Niederlanden, Belgien und Luxemburg 1940–1945, Berlin 2004.

Benz, Wolfgang: Überleben im Dritten Reich. Juden im Untergrund und ihre Helfer, München 2003a.

Benz, Wolfgang; Curio, Claudia; Hammel, Andrea (Hg.): Die Kindertransporte 1938/39, Frankfurt a. M. 2003b.

Benz, Wolfgang: Der Holocaust, München 2001.

Benz, Wolfgang (Hg. u. a.): Die Bürokratie der Okkupation. Strukturen der Herrschaft und Verwaltung im besetzten Europa, Berlin 1998.
Benz, Wolfgang (Hg.): Dimension des Völkermords, München 1996.
Benz, Wolfgang (Hg.): Die Juden in Deutschland 1933–1945, München 1989.
Beres, Witold u. a.: Marek Edelman erzählt, Berlin 2009.
Berger, Sara (Hg. u. a.): Die Verfolgung und Ermordung der europäischen Juden, Berlin 2017.
Bergier, Jean François (Hg.): Die Schweiz, der Nationalsozialismus und der Zweite Weltkrieg. Schlussbericht der unabhängigen Expertenkommission, Zürich 2002.
Berman, Irene Levin: »We are going to pick potatoes.« Norway and the Holocaust, The Untold Story, Lanham 2010.
Berr, Hélène: Pariser Tagebuch 1942–1944, München 2009.
Beuys, Barbara: Leben mit dem Feind. Amsterdam unter deutscher Besatzung, München 2012.
Biss, Andreas: Der Stopp der Endlösung. Kampf gegen Himmler und Eichmann in Budapest, Stuttgart 1966.
Black, Edwin: IBM und der Holocaust, München 2001.
Böhler, Jochen; Lehnstaedt, Stephan (Hg.): Gewalt und Alltag im besetzten Polen 1939–1945, Osnabrück 2012.
Böhler, Jochen: Der Überfall. Deutschlands Krieg gegen Polen, Frankfurt a. M. 2009.
Böhler, Jochen: Auftakt zum Vernichtungskrieg. Die Wehrmacht in Polen 1939, Frankfurt a. M. 2006.
Bolle, Mirjam: »Ich weiß, dieser Brief wird Dich nie erreichen«. Tagebuchbriefe aus Amsterdam, Westerbork und Bergen-Belsen, Frankfurt a. M. 2006.
Borchert, Christian (Hg. u. a.): Victor Klemperer. Ein Leben in Bildern, Berlin 1999.
Borodziej, Wlodzimierz; Ziemer, Klaus (Hg.): Deutsch-polnische Beziehungen 1939–1945, Osnabrück 2000.
Bosl, Karl (Hg.): Das Jahr 1941 in der europäischen Politik, München 1972.
Braham, Randolph L.: The Destruction of Romanian and Ukrainian Jews during the Antonescu Era, New York 1997.
Braham, Randolph L. (Hg.): The Origins of the Holocaust: Christian Anti-Semitism, New York 1986.
Braham, Randolph L.: The Politics of Genocide. The Holocaust in Hungary, Volume I+II, New York 1981.
Braham, Randolph L.: The Hungarian Labor Service System 1939–1945, New York 1977.
Braham, Randolph L.: The Destruction of Hungarian Jewry. A Documentary Account, Volume I+II, New York 1963.
Braham, Randolph L.: Eichmann and the Destruction of the Hungarian Jewry, New York 1961.
Brakel, Alexander: Der Holocaust. Judenverfolgung und Völkermord, Berlin 2008.
Brechtken, Magnus (Hg. u. a.): Die Nürnberger Gesetze – 80 Jahre danach, Göttingen 2017.
Brechtken, Magnus: »Madagaskar für die Juden«. Antisemitische Idee und politische Praxis 1885–1945, München 1998.
Breitman, Richard: Staatsgeheimnisse. Die Verbrechen der Nazis – von den Alliierten toleriert, München 1999.
Breitman, Richard: Der Architekt der »Endlösung«. Himmler und die Vernichtung der europäischen Juden, Paderborn 1996.
Browning, Christopher: Ganz normale Männer, Reinbek bei Hamburg 2009.
Browning, Christopher: Die Entfesselung der »Endlösung«, München 2003.
Browning, Christopher: Der Weg zur Endlösung. Entscheidungen und Täter, Reinbek bei Hamburg 2002.

Browning, Christoper: Judenmord. NS-Politik, Zwangsarbeit und das Verhalten der Täter, Frankfurt a. M. 2001.
Broszat, Martin; Jacobsen, Hans-Adolf; Krausnick, Helmut: Konzentrationslager, Kommissarbefehl, Judenverfolgung, Freiburg im Breisgau 1965.
Bruland, Bjarte: Holocaust in Norwegen, Göttingen 2019.
Brumlik, Micha (Hg. u. a.): Umdeuten, verschweigen, erinnern. Die späte Aufarbeitung des Holocaust in Osteuropa, Frankfurt a. M. 2010.
Brumlik, Micha; Kunik, Petra (Hg.): Reichspogromnacht. Vergangenheitsbewältigung aus jüdischer Sicht, Frankfurt a. M. 1988.
Brunzl, John; Marin, Bernd: Antisemitismus in Österreich. Sozialhistorische und soziologische Studien, Innsbruck 1983.
Bühl, Achim: Antisemitismus. Geschichte und Strukturen von der Antike bis 1848, Wiesbaden 2019.
Bühl, Achim: Antisemitismus. Geschichte und Strukturen von 1848 bis heute, Wiesbaden 2020.
Büttner, Ursula (Hg.): Die Deutschen und die Judenverfolgung im Dritten Reich, Frankfurt a. M. 2003.
Burrin, Philippe: Warum die Deutschen? Berlin 2004.
Burrin, Philippe: Hitler und die Juden. Die Entscheidung für den Völkermord, Frankfurt a. M. 1993.
Busch, Charlotte (Hg.): Schiefheilungen. Zeitgenössische Betrachtungen über Antisemitismus, Wiesbaden 2016.
Carl-Lutz-Stiftung (Hg.): 1944 – Glashaus – Gedenkzimmer, Budapest o. J.
Carlberg, Ingrid: Raoul Wallenberg. Die Biographie, München 2019.
Cesarani, David: »Endlösung«. Das Schicksal der Juden 1933 bis 1948, Berlin 2016.
Cesarani, David: Adolf Eichmann. Bürokrat und Massenmörder, Berlin 2002.
Chartock, Roselle K.; Spencer, Jack: Can it happen again? Chronicles of the Holocaust, New York 1995.
Chary, Frederick B.: The Bulgarian Jews and the Final Solution 1940–1944, Pittsburgh 1972.
Citroen, Joop; Citroen, Sophie: Duett Pathétique. Erinnerungen einer jüdischen Familie an die Kriegsjahre in Holland, Frankfurt a. M. 1993.
Conze, Eckart u. a.: Das Amt und die Vergangenheit, München 2010.
Corbea-Hoisie, Andrei: Czernowitz, Frankfurt a. M. 1998.
Cornwell, John: Pius XII. Der Papst, der geschwiegen hat, München 1999.
Cüppers, Martin: Wegbereiter der Shoah. Die Waffen-SS, der Kommandostab Reichsführer-SS und die Judenvernichtung 1939–1945, Darmstadt 2005.
Curilla, Wolfgang: Die deutsche Ordnungspolizei im westlichen Europa 1940–1945, Stuttgart 2020.
Dawidowicz, Lucy S.: Der Krieg gegen die Juden 1933–1945, München 1979.
De Felice, Renzo: Storia degli Ebrei italiani sotto il fascismo, Turin 1962.
Desbois, Patrick: Der vergessene Holocaust. Die Ermordung der ukrainischen Juden, Berlin 2010.
Deutschkron, Inge: Ich trug den gelben Stern, Stuttgart o. J.
Dobroszycki, Lucjan (Hg. u. a.): The Holocaust in the Soviet Union, New York 1993.
Dörner, Bernward: Die Deutschen und der Holocaust, Berlin 2007.
Döscher, Hans-Jürgen: »Reichskristallnacht«. Die Novemberpogrome 1938, Berlin 1988.
Drobisch, Klaus u. a.: Juden unterm Hakenkreuz, Berlin 1973.
Ehmann, Annegret u. a.: Die Grunewald-Rampe. Die Deportation der Berliner Juden, Berlin 1993.
Epstein, Helen: Die Kinder des Holocaust. Gespräche mit Söhnen und Töchtern von Überlebenden, München 1987.
Eriksen, Trond Berg u. a.: Judenhass. Die Geschichte des Antisemitismus von der Antike bis zur Gegenwart, Göttingen 2019.

Essner, Cornelia: Die »Nürnberger Gesetze« oder die Verwaltung des Rassenwahns 1933–1945, Paderborn 2002.
Falconi, Carlo: The Silence of Pius XII, London 1970.
Faludi, Christian (Hg.): Die »Juni-Aktion« 1938. Eine Dokumentation zur Radikalisierung der Judenverfolgung, Frankfurt a. M. 2013.
Fischer, Rolf: Entwicklungsstufen des Antisemitismus in Ungarn 1867–1939, München 1988.
Fleming, Gerald: Hitler und die Endlösung, Frankfurt a. M. 1987.
Fralon, José-Alain: Der Gerechte von Bordeaux, Stuttgart 2011.
Frank, Anne: Das Tagebuch der Anne Frank, Berlin 1957.
Frei, Norbert (Hg. u. a.): Ausbeutung, Vernichtung, Öffentlichkeit. Neue Studien zur nationalsozialistischen Lagerpolitik, München 2000.
Freund, Florian (Hg. u. a.): »Ess firt kejn weg zurik …« Geschichte und Lieder des Ghettos von Wilna 1941–1943, Wien 1992.
Friedländer, Henry: Der Weg zum NS-Genozid, Berlin 1997.
Friedländer, Saul: Pius XII. und das Dritte Reich. Eine Dokumentation, München 2011.
Friedländer, Saul: Nachdenken über den Holocaust, München 2007.
Friedländer, Saul: Das Dritte Reich und die Juden. Die Jahre der Vernichtung 1939–1945, München 2006.
Friedländer, Saul: Das Dritte Reich und die Juden. Die Jahre der Verfolgung 1933–1939, München 1998a.
Friedländer, Saul: Wenn die Erinnerung kommt, München 1998b.
Friedman, Philip: Roads to Extinction: Essays on the Holocaust, New York 1980.
Friedmann, T. (Hg.): Die Deportation der Juden aus Belgien und Luxemburg während der Nazi-Besetzung 1940–1944. Dokumentensammlung, Haifa 1999.
Fritz, Regina: Nach Krieg und Judenmord. Ungarns Geschichtspolitik seit 1944, Göttingen 2012.
Frojimovics, Kinga; Komoróczy, Géza u. a.: Jewish Budapest, Budapest 1999.
Gaarlandt, J. G. (Hg.): Das denkende Herz. Die Tagebücher von Etty Hillesum 1941–1943, Reinbek bei Hamburg 1985.
Gefen, Aba: Ein Funke Hoffnung, Gerlingen 1987.
Geissbühler, Simon: Blutiger Juli. Rumäniens Vernichtungskrieg und der vergessene Massenmord an den Juden 1941, Paderborn 2013.
Genin, Salomea: Scheindl und Salomea. Von Lemberg nach Berlin, Frankfurt a. M. 1992.
Gerhardt, Uta (Hg. u. a.): Nie mehr zurück in dieses Land. Augenzeugen berichten über die Novemberpogrome 1938, Berlin 2011.
Gerlach, Christian: Der Mord an den europäischen Juden, München 2017.
Gerlach, Christian; Aly, Götz: Das letzte Kapitel. Realpolitik, Ideologie und der Mord an den ungarischen Juden 1944/1945, München 2002.
Gerlach, Christian: Krieg, Ernährung, Völkermord, Zürich 2001.
Gerlach, Christian: Kalkulierte Morde. Die deutsche Wirtschafts- und Vernichtungspolitik in Weißrussland 1941 bis 1944, Hamburg 1999.
Gies, Miep: Meine Zeit mit Anne Frank, Bern 1987.
Gilbert, Martin: Endlösung. Die Vertreibung und Vernichtung der Juden, Reinbek bei Hamburg 1982.
Gilbert, Martin: Auschwitz und die Alliierten, München 1982.
Ginz, Peter: Prager Tagebuch 1941–1942, Berlin 2006.
Goebbels, Joseph: Tagebücher 1924–1945, 5 Bde., München 1992.
Goldhagen, Daniel Jonah: Die katholische Kirche und der Holocaust. Eine Untersuchung über Schuld und Sühne, Berlin 2002.
Goldhagen, Daniel Jonah: Hitlers willige Vollstrecker. Ganz gewöhnliche Deutsche und der Holocaust, Berlin 1996.
Gordon, Sarah: Hitler, Germans, and the »Jewish Question«, Princeton 1984.

Goschler, Constantin; Ther, Philipp (Hg.): Raub und Restitution. »Arisierung« und Rückerstattung des jüdischen Eigentums in Europa, Frankfurt a. M. 2003.
Gottwaldt, Alfred: Mahnort Güterbahnhof Moabit. Die Deportation von Juden aus Berlin, Berlin 2015.
Gottwaldt, Alfred (Hg. u. a.): NS-Gewaltherrschaft, Berlin 2005.
Gottwaldt, Alfred; Schulle, Diana: Die Judendeportationen aus dem Deutschen Reich 1941–1945, Wiesbaden 2005.
Grabowski, Jan: Hunt for the Jews. Betrayal and Murder in German-Occupied Poland, Bloomington, Indiana 2013.
Graml, Hermann (Hg.): Vorurteil und Rassenhass. Antisemitismus in den faschistischen Bewegungen Europas, Berlin 2001.
Grandjonc, Jacques; Grundtner, Theresia (Hg.): Zone der Ungewissheit. Exil und Internierung in Südfrankreich 1933–1945, Reinbek bei Hamburg 1993.
Gronowski, Simon: L'enfant du 20e convoi, Waterloo 2005.
Gross, Jan T.: Nachbarn. Der Mord an den Juden von Jedwabne, München 2001.
Gross, Raphael: November 1938. Die Katastrophe vor der Katastrophe, München 2013.
Gross, Raphael (Hg. u. a.): »Eine Welt, die ihre Wirklichkeit verloren hatte …«. Jüdische Überlebende des Holocaust in der Schweiz, Zürich 1999.
Grossmann, Wassili; Ehrenburg, Ilja (Hg.): Das Schwarzbuch. Der Genozid an den sowjetischen Juden, Reinbek bei Hamburg 1995.
Gruner, Wolf: Die Judenverfolgung im Protektorat Böhmen und Mähren, Göttingen 2016.
Gruner, Wolf: Gedenkort Rosenstraße 2–4, Berlin 2012.
Gruner, Wolf: Widerstand in der Rosenstraße. Die Fabrik-Aktion und die Verfolgung der »Mischehen« 1943, Frankfurt a. M. 2005.
Gruner, Wolf: Zwangsarbeit und Verfolgung. Österreichische Juden im NS-Staat 1938–1945, Innsbruck 2000.
Gruner, Wolf: Der geschlossene Arbeitseinsatz deutscher Juden. Zur Zwangsarbeit als Element der Verfolgung 1938–1943, Berlin 1997.
Gutman, Israel (Hg.): Enzyklopädie des Holocaust, München 1995.
Guttstadt, Corry: Die Türkei, die Juden und der Holocaust, Berlin 2008.
Häsler, Alfred A.: Das Boot ist voll. Die Schweiz und die Flüchtlinge 1933–1945, Zürich 1985.
Happe, Katja: Viele falsche Hoffnungen. Judenverfolgung in den Niederlanden 1940–1945, Paderborn 2017.
Happe, Katja (Hg. u. a.): Die Verfolgung und Ermordung der europäischen Juden durch das nationalsozialistische Deutschland 1933–1945, Bd. 12, München 2015.
Happe, Katja (Hg. u. a.): Die Verfolgung und Ermordung der europäischen Juden durch das nationalsozialistische Deutschland 1933–1945, Bd. 5, München 2012.
Hardegen, Friedrich Detlev (Hg.): Hingesehen – Weggeschaut. Die Novemberpogrome 1938 in Augenzeugenberichten, Berlin 2008.
Haran, Marilyn; Kuntz Dieter u. a.: Die Holocaust Chronik, Potsdam 2010.
Hartog, L. J.: Der Befehl zum Judenmord. Hitler, Amerika und die Juden, Bodenheim 1997.
Hassler, Marianne; Wertheimer, Jürgen (Hg.): Der Exodus aus Nazideutschland und die Folgen. Jüdische Wissenschaftler im Exil, Tübingen 1997.
Hauptfeld, Georg: Der Wert des Zufalls. Ágnes Heller und ihr Leben und ihre Zeit, Wien 2018.
Hausner, Gideon: Die Vernichtung der Juden, München 1979.
Hayes, Peter: Warum? Eine Geschichte des Holocaust, Frankfurt a. M. 2017.
Heenen-Wolff, Susann: Im Land der Täter. Gespräche mit überlebenden Juden, Frankfurt a. M. 1994.
Heer, Hannes; Naumann, Klaus (Hg.): Vernichtungskrieg. Verbrechen der Wehrmacht 1941 bis 1944, Frankfurt a. M. 1997.
Heinemann, Isabel; Wagner, Patrick (Hg.): Wissenschaft – Planung – Vertreibung. Neuordnungskonzepte und Umsiedlungspolitik im 20. Jahrhundert, Stuttgart 2006.

Heinemann, Isabel: »Rasse, Siedlung, deutsches Blut«. Das Rasse- und Siedlungshauptamt der SS und die rassenpolitische Neuordnung Europas, Göttingen 2003.
Heinsohn, Gunnar: Warum Auschwitz? Hitlers Plan und die Ratlosigkeit der Nachwelt, Reinbek bei Hamburg 1995.
Heller, Ágnes: Der Wert des Zufalls, Wien 2018.
Heller, Ágnes: Der Affe auf dem Fahrrad. Eine Lebensgeschichte, Berlin 1999.
Henkys, Reinhard: Die nationalsozialistischen Gewaltverbrechen, Stuttgart 1964.
Herbert, Ulrich (Hg.): Nationalsozialistische Vernichtungspolitik 1939–1945, Ffm 1998.
Herbert, Ulrich: Best. Biographische Studien über Radikalismus, Weltanschauung und Vernunft 1903–1989, Bonn 1996.
Herlin, Hans: Die Tragödie der »St. Louis«. 13. Mai – 17. Juni 1939, München 2001.
Hertzberg, Arthur: Shalom, Amerika! Die Geschichte der Juden in der Neuen Welt, München 1992.
Hesse, Klaus; Nachama, Andreas (Hg.): »Vor aller Augen«. Die Deportation der Juden und die Versteigerung ihres Eigentums. Fotografien aus Lörrach 1940, Berlin 2018.
Hilber, Wolfgang (Hg.): Die Holocaust Chronik, Potsdam 2010.
Hilberg, Raul: Täter, Opfer, Zuschauer. Die Vernichtung der Juden 1933–1945, Frankfurt a. M. 2009.
Hilberg, Raul: Sonderzüge nach Auschwitz, Frankfurt a. M. 1987.
Hilberg, Raul: Die Vernichtung der europäischen Juden, Berlin 1982.
Hillesum, Etty: Das denkende Herz. Die Tagebücher von Etty Hillesum 1941–1943, Reinbek bei Hamburg 2019.
Hillgruber, Andreas (Hg.): Probleme des Zweiten Weltkrieges, Köln 1967.
Hilliard, Robert L.: Von den Befreiern vergessen. Der Überlebenskampf jüdischer KZ-Häftlinge unter amerikanischer Besatzung, Frankfurt a. M. 2000.
Hiob, Hanne; Koller, Gerd (Hg.): »Wir verreisen in die Vernichtung«. Briefe 1937–1944, Berlin 1998.
Hirschfeld, Gerhard: Fremdherrschaft und Kollaboration. Die Niederlande unter deutscher Besatzung 1940–1945, Stuttgart 1984.
Hochhäuser, Alex: Zufällig überlebt. Als deutscher Jude in der Slowakei, Berlin 1992.
Hoensch, Jörg K. (Hg. u. a.): Judenemanzipation – Antisemitismus – Verfolgung in Deutschland, Österreich-Ungarn, den Böhmischen Ländern und in der Slowakei, Essen 1999.
Holocaust Memorial Center (Hg.): From Deprivation of Rights to Genocide, Budapest o. J.
Hoppe, Bert (Hg. u. a.): Die Verfolgung und Ermordung der europäischen Juden durch das nationalsozialistische Deutschland 1933–1945, Bd. 7, München 2011.
Hory, Ladislaus; Broszat, Martin: Der kroatische Ustascha-Staat 1941–1945, Stuttgart 1964.
Jäckel, Eberhard (Hg. u. a.): Enzyklopädie des Holocaust. Die Verfolgung und Ermordung der europäischen Juden (3 Bde.), Berlin 1993.
Jäckel, Eberhard: Hitlers Herrschaft. Vollzug einer Weltanschauung, Stuttgart 1986.
Jäckel, Eberhard (Hg. u. a.): Der Mord an den Juden im Zweiten Weltkrieg, Stuttgart 1985.
Jäckel, Eberhard: Hitler. Sämtliche Aufzeichnungen 1905–1924, Stuttgart 1980.
Jakob, Volker; Voort, Annet van der: Anne Frank war nicht allein. Lebensgeschichten deutscher Juden in den Niederlanden, Berlin 1988.
Jansen, Hans: Der Madagaskar-Plan. Die beabsichtigte Deportation der europäischen Juden nach Madagaskar, München 1997.
Kaiser, Jochen-Christoph (Hg. u. a.): Der Holocaust und die Protestanten. Analyse einer Verstrickung, Frankfurt a. M. 1988.
Kaluski-Jacobson, Nadia (Hg.): »Ihr Lieben allzu weit entfernt …«. Briefe von Louise Jacobson an ihre Familie 1942–1943, Hamburg 1998.
Kampe, Norbert; Nachama, Andreas (Hg. u. a.): Der Prozess – Adolf Eichmann vor Gericht, Berlin 2011.

Kaufmann, Hanne: Die Nacht am Öresund. Ein jüdisches Schicksal, Gerlingen 1994.
Kenez, Peter: The Coming of the Holocaust. From Antisemitism to Genocide, New York 2013.
Kershaw, Ian: Wendepunkte. Schlüsselentscheidungen im Zweiten Weltkrieg 1940/41, München 2008.
Klarsfeld, Serge: Vichy – Auschwitz. Die Zusammenarbeit der deutschen und französischen Behörden bei der »Endlösung der Judenfrage« in Frankreich, Nördlingen 1989.
Klarsfeld, Serge (Hg. u. a.): Die Endlösung der Judenfrage in Belgien, New York o. J.
Klee, Ernst (Hg. u. a.): »Schöne Zeiten«. Judenmord aus der Sicht der Täter und Gaffer, Frankfurt a. M. 1988.
Klein, Peter (Hg.): Die Einsatzgruppen in der besetzten Sowjetunion 1941/42, Berlin 1997.
Klein, Peter: Die Wannsee-Konferenz, in: Gedenkstätte Haus der Wannsee-Konferenz (Hg.): Villenkolonien in Wannsee 1870–1945, S. 96–136, Berlin 2000.
Klemperer, Victor: Ich will Zeugnis ablegen bis zum letzten. Tagebücher 1933–1945 (2 Bde.), Berlin 1995.
Klüger, Ruth: Weiter leben. Eine Jugend, Göttingen 1992.
Knopp, Guido: Holokaust, München 2009.
Kohl, Paul: Der Krieg der deutschen Wehrmacht und der Polizei 1941–1944. Sowjetische Überlebende berichten, Frankfurt a. M. 1995.
Kohlstruck, Michael (Hg. u. a.): Bilder kollektiver Gewalt – kollektive Gewalt im Bild, Berlin 2015.
Kok, René; Somers, Erik: Fotografien der Verfolgung der Juden. Die Niederlande 1940–1945, Berlin 2019.
Koll, Johannes: Arthur Seyß-Inquart und die deutsche Besatzungspolitik in den Niederlanden (1940–1945), Wien 2015.
Koop, Volker: »Wer Jude ist, bestimme ich«. »Ehrenarier« im Nationalsozialismus, Köln 2014.
Kornberg, Jacques: The Pope's Dilemma. Pius XII Faces Atrocities and Genocide in the Second World War, Toronto 2015.
Kotowski, Elke-Vera; Schoeps, Julius H. (Hg. u. a.): Handbuch zur Geschichte der Juden in Europa, 2 Bde., Darmstadt 2001.
Krakowski, Shmuel: Das Todeslager Chelmno/Kulmhof. Der Beginn der »Endlösung«, Göttingen 2007.
Krause-Burger, Sibylle: Herr Wolle lässt noch einmal grüßen. Geschichte meiner deutsch-jüdischen Familie, München 2009.
Krausnick, Helmut; Wilhelm, Hans-Heinrich: Die Truppe des Weltanschauungskrieges. Die Einsatzgruppen der Sicherheitspolizei und des SD 1938–1942, Stuttgart 1981.
Krüger, Helmut: Der halbe Stern. Leben als deutsch-jüdischer »Mischling« im Dritten Reich, Berlin 1993.
Kuller, Christiane: Bürokratie und Verbrechen. Antisemitische Finanzpolitik und Verwaltungspraxis im nationalsozialistischen Deutschland, München 2013.
Kundrus, Birthe: »Dieser Krieg ist der große Rassenkrieg«. Krieg und Holocaust in Europa, München 2018.
Ladwig-Winters, Simone: Anwalt ohne Recht. Das Schicksal jüdischer Rechtsanwälte in Berlin nach 1933, Berlin 1998.
Landau, Ronnie S.: The Nazi Holocaust, London 1992.
Lang, Jochen von: Das Eichmann-Protokoll. Tonbandaufzeichnungen der israelischen Verhöre, Berlin 1982.
Lanzmann, Claude: Shoah, Düsseldorf 1986.
Lappin-Eppel, Eleonore: Ungarisch-Jüdische Zwangsarbeiter und Zwangsarbeiterinnen in Österreich 1944/45. Arbeitseinsatz – Todesmärsche – Folgen, Münster 2010.
Laor, Eran: Vergangen und ausgelöscht. Erinnerungen an das slowakisch-ungarische Judentum, Stuttgart 1972.

Large, David Clay: Einwanderung abgelehnt. Wie eine deutsche Familie versuchte, den Nazis zu entkommen, München 2004.
Lehnstaedt, Stephan: Der Kern des Holocaust. Belzec, Sobibor, Treblinka und die Aktion Reinhardt, München 2017.
Less, Avner W. (Hg.): Schuldig. Das Urteil gegen Adolf Eichmann, Frankfurt a. M. 1987.
Levin, Nora: The Holocaust. The Destruction of European Jewry 1933–1945, New York 1968.
Levine, Paul A.: Raoul Wallenberg in Budapest. Myth, History and Holocaust, London 2010.
Lichtenstein, Heiner: Mit der Reichsbahn in den Tod. Massentransporte in den Holocaust, 1941 bis 1945, Köln 1985.
Lidegaard, Bo: Die Ausnahme. Wie die dänischen Juden mithilfe ihrer Mitbürger der Vernichtung entkamen, München 2013.
Limberg, Margarete (Hg. u. a.): Sie durften nicht mehr Juden sein, Frankfurt a. M. 1990.
Lindwer, Willy: Anne Frank. Die letzten sieben Monate, Frankfurt a. M. 1993.
Lipstadt, Deborah E.: Holocaust. An American Understanding, New Brunswick 2016.
Loewy, Hanno (Hg.): Holocaust: Die Grenzen des Verstehens, Reinbek bei Hamburg 1992.
Loewy, Hanno; Schoenberner, Gerhard: »Unser einziger Weg ist Arbeit«. Das Ghetto in Lodz 1940–1944, Wien 1990.
Lohrbächer, Albrecht (Hg. u. a.): Shoah – Schweigen ist unmöglich, Stuttgart 1999.
Longerich, Peter: Heinrich Himmler. Biographie, München 2008.
Longerich, Peter: »Davon haben wir nichts gewusst!«. Die Deutschen und die Judenverfolgung 1933–1945, München 2006.
Longerich, Peter: Der ungeschriebene Befehl. Hitler und der Weg zur Endlösung, München 2001.
Longerich, Peter: Die Wannsee-Konferenz vom 20. Januar 1942. Planung und Beginn des Genozids an den europäischen Juden, Berlin 1998.
Longerich, Peter: Politik der Vernichtung. Eine Gesamtdarstellung der nationalsozialistischen Judenverfolgung, München 1998.
Longerich, Peter (Hg.): Die Ermordung der europäischen Juden. Eine umfassende Dokumentation des Holocaust 1941–1945, München 1989.
Lorang, Mil: Luxemburg im Schatten der Shoah, Soleuvre 2019.
Lozowick, Yaacov: Hitlers Bürokraten. Eichmann, seine willigen Vollstrecker und die Banalität des Bösen, Zürich 2000.
Ludwig, Johannes: Boykott – Enteignung – Mord. Die »Entjudung« der deutschen Wirtschaft, Hamburg 1989.
Lustiger, Arno (Hg.): The Black Book of Polish Jewry. An Account of the Martyrdom of Polish Jewry under the Nazi Occupation, Bodenheim 1995.
Maier, Dieter: Arbeitseinsatz und Deportation. Die Mitwirkung der Arbeitsverwaltung bei der nationalsozialistischen Judenverfolgung in den Jahren 1938–1945, Berlin 1994.
Mallmann, Klaus-Michael (Hg. u. a.): Die »Ereignismeldungen UdSSR« 1941, Darmstadt 2011.
Mallmann, Klaus-Michael (Hg. u. a.): Genesis des Genozids. Polen 1939–1941, Darmstadt 2004.
Mannheimer, Max: Spätes Tagebuch: Theresienstadt – Auschwitz – Warschau – Dachau, Zürich 2003.
Margolis, Rachel; Tobias, Jim (Hg.): Die geheimen Notizen des K. Sakowicz. Dokumente zur Judenvernichtung in Ponary 1941–1943, Frankfurt a. M. 2005.
Marrus, Michael R.; Paxton, Robert O.: Vichy France and the Jews, New York 1981.
Matic, Igor-Philip: Edmund Veesenmayer. Agent und Diplomat der nationalsozialistischen Expansionspolitik, München 2002.
Matthäus, Jürgen (Hg. u. a.): Deutsche, Juden, Völkermord, Darmstadt 2006.
Matthäus, Jürgen; Kwiet, Konrad u. a.: Ausbildungsziel Judenmord? »Weltanschauliche Erziehung« von SS, Polizei und Waffen-SS im Rahmen der »Endlösung«, Frankfurt a. M. 2003.

Mayer, Arno J.: Der Krieg als Kreuzzug. Das Deutsche Reich, Hitlers Wehrmacht und die »Endlösung«, Reinbek bei Hamburg 1989.
Mayer, Manfred (Hg.): Der Weg nach Auschwitz, Paderborn 2005.
Mazower, Mark: Griechenland unter Hitler. Das Leben während der deutschen Besatzung 1941–1944, Frankfurt a. M. 2016.
Mazower, Mark: Salonica, City of Ghosts. Christians, Muslims and Jews, 1430–1950, New York 2006.
McElligott, Anthony (Hg. u. a.): Antisemitism before and since the Holocaust, Basingstoke 2017.
Mechanicus, Philip: Im Depot. Tagebuch aus Westerbork, Berlin 1993.
Meinen, Insa: Die Shoah in Belgien, Darmstadt 2009.
Meyer, Ahlrich: Die deutsche Besatzung in Frankreich 1940–1944, Darmstadt 2000.
Meyer, Beate: »Jüdische Mischlinge«. Rassenpolitik und Verfolgungserfahrung 1933–1945, Hamburg 1999.
Meyer, Beate; Simon, Hermann: Juden in Berlin 1938–1945, Berlin 2000.
Michman, Dan: Angst vor »Ostjuden«. Die Entstehung der Ghettos während des Holocaust, Frankfurt a. M. 2011.
Michman, Dan: Belgium and the Holocaust. Jews – Belgians – Germans, Jerusalem 1998.
Middelberg, Mathias: Judenrecht, Judenpolitik und der Jurist Hans Calmeyer in den besetzten Niederlanden 1940–1945, Göttingen 2005.
Middelberg, Mathias: Hans Calmeyer – »Rassereferent« in den Niederlanden 1941–1945, Göttingen 2015.
Mihok, Brigitte (Hg.): Ungarn und der Holocaust. Kollaboration, Rettung und Trauma, Berlin 2005.
Mönninghoff, Wolfgang: Enteignung der Juden, Hamburg 2001.
Moore, Bob: Victims & Survivors. The Nazi Persecution of the Jews in the Netherlands 1940–1945, London 1998.
Moorehead, Caroline: Village of Secrets. Defying the Nazis in Vichy France, London 2014.
Müller, Melissa: Das Mädchen Anne Frank. Die Biographie, München 1998.
Müller, Sabrina (Hg. u. a.): Die Mörder sind unter uns. Der Ulmer Einsatzgruppenprozess 1958, Stuttgart 2008.
Munkácsi, Ernö: How it happened. Documenting the Tragedy of Hungarian Jewry, Montreal 2018.
Naumann, Bernd: Auschwitz. Bericht über die Strafsache gegen Mulka und andere vor dem Schwurgericht Frankfurt, Frankfurt a. M. 1965.
Neumärker, Uwe; Nachama, Andreas (Hg.): Kristallnacht. Antijüdischer Terror 1938, Berlin 2018.
Neumann, Jirmejahu Oskar: Im Schatten des Todes. Ein Tatsachenbericht vom Schicksalskampf des slowakischen Judentums, Tel-Aviv 1956.
Novick, Peter: Nach dem Holocaust. Der Umgang mit dem Massenmord, Stuttgart 2001.
Nyiri, János: Die Juden-Schule, München 1989.
Ogorreck, Ralf: Die Einsatzgruppen und die »Genesis der Endlösung«, Berlin 1996.
Paris, Edmond: Genocide in Satellite Croatia, 1941–1945. A Record of Racial and Religious Persecutions and Massacres, Chicago 1962.
Pätzold, Kurt; Schwarz, Erika: Tagesordnung: Judenmord. Die Wannsee-Konferenz am 20. Januar 1942, Berlin 1992.
Pätzold, Kurt: Faschismus – Rassenwahn – Judenverfolgung, Berlin 1975.
Paucker, Arnold (Hg. u. a.): Die Juden im Nationalsozialistischen Deutschland 1933–1945, Tübingen 1986.
Piper, Franciszek: Die Zahl der Opfer von Auschwitz. Aufgrund der Quellen und der Erträge der Forschung 1945 bis 1990, Oświęcim 1993.
Pohl, Dieter: Verfolgung und Massenmord in der NS-Zeit 1933–1945, Darmstadt 2003.

Pohl, Dieter: Holocaust. Die Ursachen – Das Geschehen – Die Folgen, Freiburg im Breisgau 2000.
Pohl, Dieter: Nationalsozialistische Judenverfolgung in Ostgalizien 1941–1944. Organisation und Durchführung eines staatlichen Massenverbrechens, München 1997.
Pohl, Dieter: Von der »Judenpolitik« zum Judenmord. Der Distrikt Lublin des Generalgouvernements 1939–1944, Frankfurt a. M. 1993.
Poliakov, Leon; Sabille, Jacques: Jews under the Italian Occupation, Paris 1955.
Poliakov, Leon; Wulf, Josef: Das Dritte Reich und die Juden, Berlin 1955.
Pool, James E.; Pool, Suzanne: Hitlers Wegbereiter zur Macht, München 1979.
Poznanski, Renée: Jews in France during World War II, Hanover, N.H. 2011.
Press, Bernhard: Judenmord in Lettland 1941–1945, Berlin 1995.
Pundik, Herbert: Die Flucht der dänischen Juden 1943 nach Schweden, Husum 1995.
Rabinovici, Doron: Instanzen der Ohnmacht. Wien 1938–1945, Frankfurt a. M. 2000.
Rautkallio, Hannu: Finland and the Holocaust. The Rescue of Finland's Jews, New York 1987.
Reich-Ranicki, Marcel: Mein Leben, Stuttgart 1999.
Reichelt, Katrin: Lettland unter deutscher Besatzung 1941–1944, Berlin 2011.
Reitlinger, Gerald: Die Endlösung. Ausrottung der Juden Europas 1939–1945, München 1964.
Rhodes, Richard: Die deutschen Mörder. Die SS-Einsatzgruppen und der Holocaust, Bergisch Gladbach 2004.
Rieß, Volker: Die Anfänge der Vernichtung »lebensunwerten Lebens« in den Reichsgauen Danzig-Westpreußen und Wartheland 1939/40, Frankfurt a. M. 1995.
Ringelblum, Emanuel: Ghetto Warschau, Stuttgart 1967.
Rolnikaite, Mascha: Ich muss erzählen. Mein Tagebuch 1941–1945, Berlin 2002.
Romijn, Peter u. a.: The Persecution of the Jews in the Netherlands 1940–1945, Amsterdam 2012.
Ron, Shmuel: Die Erinnerungen haben mich nie losgelassen. Vom jüdischen Widerstand im besetzten Polen, Frankfurt a. M. 1998.
Roos, Daniel: Julius Streicher und »Der Stürmer« 1923–1945, Paderborn 2014.
Rousso, Henry: Frankreich unter deutscher Besatzung 1940–1944, München 2009.
Roseman, Mark: Die Wannsee-Konferenz. Wie die NS-Bürokratie den Holocaust organisierte, München 2002.
Rosenfeld, Oskar: Wozu noch Welt. Aufzeichnungen aus dem Ghetto Lodz, Frankfurt a. M. 1994.
Rosenkranz, Herbert: Verfolgung und Selbstbehauptung. Die Juden in Österreich 1938–1945, Wien 1978.
Rosenthal, Hans: Zwei Leben in Deutschland, Bergisch Gladbach 1980.
Rosh, Lea; Jäckel, Eberhard: Der Tod ist ein Meister aus Deutschland, Hamburg 1990.
Roth, Karl Heinz (Hg.): Der »Generalplan Ost«, Berlin 1993.
Rubenstein, Joshua; Altman, Ilya (Hg.): The Unknown Black Book. The Holocaust in the German-Occupied Soviet Territories, Bloomington, Indiana 2008.
Rubinowicz, David: Das Tagebuch des David Rubinowicz, Frankfurt a. M. 1960.
Safrian, Hans: Eichmann und seine Gehilfen, Frankfurt a. M. 1995.
Safrian, Hans; Witek, Hans: Und keiner war dabei. Dokumente des alltäglichen Antisemitismus in Wien 1938, Wien 1988.
Sakowska, Ruta: Die zweite Etappe ist der Tod. NS-Ausrottungspolitik gegen die polnischen Juden, gesehen mit den Augen der Opfer, Berlin 1993.
Sandor, Ivan: Spurensuche. Eine Nachforschung, München 2009.
Sauer, Paul: Die Schicksale der jüdischen Bürger Baden-Württembergs während der nationalsozialistischen Verfolgungszeit 1933–1945 (Textband sowie zwei Dokumentbände), Stuttgart 1969.
Scheffler, Wolfgang u. a.: Der Ghetto-Aufstand Warschau 1943, München 1993.

Scheurenberg, Klaus: Ich will leben. Ein autobiographischer Bericht, Berlin 1982.
Schiller, Bernt: Raoul Wallenberg. Das Ende einer Legende, Berlin 1993.
Schmalhausen, Bernd: Dr. Rolf Bischofswerder. Leben und Sterben eines jüdischen Arztes aus Dortmund, Essen 1998.
Schmid, Hans-Dieter (Hg. u. a.): Juden unterm Hakenkreuz, Düsseldorf 1983.
Schnabel, Ernst: Anne Frank. Spur eines Kindes, Frankfurt a. M. 1997.
Schneider, Wolfgang (Hg.): »Vernichtungspolitik«. Sozialpolitik und Genozid im nationalsozialistischen Deutschland, Hamburg 1991.
Schoenberner, Gerhard: Der gelbe Stern. Die Judenverfolgung in Europa 1933–1945, München 1978.
Schoeps, Julius H. (Hg.): Ein Volk von Mördern? Die Dokumentation zur Goldhagen-Kontroverse um die Rolle der Deutschen im Holocaust, Hamburg 1997.
Schram, Sophie: Weibliche Lebenswelten und Erinnerungskulturen: Das Beispiel »Kleinitalien« – ein Einwandererviertel in Luxemburg, Opladen 2016.
Schreiber, Marion: Stille Rebellen. Der Überfall auf den 20. Deportationszug nach Auschwitz, Berlin 2002.
Schroeder, Frank; Moyse, Laurent u. a.: Schicksalswege der Juden Luxemburgs zwischen 1940 und 1945, Luxembourg 2020.
Schwarz, Fred: Züge auf falschem Gleis, Wien 1998.
Schweitzer, Eva: Amerika und der Holocaust, München 2004.
Sebastian, Mihail: »Voller Entsetzen, aber nicht verzweifelt«. Tagebücher 1935–1944, Berlin 2005.
Seibt, Ferdinand (Hg.): Die Juden in den böhmischen Ländern, Wien 1983.
Sereny, Gitta: Am Abgrund. Eine Gewissensforschung, Frankfurt a. M. 1980.
Smith, Danny: 100.000 Juden gerettet. Raoul Wallenberg und seine außergewöhnliche Mission in Budapest, Neuhausen-Stuttgart 1987.
Spoerer, Mark: Zwangsarbeit unter dem Hakenkreuz. Ausländische Zivilarbeiter, Kriegsgefangene und Häftlinge im Deutschen Reich und im besetzten Europa 1939–1945, Stuttgart 2001.
Spielberg, Steven u. a.: The Last Days, London 1999.
Steinbacher, Sybille (Hg.): Holocaust und Völkermorde. Die Reichweite des Vergleichs, Frankfurt a. M. 2012.
Steinberg, Jonathan: Deutsche, Italiener und Juden. Der italienische Widerstand gegen den Holocaust, Göttingen 1993.
Stengel, Katharina (Hg.): Vor der Vernichtung. Die staatliche Enteignung der Juden im Nationalsozialismus, Frankfurt a. M. 2007.
Streim, Alfred: Die Behandlung sowjetischer Kriegsgefangener im Fall »Barbarossa«. Eine Dokumentation, Karlsruhe 1981.
Stössinger, Felix: Interniert in Schweizer Flüchtlingslagern. Tagebuch des jüdischen Autors Felix Stössinger 1942/43, Basel 2011.
Stoltzfus, Nathan: Widerstand des Herzens. Der Aufstand der Berliner Frauen in der Rosenstraße – 1943, München 1999.
Swiebocki, Henryk (Hg.): London wurde informiert … Berichte von Auschwitz-Flüchtlingen, Oświęcim 1997.
Szenes, Sándor; Baron, Frank: Von Ungarn nach Auschwitz. Die verschwiegene Warnung, Münster 1994.
Szpilman, Wladyslaw: Das wunderbare Überleben. Warschauer Erinnerungen 1939 bis 1945, Düsseldorf 1998.
Szwajgier, Adina Blady: Die Erinnerung verlässt mich nie. Das Kinderkrankenhaus im Warschauer Ghetto und der jüdische Widerstand, München 1993.
Tabori, George: Autodafé und Exodus. Erinnerungen, Berlin 2014.
Tent, James F.: Im Schatten des Holocaust. Schicksale deutsch-jüdischer »Mischlinge« im Dritten Reich, Köln 2007.

Teppich, Fritz: Der rote Pfadfinder. Der abenteuerreiche Weg eines Berliner Juden durch das 20. Jahrhundert, Berlin 1998.
Ter Haar, Carel; van Voolen, Edward (Hg.): Amsterdam, Frankfurt a. M. 1993.
Todorov, Tzvetan: The Fragility of Goodness. Why Bulgaria's Jews Survived the Holocaust, London 2001.
Traverso, Enzo: Moderne und Gewalt. Eine europäische Genealogie des Nazi-Terrors, Köln 2003.
Tschuy, Theo: Carl Lutz und die Juden von Budapest, Zürich 1995.
Uptrup, Wolfram Meyer zu: Kampf gegen die »jüdische Weltverschwörung«. Propaganda und Antisemitismus der Nationalsozialisten 1919 bis 1945, Berlin 2003.
Vági, Zoltán u. a.: The Holocaust in Hungary. Evolution of a Genocide, Lanham 2013.
Vamos, György: Carl Lutz (1895–1975). Schweizer Diplomat in Budapest 1944, Pregny-Genève 2012.
Van der Zee, Nanda: »Um Schlimmeres zu verhindern…«. Die Ermordung der niederländischen Juden: Kollaboration und Widerstand, München 1999.
Walk, Joseph (Hg.): Das Sonderrecht für die Juden im NS-Staat, Heidelberg 1996.
Wagner, Gerhard: Die Nürnberger Judengesetze. Nationalsozialistische Rassen- und Bevölkerungspolitik, München 1935.
Walter, Dirk: Antisemitische Kriminalität und Gewalt. Judenfeindschaft in der Weimarer Republik, Bonn 1999.
Wasserstein, Bernard: Britain and the Jews of Europe 1939–1945, Oxford 1988.
Weiss, Helga: Und doch ein ganzes Leben. Ein Mädchen, das Auschwitz überlebte, Köln 2013.
Weiss, John: Der lange Weg zum Holocaust, Hamburg 1997.
Weiss, Yfaat: Deutsche und polnische Juden vor dem Holocaust, München 2000.
Wiesel, Elie: Alle Flüsse fließen ins Meer. Autobiographie, Hamburg 1995.
Wiesel, Elie: Die Nacht, München 1962.
Wietog, Jutta: Volkszählungen unter dem Nationalsozialismus, Berlin 2011.
Wildt, Michael (Hg.): Die Judenpolitik des SD 1935 bis 1938. Eine Dokumentation, München 1995.
Wildvang, Frauke: Der Feind von nebenan. Judenverfolgung im faschistischen Italien 1936–1944, Köln 2008.
Wippermann, Wolfgang: Wessen Schuld? Vom Historikerstreit zur Goldhagen-Debatte, Berlin 1997.
Wirth, Andrzej: »Es gibt keinen jüdischen Wohnbezirk in Warschau mehr«. Der Stroop-Bericht, Warschau 1960.
Wojak, Irmtrud: Eichmanns Memoiren, Frankfurt a. M. 2004.
Wollenberg, Jörg (Hg.): »Niemand war dabei und keiner hat's gewusst«. Die deutsche Öffentlichkeit und die Judenverfolgung 1933–1945, München 1989.
Wrede, Hartmut: Der Fall Grynszpan und die Reichskristallnacht, Hamburg 1988.
Wucher, Albert: Eichmanns gab es viele, München 1961.
Wyman, David S.: Das unerwünschte Volk. Amerika und die Vernichtung der europäischen Juden, Frankfurt a. M. 1989.
Yahil, Leni: Die Shoah. Überlebenskampf und Vernichtung der europäischen Juden, München 1998.
Yahil, Leni: The Rescue of Danish Jewry. Test of a Democracy, Philadelphia 1969.
Zaremba, Marcin: Die große Angst. Polen 1944–1947, Paderborn 2016.
Ziegler, Sandra: Gedächtnis und Identität der KZ-Erfahrung. Niederländische und deutsche Augenzeugenberichte des Holocaust, Würzburg 2006.
Zimmerer, Jürgen: Von Windhuk nach Auschwitz? Beiträge zum Verhältnis von Kolonialismus und Holocaust, Berlin 2011.
Zimmermann, Moshe: Die deutschen Juden 1914–1945, München 1997.
Zolli, Eugenio: Der Rabbi von Rom. Die Autographie des Eugenio Zolli, München 2005.

FSC
www.fsc.org
MIX
Papier aus verantwortungsvollen Quellen
FSC® C083411

Bibliografische Information der Deutschen Nationalbibliothek
Die Deutsche Nationalbibliothek verzeichnet diese Publikation in der Deutschen Nationalbibliografie; detaillierte bibliografische Daten sind im Internet über http://dnb.d-nb.de abrufbar.

Es ist nicht gestattet, Texte dieses Buches zu scannen, in PCs oder auf CDs zu speichern oder mit Computern zu verändern oder einzeln oder zusammen mit anderen Bildvorlagen zu manipulieren, es sei denn mit schriftlicher Genehmigung des Verlages.

Alle Rechte vorbehalten

© by S. Marix Verlag in der Verlagshaus Römerweg GmbH, Wiesbaden 2021
Lektorat: Timo Suchomelli, Wiesbaden
Covergestaltung: Karina Bertagnolli, Wiesbaden
Layout & Satz: Anja Carrà, Weimar
Umschlagabbildung: Schuhe am Donauufer © https://bit.ly/2NZNcfF
Der Titel wurde in der Times New Roman gesetzt.
Gesamtherstellung: CPI books GmbH, Leck – Germany

ISBN: 978-3-7374-1164-6

www.verlagshaus-roemerweg.de

Mehr über Ideen, Autoren und Programm des Verlags finden Sie auf www.verlagshaus-roemerweg.de und in Ihrer Buchhandlung.

»Schweigen
ist ein Fehler,
fast ein
Verbrechen.«

Primo Levi